中国社会科学院老学者文库

满族民间文化论文集

宋和平◎著

中国社会科学出版社

图书在版编目（CIP）数据

满族民间文化论文集/宋和平著.—北京：中国社会科学出版社，2018.2

（中国社会科学院老学者文库）

ISBN 978-7-5203-1013-0

Ⅰ.①满… Ⅱ.①宋… Ⅲ.①满族—民族文化—俗文化—中国—文集 Ⅳ.①K282.1-53

中国版本图书馆 CIP 数据核字（2017）第 222979 号

出 版 人	赵剑英
责任编辑	喻 苗
责任校对	李 莉
责任印制	戴 宽

出　　版	中国社会科学出版社
社　　址	北京鼓楼西大街甲 158 号
邮　　编	100720
网　　址	http://www.csspw.cn
发 行 部	010-84083685
门 市 部	010-84029450
经　　销	新华书店及其他书店
印刷装订	北京君升印刷有限公司
版　　次	2018 年 2 月第 1 版
印　　次	2018 年 2 月第 1 次印刷
开　　本	710×1000　1/16
印　　张	21.25
插　　页	2
字　　数	288 千字
定　　价	99.00 元

凡购买中国社会科学出版社图书，如有质量问题请与本社营销中心联系调换
电话：010-84083683
版权所有　侵权必究

前　　言

中国萨满文化研究，形成专门学科起步较晚，在20世纪80年代初，中国社会科学院民族文学研究所（当时为少数民族文化研究所），以北方室的名义召开了一次由贾芝所长主持，富育光先生负责安排的萨满文化座谈会，参加者有萨满、民间老艺人、故事家和萨满学者。这次座谈会对中国萨满文化研究，起到了推动作用，因此，有人称中国的萨满文化研究是从20世纪80年代初开始的。此后，中国的东北、新疆、云南、内蒙古等地区，萨满文化论著，有关资料的搜集、整理、出版，犹如雨后春笋般在各地区迅速发展起来。

其实，中国改革开放后不久，那些酷爱本民族根基文化的中国传承文化的抢救人、传承人，早已行动起来。他们进行田间作业，走访民间萨满艺人和故事家，收获甚大。如东北地区满族文化传承人富育光先生、民间故事家傅英仁先生（已故），等等，就是先行者。

满族在古代先人之时，不仅建立过政权，而且还用自己辛勤的劳动和智慧，创造了辉煌灿烂的文化，填补和丰富了华夏文化的宝库。其中萨满文化就是如此。自努尔哈赤起，于16世纪初期，在黑龙江流域崛起向南发展之后，其社会迅速发生了变化，前后近百年的时间，就由一个狩猎氏族，飞速发展为一个以农业经济为主的封建社会，直至入关建立了封建政权，近三百年时间。满族的传承文化并未随着社会的急速发展而消失，而是按其文化的发展规律传承着。现在学者们在满族聚居区、在交通不发达的边陲之地,还能收集到内容原始古朴,甚至母系制氏族社会时期的说部、萨满文本,就是满族社会文化深深沉淀在人类历史文化中所致。

几十年来,笔者将手头所保存的十几本萨满文本和两部说部全部出版,并撰写了几十篇论文。从中可以窥见满族萨满文化和说部所呈现的文化内容和特点。

第一,满族萨满教沉淀了深厚的历史文化,所以它具有原始古朴性。就本书中所涉及的内容而言,由人类社会的母系制社会到人类文明社会,以至于封建社会时代各种社会的生活、习俗、经济,等等,都有所表现,仅从各姓氏的神灵来说,如在吉林省九台县的杨姓萨满文本中的一位,山洞中的"洞穴舅母神"。还有表现人类社会由母系向父系过渡时的社会变化,世界文化库中说部《东海窝集传》中表现得详细具体。由女神变化为男神,如石姓白山主神。到了近代社会,萨满文化除了祭祀用品不同、有牺牲外,还有面食饽饽之类供物,同时工艺神、英雄神也增加不少,如石姓近百位瞒尼神,杨、关、郎等姓都有瞒尼神,总之仅从满族萨满文本中的神灵和祭祀仪式等内容,就能了解满族历史各阶段的发展及社会生活。

第二,清代统治中国近三百年,早已是定居的从业经济生活了。但在萨满文本中,都有着明显的氏族性和迁徙游历的历史。如石姓是几百年前由黑龙江的江东六十四屯迁徙到吉林省,杨姓是黑龙江省的窝集部转移到吉林省,乌苏关是黑龙江流域的乌苏里江迁徙到吉林省。满族各姓氏每当祭祀时,首先报明是什么姓氏,住什么屯等,而且还强调说明是"血缘清洁"的纯满族后代。就是目前仍保留萨满教的祭祀活动,满族姓氏仍是以姓氏为组织的祭祀活动,突出了氏族(姓氏)性。

第三,萨满文化的包容性。现代萨满文化已成为包括所有以巫术行为求神膜拜的,广义的萨满文化了,当然还有一种是以萨满跳神、行巫做术的典型萨满文化。所以它的内容更为丰富。如唱给神灵听的神歌，名目繁多的祭品，还有萨满跳神表演的舞蹈艺术，神歌的诵唱以及服饰、法器都体现了满族的宇宙观、灵魂观、艺术观等人类社会方方面面的内容，本书中基本上都涉及了。对满族萨满文化中的专用名词术语，笔者也进行了考证，如普遍存在于满族萨满文化中的"瞒尼"神，是满族历史上以狩猎经济为基础，能征善战的尚武精神的具体体现，为一类很有特征的民族英雄神；还有"彪棍"为家萨满，也是氏族萨满；还有"扎哩"为萨满助手，有的也成为家萨满了；等等。

萨满教从远古时代流传至今，其变异性非同小可，同时，在某些地区仍保留并起着社会作用，起着促进民族团结和谐，发展经济生产的作用，它早已不是原始形态的祭祀和崇拜了，而是一种崇拜祖先，祭祀祖先的活动，尽管包含着动植物崇拜，但也有祖先崇拜的内容了。所以萨满文化乃是研究人类社会民族学，语音艺术等学科的综合性文化宝库，它起到了考古学所不能起到的活化石作用。

目 录

一 满族民间传说《尼山萨满》浅说 …………………………（1）
二 瑷珲富裕两地萨满文化调查报告 …………………………（17）
三 满族萨满教神歌的历史演变
　　——从关姓、石姓神歌谈起 ………………………………（24）
四 满族说唱文学与《尼山萨满》考 …………………………（34）
五 满族"瞒尼"神释析 ………………………………………（43）
六 《尼山萨满》与萨满文化 …………………………………（53）
七 尼山萨满之死浅析 …………………………………………（59）
八 由萨满神器看满族原始经济生活 …………………………（68）
九 《尼山萨满》与宗教文化 …………………………………（76）
十 满族萨满神歌选译 …………………………………………（97）
十一 满族石姓神本简述 ………………………………………（109）
十二 满族野祭神本初探 ………………………………………（123）
十三 满族萨满神歌内容浅析 …………………………………（138）
十四 萨满神歌满文浅析 ………………………………………（151）
十五 满族传说《尼山萨满》文本比较 ………………………（159）
十六 《尼山萨满》与满族灵魂观念 …………………………（169）
十七 满族女神佛哩佛多卧莫西妈妈论析 ……………………（183）
十八 《尼山萨满》传说中人物论析 …………………………（193）

十九　满族萨满跳神的表演艺术……………………………（206）

二十　《尼山萨满》语言艺术论析　………………………（216）

二十一　由满族耶鲁里神观其萨满教三界之说…………（232）

二十二　满族说部《东海窝集传》与萨满文化　………（244）

二十三　满族萨满神灵初探…………………………………（259）

二十四　满族萨满文化综述…………………………………（293）

满族民间传说《尼山萨满》浅说

一

　　《尼山萨满》，是一部用满文记载的民间传说，是满族早期文学宝库中的珍贵文献。它不仅在满族，而且在鄂温克、达斡尔、赫哲等少数民族中也广为流传。这部以手抄本流传下来的民间传说，对于研究满族早期文学、民俗学、民族历史和萨满教，有着重要的参考价值，因此，它引起了国内外学者的重视。1908年至1909年，俄国满文学者A. B. 格列宾希科夫曾到我国东北满族地区，搜集到《尼山萨满》传说，先后得到了两种不同的满文手抄本；1913年，他又得到了另一种满文手抄本。三种手抄本中，以最后一种的故事最完整。1961年，苏联出版了后一种满文手抄本。我国学者凌纯声于1934年将这部传说用汉文记录下来，收集在所著《松花江下游的赫哲族》一书中，篇名叫《一新萨满》，并在《附录·赫哲故事》中明确指出本篇"是赫哲人看了满文本而口译的。这一个是满洲人故事"[1]。从故事内容来看，《一新萨满》是《尼山萨满》的异文。据笔者目前所知，《尼山萨满》的异文共有七种。本文试图对《尼山萨满》产生的时代及其艺术价值等方面，做一初步探讨，算是抛砖引玉吧。

---

[1] 凌纯声：《松花江下游的赫哲族》，上海文艺出版社影印本1990年版。

《尼山萨满》用满文记录成书面文字时间，据手抄本所使用的满文来看，是有圈点的新满文，而有圈点的新满文是皇太极于1632年"命达海等人，在老满文的基础上，增加圈点并创制了十二个字头和专记外字符号，成为有圈点的新满文"①。由此看来，《尼山萨满》成书于1932年以后。那么，《尼山萨满》传说是什么时候产生的呢？

满族是一个历史悠久的民族，它的祖先在汉代以前称肃慎，汉代以后称挹娄，南北朝时称勿吉，隋朝又称靺鞨，五代时称女真人，自此以后就以女真人著称于世。满族祖先在古代曾两次建立封建王朝，一次是公元713年至公元926年的渤海王国，一次是公元1115年至1234年的金王朝。历史的变迁，使得满族先世在人类社会发展中，几经兴起和衰落。那时，进入华北和辽河平原的女真人，绝大部分已落户在汉族、蒙古族和其他民族中间，与他们同化了。到了明朝，真正保留原有特点的满族居住在祖国的东北边境上。正如王钟翰先生所指出的："所谓明末的满族并不是指留在华北和辽河平原的已经失去原有特点的这一部分女真人，它所指的是远处在东北边境上，'却又向前发展'起来的另一部分女真人。"②因此，《尼山萨满》不可能产生于进入华北和辽河平原，已经失去原有特点的女真人中间，只能是居住在祖国东北边境上，保留原有特点的那部分女真人想象的产物。《尼山萨满》的内容正是反映了这一部分女真人的社会意识和经济形态。

《尼山萨满》描写一位神通广大的女萨满去阴间夺魂救人的故事。相传在明代，罗洛村里住着一个名叫巴尔杜·巴颜的员外，家中有万贯家产，家奴和骡马等不计其数。员外二十五岁得子，儿子十五岁时上山打猎，途中死亡。员外夫妻十分悲伤，从此便开始求

---

① 戴逸主编：《简明清史》第一册，人民出版社1980年版。
② 王钟翰：《满族在努尔哈赤时代的社会经济形态》，见《清史论文选集》，中国人民大学出版社1979年版。

神拜天，行善积德，果然感动了上天，员外五十岁时又得一子，起名叫色尔古岱·费扬古，员外夫妻分外高兴，视如掌上明珠。孩子聪明伶俐，十五岁时又去打猎，途中又病亡。员外夫妻悲恸欲绝，正准备出丧之际，一个老道来指教巴尔杜·巴颜，叫他去请住在尼希哈岸边的尼山萨满。当巴尔杜·巴颜费了九牛二虎之力，请到了尼山萨满后，尼山萨满就穿戴上萨满的帽子、裙子，系上腰铃，在助手扎哩的帮助下，在众神灵的保护下去了阴间。她在寻找色尔古岱·费扬古灵魂的路上，通过重重关口，克服种种困难，找到了色尔古岱·费扬古的灵魂。正当她高高兴兴带着色尔古岱·费扬古的灵魂往回走时，遇到了她已死去三年的丈夫，正在路旁熬着油锅等着她，声称"你不救活我，我就不放过你，这油锅是你的死对头"。尼山萨满用巧妙的办法逃脱了丈夫的纠缠；途中又遇到奥莫西妈妈并观看了阴间的各种刑罚。最后，她终于救活了员外的儿子色尔古岱·费扬古，从此，巴尔杜·巴颜一家子孙满堂，高官厚禄，日子越过越兴旺。

《尼山萨满》的传说，首先反映了满族先世万物有灵的思想。

当尼山萨满去阴间寻找色尔古岱·费扬古的灵魂时，神灵给她指点色尔古岱·费扬古灵魂的去向。又是在众神灵的护送下，她前往阴间，一路上"兽神跳跃，鸟神飞翔，蛇神嗞嗞作响"，出现了许多动物神灵。再如，尼山萨满来到红河岸边时，发现既没有渡口，也没有船只，便祈祷神灵保佑她渡河：

　　河岸上弯弯曲曲蠕动着八条蟒啊！
　　扎纳河里游动着的大蛇呀！
　　年轻的河神，
　　请众神灵显示一下自己的神威！
　　保佑我迅速地渡过这条河。

说完，她将铃鼓浸入水中，自己站在鼓上，瞬息间像风一样飘浮过河。显然是河神帮助她渡过红河。从传说中的咒语内容来看，所涉及的天上地下一切自然现象，均有生命、有意志、有感情，都被神灵化了，反映了满族先世万物有灵的观念。

万物有灵的思想意识，几乎所有的民族，在历史上都存在过，满族的祖先也不例外。人类原始社会时期，生产力十分低下，认识也很幼稚，对于自身的生老病死和千变万化的自然现象不理解，感到迷惑、惊奇，以致恐惧，但是原始人又很想解释甚至控制它。正如鲁迅先生在《中国小说史略》中指出："昔者初民，见天地万物，变异不常，其诸现象，又出于人力所能以上，则自遣众说以解释之。"①"结果则为创造种种荒诞故事，以代合理的解释，同时并深信其真确……"②《尼山萨满》正是满族先世企图解释自然和社会现象的结果。

从《尼山萨满》中还可以看到图腾崇拜和祖先崇拜。《尼山萨满》的异文《女丹萨满》中，当女丹萨满因没有救活三年前死去的皇帝妹妹而被处死刑后，一片黑云笼罩在皇宫上空，皇帝便下令让"一个静射的将军向空中射了一箭，结果射下一根鹰尾巴上的羽毛"③。据说女丹萨满死后变为雕神；另一异文《一新萨满》中，一新萨满变成"阔里"④ 抓住了色尔古岱·费扬古的灵魂。所以后来满族有的姓氏在祭祀祖先时还祭祀雕神或是鹰神。这是满族对鹰的图腾崇拜，而且已把图腾崇拜和祖先崇拜融为一体了。

记载满族对于鸟的图腾崇拜的史料较多，如《满洲实录》中，仙女佛库伦吞吃了神衔的朱果而受孕，才生了满族的先世，还有"神鹊救樊察"⑤，也是关于满族鸟图腾的传说，即把自己视为与鸟有血缘联系，是鸟的后裔。满族人在庭院立杆祭祀，也是对鸟祭祀

---

① 《鲁迅全集》第8卷，人民文学出版社1963年版。
② 《茅盾评论文集》下册，人民文学出版社1978年版。
③ 金启孮：《满族历史与生活》，黑龙江人民出版社1981年版。
④ "阔里"是赫哲语，即神鹰。
⑤ 《满洲实录》卷一。

的一种。满族对鸟的图腾崇拜，在一定意义上像汉族把自己视为龙的传人，崇拜龙一样。

《尼山萨满》的祖先崇拜是一位附身于尼山萨满的神主，叫"倭车库"。"倭车库"在《清文总汇》中是这样解释的："神主，家内祭祀之神。"又《重订满洲祭神祭天典礼》中说："恭查满洲旧规，最重渥辙库（即倭车库——笔者注）跳神祭祀之礼……遇有吉凶之兆，总在渥辙库上磕头，虽度日清减，亦仍按时跳神，于此一节，从不少减。"从《清文总汇》对倭车库的解释和满族最重祭祀倭车库的习俗，可以知道这位神灵是保护满族人民安康和兴旺的神，根据笔者不久前在满族聚居区的了解，"倭车库"就是满族人家西墙上挂着的祖爷版或称祖神版和祖宗匣子等的总称。可见，"倭车库"就是祖先神。

祖先神原是本氏族有贡献有功劳人物的灵魂，如本氏族的酋长或是萨满等人物，后来被后世人所纪念、崇拜和传颂，因而形成了祖先崇拜。满族每个姓氏，如富察氏、瓜尔佳氏等，都有自己数量不等的祖先神。

从萨满教的历史发展来看，它的祭祀内容不仅有图腾崇拜、祖先崇拜，而且还有祭天神的内容。但《尼山萨满》所有的咒文中，却没有出现天神。事实上，满族的萨满教在努尔哈赤时期，就已是以天神为主的一神教了。如：苏克苏浒部内诺密纳四个部长归顺努尔哈赤时，努尔哈赤为了表示庆贺，便"杀牛祭天"[①]，说明这时已出现了天神。现在满族民间保存的萨满神曲（民间说法，即萨满行巫术时的咒语——笔者注）专有一篇是"祭天"，称为"啊布卡汗"，就是天神之意。而且凡有祭祀或是行巫看病，必先祭天。

马克思曾明确指出："物质生活的生产方式制约着整个社会生活、政治生活和精神生活的过程。不是人们的意识决定人们的存

---

① 《重订满洲祭神祭天典礼》卷一中《钮祜禄氏祭天祝词》。

在，相反，是人们的社会存在决定人们的意识。①"满族社会发展到努尔哈赤时代，所以有了天神，是由于氏族制度已经瓦解，进入了奴隶制社会："历史事实充分证明了，大约在十六世纪的七十年代到十七世纪的二十年代（一五七七——一六二七年）的五十年期间，努尔哈赤领导的满族的社会发展阶段，肯定是属于奴隶占有制而不是属于氏族社会末期的家长奴役制。"这时的满族已进入阶级社会，所以发展到这时的萨满教必然会出现"啊布卡汗"（石姓神曲）或是"啊木巴啊布卡"，即"天神"或"皇天"。在《重订满洲祭神祭天典礼》一书中，几乎每篇祝词都有"啊布卡追"即"上天之子"的句子。但《尼山萨满》传说中所有的咒文都没有"啊布卡"，说明这时还是氏族社会，是无阶级的社会，神灵自然也就没有高低、统治和被统治之分了。尽管传说这是皇太极以后的手抄本，但在关键性的内容上，后人也不敢随便附会。

从以上的分析来看，《尼山萨满》传说形成于满族的原始社会，是毫无疑问的。

另外，《尼山萨满》所反映的满族社会经济形态，也充满原始社会的特征，色尔古岱·费扬古上山打猎时，有一段出猎前的描写："第二天，色尔古岱·费扬古向阿玛额娘行礼告别，骑着一匹骢马，肩上蹲着雄鹰，牵着猎犬，阿哈尔济和巴哈尔济等家奴紧跟在后面。那些背着弓箭的家奴，排着长长的队伍，前后簇拥着色尔古岱·费扬古"，围猎时"众家奴立即把山围了起来，有的用箭射，有的用矛刺，同时放出鹰犬追扑飞禽走兽"。这不仅告诉我们满族这时是以狩猎为主的经济生活，而且这时的围猎工具仅仅是"箭"和"矛"，是一幅满族原始部落时期集体围猎的画卷。

其次，色尔古岱·费扬古在狩猎途中死亡后，家奴把尸体抬回家时，"村里人都聚集到这里（指色尔古岱·费扬古的家），号啕大哭起来"。这更是氏族社会时期，氏族成员一起参加本氏族的丧

---

① 《马克思、恩格斯论文艺和美学》，文化文艺出版社1982年版。

葬的集体行为。

传说中的尼山萨满不仅活动于人们真实生活的空间环境,而且还活动于人们假想出来的空间环境,关于人的灵魂归宿之处的阴间。尼山萨满在阴间经历的一切,同样是满族祖先社会和经济生活的写照。她看见堆积着肥沃的五色土,但无人知道耕种;同时,发现奥莫西妈妈养了马、羊把食物送给了阴间。这也说明当时还是以狩猎为主。

还有,阎王之所以派蒙古尔岱·纳克楚把色尔古岱·费扬古的灵魂抓去,是因为"想试试他的武艺才能",于是让他射"金币的窟窿",他一发即中;又让他和鹿搏斗,他也胜利了;最后让他和豹搏斗,"因为他没有战胜豹子,所以伊尔蒙汗(阎王)收他为义子,抚养锻炼他……"这里同样反映了满族先世狩猎生活时期的"射箭"技术的重要性。

传说中虽然出现了"白面饽饽""奶茶饽饽""小米面饽饽"等食品和员外等词汇,但这是后人的附会,在此不多加评论。

总之,带有神话色彩的《尼山萨满》,不仅充分反映了满族祖先的"万物有灵"和"灵魂不灭"的原始思想,而且又为我们展现了满族狩猎经济和氏族部落时期的生活画面,所以,《尼山萨满》传说应是形成于满族原始社会末期,至迟不会晚于明朝初年。

二

《尼山萨满》从满族社会的原始时期流传下来,不仅深受满族人民的喜爱,而且还在其他兄弟民族中间广为流传,这说明它有很强的艺术生命力。这种艺术生命力不仅来自生动曲折的故事情节,而且还表现在其中鲜明的人物形象上。

《尼山萨满》是通过对原始宗教活动的描述,赞扬一位女萨满的英雄行为。整个传说有两万余言,可以分为六个部分:第一,员外之子病亡;第二,仙道点化员外请萨满;第三,萨满赴阴间寻魂求寿;第四,阴曹路遇丈夫和奥莫西妈妈;第五,救子复活;第六,女萨满遇害。这六个部分是按时间的先后顺序展开,平铺直叙,首尾贯通。这种单纯结构形式,不仅使故事发展得比较清楚,而且能使欣赏者感到脉络清晰、明快,容易接受和记忆。这是符合人们了解事物的一般思想方法和习惯的,因而容易被群众掌握。这也是民间传说最常见的表现手法。

同时《尼山萨满》的故事情节,曲折生动,层层深入,扣人心弦。例如:在"仙道点化员外请萨满"的部分中,虽然没有像《三国演义》里的刘备三顾茅庐请诸葛亮那样难,但是请尼山萨满也不容易。第一次由于员外的不恭而被尼山萨满指点到别家去了,第二次再回到尼山萨满家的时候,员外满以为"南边炕上坐着一位白发苍苍的老妈妈"肯定就是他要请的尼山萨满了,便跪在地上向老妈妈叩头,但老妈妈说:"阿公,你认错了,我不是萨满,站在炕炉旁边——我的儿媳妇,才是先知先觉的萨满。"经过老妈妈的指教才找到了尼山萨满。请萨满这一简单情节,经过民间创作者丰富的想象,奇异的构思和精巧的安排,使故事迂回展开,不落俗套,很有吸引力。

传说中精彩的情节很多,如:"萨满赴阴间寻魂求寿"的部分中,尼山萨满一路上经过千辛万苦,通过重重难关到了蒙古尔岱·纳克楚的门前,可是色尔古岱·费扬古的灵魂不在那里,她又赶到伊尔蒙汗的城池,结果"城门紧闭,城墙筑得高而坚固,她无法进去"。后来,她用巫术进到城中,找到色尔古岱·费扬古的灵魂,并得到了他。她满以为带着灵魂可以顺利回家了,但是却被伊尔蒙汗派来的蒙古尔岱·纳克楚追赶上,要把色尔古岱·费扬古的灵魂带回去,一场争夺之战即将展开。色尔古岱·费扬古的灵魂能否被带回去?故事将怎样发展呢?欣赏者迫切需要知道结果,故事在这里着力刻画了尼山萨满这位斗争中的胜利者。她靠着超群的本领(巫术)和善辩的口才,使蒙古尔岱·纳克楚屈服了。这一情节叙述具体,故事发展起伏跌宕,尤其是求寿这一部分,更为精彩。尼山萨满以充分的理由一次次驳斥了蒙古尔岱·纳克楚，使他为色尔古岱·费扬古从二十一岁增寿到九十岁，直至这时，才满意地送给了他猪狗和公鸡，而且是用开玩笑的方式送给他的，这样不仅使故事生动，引人入胜，而且很有风趣。再者，在"阴曹路遇丈夫和奥莫西妈妈"情节中，她死去三年的丈夫在路边熬着油锅等她，说是若不救他回阳，就要把她扔进油锅里去。真是一波未平又起一波，紧紧地抓住欣赏者的心弦，令人为尼山萨满捏着一把冷汗。又如：尼山萨满见到奥莫西妈妈时，那"金光闪闪，彩云缭绕"的塔楼，神奇怪诞而又可怕的奥莫西妈妈及她周围因缝制小孩而忙碌的女人，阴曹地府中种种可怕的刑罚和森严的法规，神秘的树林、马、羊等等，真是离奇突兀，变幻莫测，光怪陆离。这些生动具体的细节增加了传说的艺术魅力。传说的民间创作者发挥了高度的想象力，采用丰富的幻想和浪漫主义表现手法，不仅创造了生动多彩的故事情节，而且又使矛盾以巧妙的方式得以解决，使传说收到理想的艺术效果。

传说中人物形象鲜明生动，个性突出明朗。首先是传说的主人公尼山萨满，她巫术超群，胆识过人。民间创作者以粗线条的手法，通过尼山萨满施展神奇巫术，去阴间拯救员外之子的灵魂的故事，表现了她坚强、勇敢、傲视一切的性格。从尼山萨满在"柳技上晾葛布衣服"来看，她的家境是很贫穷的。但当巴尔杜·巴颜员外身穿贵族服装，骑着骏马来请她时，她的态度却是那样的傲慢，直至巴尔杜·巴颜员外跪在她的脚下，再三请求时，她才答应为他儿子赴阴寻魂。这正是满族妇女端庄自尊性格的写照。

尼山萨满像孙悟空大闹天宫一样，闯入了阴曹地府。她通过道道关口，克服重重困难，来到威严的伊尔蒙汗的城池前，"怒气冲冲地念起咒来"，抓走了色尔古岱·费扬古的灵魂。当蒙古尔岱·纳克楚追上尼山萨满，大声喊着要同她"评评理"时，她毫无惧色地说："蒙古尔岱，要是你好好求我，我是会给你报酬的，你怎么用你们汗的威力来吓服我呢？有谁怕你呢？"充分表现了尼山萨满的无畏精神。

尼山萨满这种精神和性格正是满族先人长期生活在白山黑水之间，同恶劣的自然环境长期进行斗争所养成的。每个民族的神话、传说等民间作品，都与该民族历史上发生的重大事件，重要历史人物有着密切的联系。如汉族《女娲补天》的神话是在原始时代，自然灾害泛滥的情形下产生的；《后羿射日》是在远古时候炎热干旱的条件下产生的。还有藏族的《格萨尔》，蒙古族的《格斯尔传》《江格尔》及柯尔克孜族《玛纳斯》等英雄史诗的产生，都有其特定的历史条件和背景。《尼山萨满》也不例外。

传说中所涉及的瘟疫是一种传染很快的疾病，曾严重威胁着满族先世的生命安全。在《重订满洲祭神祭天典礼》中，曾有这样的记载："其早间跳神，原系满洲住居东土时，因忽遇瘟疫……"说明在满族历史上曾经常流行瘟疫。满族民间所保存的萨满教《神曲》中《祭天篇》（石姓家）也有这样的记载："人间忽然受灾，人们重病缠身，卧床不起……"这里说的"受灾"也是指瘟疫，被这种疾病夺去生命的满族先人可能不计其数。满族先人渴望着平安的生活，所以创作出一位神通广大、巫术超人的女萨满。她是一位被歌颂和崇拜的满族古代女英雄，也可能是一位妙手回春的民间行医者。

除主人公尼山萨满外，还有巴尔杜·巴颜员外和他的儿子色尔古岱·费扬古等人物。员外是一个财主，又是一个求神拜天行善的家长；色尔古岱·费扬古是一个"五岁就习文练武"的聪明伶俐的英俊少年。尼山萨满的助手扎哩是一个敲鼓能手。这些人物形象虽然不及尼山萨满鲜明，但在故事情节的展开中是必不可少的，起到了突出主要人物性格的衬托作用。

传说中还表现了形形色色，大大小小的神灵形象。如奥莫西妈妈、跛腿赖希、伊尔蒙汗、蒙古尔岱·纳克楚等。奥莫西妈妈以丑陋的外貌，善良的心灵给读者（或听者）以深刻的印象，而且受到满族人民的敬仰，民间称她为佛多妈妈，从古到今，一直受到满族的崇拜和祭祀。跛腿赖希在传说中有专文描写外貌,"他是个独眼、歪鼻、单耳、秃头、跛腿、独臂"的人,用单桨划船帮助尼山萨满往返渡河。他的样子虽然怪诞而又可怕,但他却助人为乐,有正义感。

《尼山萨满》中无论是凡人,还是神灵,都具有粗犷、强悍、勇敢、坚强的性格特征,这正是满族人民长期以来在以狩猎和畜牧业为主的生活环境中锻炼形成的。

三

任何一个民族,在未进入文明时代的原始时期,总"是在幻想中,神话中经历了自己的史前时期"[①]。满族先民也在"幻想"中经历了漫长的史前时代。那时他们的思想意识就是万物有灵,出门要占卜,行事要唱神歌,上有天神,下有地祇,种类繁多的神灵充满了宇宙,主宰着人间万物。在原始社会父系制时期得到进一步发展的萨满教,反映了人们企图通过占卜、跳神、唱神歌等巫术活动,达到控制自然,征服自然的目的。

一切文学艺术都源于社会劳动。劳动的多样化,又给原始的文学艺术提供了丰富多彩的内容。文学艺术品是对社会、自然和各种劳动的艺术加工,总之是反映社会生活的,而"一切宗教的内容是以人为本源,所以这些宗教在某一点上还有某些理由受到人的尊重;……其根基也是反映了人类本质的永恒本性,尽管反映得很不完备,有些歪曲……"[②]满族的先世女真人同样不仅需要劳动,而且需要娱乐,这便产生了文学艺术。既然宗教也"反映了人类本质的永恒本性",所以那时女真人的文学艺术品在反映社会生活和人民的思想意识的同时,必然有一部分会带有浓厚的宗教色彩。《尼

[①] 《马克思、恩格斯论文艺和美学》,文化文艺出版社1982年版。
[②] 同上。

山萨满》就是萨满教盛行之时，以宗教的形式保存流传下来的文学艺术。

关于《尼山萨满》中表现的宗教思想和民族学等方面的内容，不是本文探讨的范围。这里，仅从文学艺术的角度，做一些观察和分析。《尼山萨满》是舞蹈、音乐、诗歌三位一体，带有综合性的原始文艺。传说这样记述尼山萨满的舞姿："尼山萨满穿着妖魔服装，把腰铃系在腰间，头上戴一顶饰有九只鸟的萨满帽子，她那苗条的身子犹如随风摇摆的柳枝扭动起来，……又细声唱起来。"那时的乐器也是来源于劳动和自然，是原始简单的。传说记述："她（尼山萨满）右手拿着铃鼓，左手拿着一个榆木做的鼓槌，坐在杌子上，不时用鼓槌敲着铃鼓……，她用柔和的声调呼唤着'霍巴克'，又高声求唤'德扬库'，口中念念有词。"《竹叶亭杂记》中也有同样的记载。"萨吗（即萨满）乃头戴神帽，身系腰铃，手击皮鼓即太平鼓，摇手摆腰，跳舞击鼓，铃声、鼓声一时俱起，……萨吗诵祝人，旋诵旋跳。"[①] 从这些描写和记述中至少可以知道，第一，铃鼓和腰铃是满族早期的乐器，第二，萨满教的跳神是边歌边舞的原始艺术。

满族不仅是一个勇敢勤劳的民族，而且也是一个能歌善舞、有悠久文化传统的古老民族。他们用自己的辛勤和智慧，在恶劣的自然条件下，团结战斗，开发了祖国富饶的东北，同时也为祖国的文学艺术之花添枝加叶。传说中跳神这种舞蹈，不仅是事神，更主要的是娱人。所以又可以说，尼山萨满是一位能歌善舞的著名民间艺人。

尼山萨满在行巫作术时"口中念念有词"，在未发现其他早于神曲的满族原始文学资料之前，那些优美动听的诵词就是满族早期的、原始的诗歌。请看尼山萨满第一次给员外巴尔杜·巴颜的占卜神曲：

[①] 姚元之：《竹叶亭杂记》卷三，中华书局1982年版。

你二十五岁生了一个男孩子。
他满十五岁时去恒灵山打猎,
那座山上有一个库穆鲁的恶鬼,
抓走了你儿子的灵魂,
他因此得病而死亡,
从此,就没有生养孩子。
你五十岁时又生了一个男儿,
起名叫色尔古岱·费扬古,
这是一个美好的名字。
他十五岁时在南山打死了很多野兽,
伊尔蒙汗知道后,
派了一个恶鬼,
抓走了他的灵魂。
要救活他很困难,
为救活他,我感到发愁。

这段神曲把员外巴尔杜·巴颜的两个儿子的死因交代得清清楚楚。全篇五百字左右,近五十行。

再如,当尼山萨满去阴曹地府时,她要求助手(满语是扎哩)很好地跟她配合,并嘱咐他准备好去阴间的物品,于是她唱道:

重要的扎哩,
请站在我身旁;
得力的扎哩,
请陪我站着;
灵活的扎哩,
请站得近一些;

聪明的扎哩,

请站在我的周围。

……

请你拴住那只公鸡的头,

请你捆住那只猎狗的腿,

请排好一百碗陈酱,

请卷好一百捆纸张。

因为在那阴森森的阴曹地府里,

有一个灵魂陷在那里,

我要去那恶劣的地方,

追回那个灵魂,

要拯救那个灵魂,

要夺回那条生命。

每当尼山萨满过河、渡江、闯关口,她总要唱一段神曲。她就是用这些优美动听的祷词,求神灵相助,达到她预想的目的,实现她预想的愿望,完成她去阴曹地府寻找灵魂的任务。

《尼山萨满》中共有十二支神曲,篇幅有长有短,长的一千字左右,短的三百字左右。这些神曲有以下共同的特点:第一,每篇神曲的行数、字数不等,句子有长有短,没有固定的格式,但有一定的即兴成分。第二,所为神曲都是歌唱的,所以有强烈的节奏感。第三,语言自然流畅,是群众所熟悉的口头语,具有朴素、形象的特点。第四,神曲采用了排比和层层递进的手法。如前所引的尼山萨满嘱咐扎哩的唱词中几个"扎哩"和"请",不仅是排比,同时用了四个不同程度的定语成分,表达了层层递进的意思。

除了神曲外,值得研究的还有一种哭调,即当员外的儿子死后,父母在灵前的几段哭诉。如其母哭诉道:

额莫①的阿哥呀!

……

五十岁才生养了你,

我聪明诚实的阿哥!

你武艺超群,知书识礼。

我和蔼可亲的阿哥!

你心地善良,仁爱仁慈。

我英俊的阿哥!

你人才出众,仪表堂堂。

我好心的阿哥!

今后谁是我亲近的人,

谁还值得我疼爱呀。

其父哭诉道:

我那成千上万的马群,

有谁来替我管理呀?

我那满山遍野的牛羊,

有谁来替我放牧?

我亲生的爱子呀,

你是聪明、勇敢、善骑射的阿哥呀!

这些骏马谁来骑呀?

家奴谁来差使呀?

雄鹰蹲在谁肩上呀?

猎狗由谁领进山林呀?

通过父母的哭诉,把自己儿子的美德及家业后继无人之忧,都

---

① 额莫是满语,即母亲。

活灵活现地表现了出来。通过不同人物的哭诉，从不同角度对死者歌功颂德。这部分哭调虽然不多，但在一定程度上反映了满族人民的丧事仪式和习俗。哭调是自由体的诗歌，采取即兴的表现手法。

《尼山萨满》的语言朴素、优美，比喻自然贴切，如用"眼泪像雅拉河的水一样滔滔不绝地流着"，形容色尔古岱·费扬古的母亲悲恸欲绝。又如员外请驼背老头儿（仙道人）时，对他的家奴说："不幸的人儿，快让他进来吧！请他去吃丧宴上堆积如山的饽饽和肉，去喝像汪洋大海一样的酒吧。"

《尼山萨满》的内容非常丰富，涉及文学、宗教、民俗学、民族历史等方面的问题，需要进行专门研究。

原载《民族文学研究》1985年第3期

二

瑷珲富裕两地萨满文化调查报告

满族是一个勤劳勇敢的民族，在漫长的历史发展过程中，满族人民在从事物质生产的同时，创造了灿烂的文化。

任何一个民族的原始文化总是和宗教有着不可分割的联系。自古代社会以来，满族就信仰萨满教，迄今仍有一部分人保留此种信仰。由于满族信仰萨满教的历史悠久，所以萨满教在满族社会生活的各方面打下了深深的烙印，如收获、治病、出征、喜庆等都要唱神歌，这样便逐渐形成了以神歌为主要内容、具有鲜明民族特色的萨满教文化。萨满教如同其他宗教一样，是人类社会发展的产物，它的神歌和祭祀必然从不同的角度和侧面反映人类的社会活动、思想观念、生产技术和风俗习惯，因此从萨满教，尤其是神歌的产生、发展和变化中，不仅可以探讨满族的民间习俗，而且可以研究它的文学、音乐、舞蹈的历史渊源。为了深入地发掘材料，研究萨满教文化及其渊源，我们于今年七、八月间，深入祖国东北边陲名城瑷珲和红色边疆农场的满族聚居区五家子、蓝旗沟、下马厂以及富裕县的三家子屯等地进行调查，采访了近三十位满族老人，其中有的是跳过神的萨满。

虽然受到"文化大革命"的冲击，但是，有着上千年历史的萨满文化仍然相当牢固地扎根于广大群众之中。

我们首先到了黑河，接着乘船到了古城瑷珲。瑷珲位于黑龙江的西岸，它"因有水名瑷珲，故以得名"①，不过，瑷珲河现在位于苏联境内。清政府曾在瑷珲古城设立黑龙江将军和副都统衙门，所以，历史上瑷珲城曾是一座有"长而宽阔的大街"，"颇有一个大商场的感觉"②的繁华城市。五家子屯也在黑龙江西岸，瑷珲乡的东南，与孙吴县毗邻。一九五六年那里成立了第一个满族自治乡，现在隶属于红色边疆农场。因为最初居住在这里的关、臧、杨、吴、富等五姓的满族人数最多，所以被称为五家子，直至今日。富裕县三家子屯的满族，传说原是由吉林长白山一带随八旗驻兵迁徙到这里来的，最初只有计、陶、孟三个姓氏，故称为三家子屯。随后又有赵、关、吴、白等姓氏相继迁入，但仍叫三家子屯，它位于嫩江的东岸。

我们到满族聚居的乡屯时，首先给我们的印象是服饰和语言上已与汉族无异，但其强烈的民族心理，民族意识和原始古朴的民族文化艺术，特别是萨满教文化却仍然恒久地保持着。萨满教不仅是满族所信仰的原始宗教，而且也是鄂伦春族、赫哲族、达斡尔族、蒙古族、柯尔克孜族等阿尔泰语系的民族在不同的历史时期所信仰的原始宗教，有的至今仍保留此种信仰，尤其是以渔猎为生的民族，对萨满教的信仰更为强烈。据我们调查，满族的萨满可分为家萨满和大萨满两种（即家神和大神）。家萨满又叫包萨满，大萨满又叫毕干萨满。两种萨满的区分是：家萨满一般是每个姓氏一个，如瑷珲的吴子明（男，68岁）和三家子屯的赵喜庆（男，61岁），从前都当过家萨满。因为一个姓氏一个，所以也叫氏族萨满，其职能是为本姓氏家族主持祭祀活动，一般是在每年收获季节，为庆祝丰收、祈祷全家或全族安康和颂扬祖先的功德而举行的祭祀，俗称跳太平神，也称跳家神。跳神时身穿裙子，系戴腰铃，手持太平鼓（即抓鼓），击鼓而舞，但不戴神帽。其内容主要是祭天和祭祀祖先

---

① 《瑷珲县志》卷一，《地理志》。
② 《黑龙江旅行记》，商务印书馆1977年版，第421页。

神。祭天是通过祖宗杆（即索罗杆子）祭祀；祖先神灵的祭祀较为复杂，随姓氏的不同而异，如有的姓氏祖先神灵是用白祖布或是纸画的持枪跃马的勇士或身穿鱼鳞盔甲片的壮汉的画像；有的是绸子条，有的是一叠高丽纸；有的是一块黄色的方布；等等，并需要供奉不同的牲畜和饽饽之类的供品。这些神像和神物之类的物件，平时都放在祖宗匣内，敬放在西墙上的祖宗龛上，只能在一定的时候，经过祭祀活动后，才能打开匣子举行跳神活动。

　　大萨满，也就是野萨满。这种萨满一个乡、屯一个或几个。它可以跨姓氏为本乡、屯或其他村落的群众行医治病和跳大神，如富裕县三家子屯的孟照祥就是一个既跳神又行医的大萨满。他已去世（76岁），我们只好向他的儿子和其他群众了解有关他跳神和行医的情况。据了解，他还会看病开方（草药）和针灸，给不少人看过病。大萨满的另一职能，也是萨满教文化中最有研究价值的一部分，就是"跳大神"。"跳大神"这部分神灵很多，多至近百位，如黑虎老爷（熊神）、鹰神老爷、长仙（蛇神）、海林瞒爷等。这部分神灵，跳神时的动作如同优美的舞蹈，如鹰神老爷，一边打鼓一边高抬胳膊，像雄鹰展翅。长仙跳神时，腰铃、神帽都不动，碎步快走，像蛇在草上蠕动。满族对这些野神的信仰与他们远古时期生活的地理环境有关，与他们的图腾崇拜关系更为密切。另一部分大神便是某姓氏有功德的古代祖先，如三家子屯有一姓氏的"布库老爷"，是使用大刀的一位男性神灵，传说英勇无比。"布库"是满语，意思是"会摔跤打跋跤有力人"[①]，这位神灵很可能是在战争中立过功劳的本姓氏的先人，被后人崇敬并祭祀为神灵。再如，五家子屯有一姓氏的大神中，有一位叫二姑奶奶，这位神灵是女性，跳神时是边跳边从人群中寻找小孩，并爱抚地逗耍着；有时，看到被逗小孩脸色不好便开药方予他。这位神灵可能是一位萨满兼行医者，被后人祭祀为神灵。

---

① 《满文总汇》第5卷，第12页。

萨满跳神都要杀牲献祭，多数是杀猪，少数杀牛、羊等。杀牲中也保留了满族原始社会时期的风貌。如祭索罗杆子，也就是祭天时要杀猪。有的姓氏杀猪后，不是先在锅里煮，而是把猪的内脏取出来，用从山林里新砍伐来的柳树钩子（其他树钩也可以），勾住四个蹄腿燎毛，毛燎净后，放入锅里煮熟敬献天神。这肉是全姓氏、全屯甚至过路人都能来吃。这真是一幅一伙人围在火堆旁边分吃着兽肉的原始共产主义生活图景的再现。

在萨满进行祭祀活动时，不仅需要跳神，而且还要唱神歌。萨满跳神的动作，正如上文已经提到，都是模拟性的，这是满族的原始舞蹈艺术；为跳神而唱的神歌，就是满族的民间诗歌；萨满跳神时使用的腰铃、手鼓、神帽、裙子等，都是具有本民族特色的手工艺品，而节奏和谐的演奏，又是一种原始音乐。

我们调查中，还发现有的姓氏祭祀"喜利妈妈"，这本是锡伯族萨满教中的女神。"喜利"为满语，是"接连不断"的意思，其内涵是希望子孙繁荣。祭祀"喜利妈妈"的姓氏很可能与锡伯族或其他民族有关系。由此可以看出，从萨满教祭祀神灵中，还可以探讨满族姓氏的渊源。

萨满教从远古时期流传至今，发生了颇大变化。（一）满族萨满教较原始的神灵名称，祖先神灵一般是叫"瞒尼""倭车库""玛法"，或是某工"神"等。但这次调查中发现这些神灵都被叫作"老爷""爷爷""太太""娘娘"、某某"仙"等。这显然是受到汉族文化和其他宗教影响的结果。（二）萨满教重要的特征之一，就是有很强的氏族特点，即神灵因姓氏不同而异。如有的姚氏祭祀狗鱼，这是因为这个姓氏曾住在江河边，多以水中动植物为神灵，而住在原始森林中的姓氏，则以树林中的动植物为神灵。这次调究中，我们发现大神中有的姓氏仍保留了氏族特点，有的则已打破了氏族界限，甚至打破了民族界限。如某姓氏中大神有一位叫"破头先锋"，是从姜姓吸收的，还有一位叫"麒麟老爷"，是从鄂伦春族中移植过来的。这说明氏族性的特点已越来越弱了。（三）满族萨满教祭祀中主要神灵之一佛托妈妈是一位始母。佛托是满语，意为"求福跳神竖立的柳枝"①。它的功能最先是繁衍满族后代，保护满族子孙繁荣、健康长寿及除病驱魔等。现在有的姓氏中的佛托妈妈已只管出天花，只在小孩出天花时，向它祈求保佑恢复健康，而且仪式很简单，其他作用都消失了。这是神灵职能随着历史的发展而发生的变化。这种变化说明满族萨满教已由原来的万物皆神灵的原始形态向以祖先崇拜和祭天为主要内容的祭祀转化了。当然这种变化不是今天发生的，而是有其历史渐进过程。（四）这次调查中还发现大萨满的社会地位和在群众中的威信远远不如家萨满高。如当地群众称大神为"邪仙""邪神"，称大萨满为"野萨满"等。这说明"狼虫虎豹"之类的神灵已被群众从感情上和思想意识上逐渐淘汰了。相反，装有祖宗神像的祖宗匣子，有的仍供奉在西墙上，而且不轻易让人打开观看，说明祖先神灵在满族群众的思想感情上仍有重要位置。比如有的老人在受到青年人的反对和抵制下，也要将祖先神灵供奉在西仓房里。这种重祖先神（家神）轻大神（大萨满）的做法是受中国传统的宗族观念的影响和满族社会发展的必然结果。

萨满教至今仍未完全退出满族社会生活或被其他宗教代替，这说明它在满族生活中影响很深，甚至满族的习俗也受到萨满教的深刻影响。如萨满跳神用的铜镜，被人们视为一种避邪之宝，所以在房门上方的正墙上挂一面铜镜，以避鬼邪，保护全家平安健康。我们在瑷珲和三家子屯都见到了这种情况，只不过以小圆镜代替了铜镜。这在满族婚俗这方面也有所表现。从前，满族男女青年结婚是用喜车将新娘接到婆家，喜车前面也要挂一铜镜，以保喜车和新娘路途不受鬼邪侵扰。没有铜镜的，同样用小圆镜代替。再者，满族萨满教祭祀最有特色的就是在庭院中"靠杆祭天"，所以在满族丧俗中，有的姓氏的死者尸体只能从窗户里抬出去，以免冲撞了庭院中为祭天而立的索罗杆子。还有因为西墙上有祖宗龛而以西为大不

---

① 《满文总汇》第12卷，第38页。

许妇女坐等习俗，都与萨满教有密切关系。

在调查过程中，我们还了解了一些与满族善骑射传统有关的习俗。如有的姓氏男女结婚时，在庭院中摆一个大香炉，炉中除插上香以外，还要放一把大弓和插上三支箭，新娘新郎在弓箭前同拜天地；再者，当新娘进入房门时，门口放一马鞍，新娘从马鞍子上跨过。新娘跨马鞍子除取"安子"之意外，更主要是让满族子孙后代不忘骑射，以保持尚武的传统。满族婚俗中，以前还唱"拉空"歌，也叫唱喜饱，坐福、"倒宝瓶"等。这些习俗虽然已被满族群众淘汰，但在他们的民族心理和民族意识中仍然占有一定地位，尤其在六十岁以上的老人中，更是如此。

满族是一个古老的民族，它也像祖国大家庭中其他成员一样，用自己辛勤的双手开发了祖国的边塞之地，同时也用自己的智慧为祖国百花园增添鲜艳的花朵，我们这次调查中，也搜集到不少满族民间故事和传说。其中有一篇是《尼山萨满》[①]，它受到中外满学工作者的高度重视，苏联于1961年用满俄文出版了《尼山萨满》传说。我国东北至今仍有老人会用满语讲述，可见，这个传说在满族群众中影响之深刻，流传之广泛。再如《狗鱼的故事》[②]，内容是，有一姓氏跟随老罕王征杀于疆场，来到一大江边，后有追兵，前面是滔滔江水，时值六月，在这万分紧急时刻，突然江面上出现白花花的冰道，于是，他们很快渡过了大江。这时，回头一看，原来是狗鱼搭成的一座桥。从此，便年年祭祀它。除此以外，民间还流传着这样一个故事：瑷珲应出十个将军，因为被皇上踩掉一个，只出了九个，这是《十大将军的传说》[③]。还有，传说很久以前，有一位白大将军，征讨敌人被困于漠河一带，人缺食马缺料。皇上

[①] 富寿山老人于1986年讲述《尼山萨满》在瑷珲流传情况等，中华发展基金管理委员会与五南图书出版公司联合出版。

[②] 孟宪钧老人于1986年讲述《狗鱼的故事》，中华发展基金管理委员会与五南图书出版公司联合出版。

[③] 关代锁讲述，中华发展基金管理委员会与五南图书出版公司联合出版。

知道后，向海里撒了一把锯末，变成了大蚂哈鱼。鱼顺流游到漠河，人马都吃大蚂哈鱼，解救了白大将军。所以大蚂哈鱼生在海，死在江，因出于此，这是《大蚂哈鱼的故事》[①]。瑷珲一带还流传着《七条龙的传说》[②]，说的是瑷珲除东面是黑龙江以外，其他三面是七条龙环绕着。我们站在瞭望塔上放眼望去，只见滔滔黑龙江水由南向北滚滚流去，郁郁葱葱的树林，覆盖着小兴安岭的条条余脉，好像是条条飞龙蜿蜒蠕动在瑷珲的西北西南一样，三面环绕着古城，使人感叹不已。由此，我们不难看出这种关于龙的说法，更有满汉文化交流和融合的迹象。

我们在五家子和三家子屯时，还经常听到《萨布素的故事》《神乌救驾》《老罕王的故事》《万历妈妈》等。这些传说和故事，每到一乡，每到一屯都会有老人津津乐道地向你讲述。其实，每个民族不都是用自己丰富的想象和浪漫主义的情调，编织着自己的历史和生活吗？

在调查中，我们也顺便了解了一下目前满文和满语的情况。满文早已被满族人民所忘记和淘汰了，但满语仍活在六七十岁的老人中间，他们不仅用满语会话，而且还能用满语讲故事。

另外，从建筑方面来看，三家子屯的房屋最有民族特色，不仅屋内的万字炕和西墙上的祖宗龛依然如故，而且屋外西侧有一用土坯垒起来的高而粗的烟囱，像一座座小山一样矗立在各家房屋一侧，不时冒着缕缕炊烟。

总之，从调查材料中不难看出，萨满教仍以各种不同的祭祀形式，在满族群众中保留下来，而且较为原始和丰富；同时，也使我们认识到萨满教是研究满族原始文化艺术的宝贵资料。因此，对于萨满教的多功能性的深入研究和抢救、保护散存于广大民间的萨满教文化，是摆在满学工作者面前的重要任务，应予以足够的重视。

原载《民族文学研究》1987 年第 3 期

---

① 关代锁讲述，中华发展基金管理委员会与五南图书出版公司联合出版。

② 同上。

三

满族萨满教神歌的历史演变
——从关姓、石姓神歌谈起

一

作为人类社会意识形态之一的原始宗教——萨满教，与满族的社会生活关系密切。举行祭祀活动时不仅需要献牲叩拜，而且还需要以歌舞来向神灵祈福祛灾，娱神乐人，其中歌舞中的"歌"，就是人们通常所说的"神歌"。

近年来，我们在满族区搜集到不少萨满教神本子。所谓神本子，在满族民间通常叫作"特勒本子"，或是"恩都利毕特赫"。"特勒""恩都利"和"毕特赫"都是满语，意为"凡物之上"（即神之意）、"神灵"和"书，书本之本"，所以叫"神书"或是叫"神本子"。这是民间用来记述萨满教神歌和神灵的书，多为用汉字注音的满文手抄本，也有少量用满文写成的手抄本。就我们所搜集到的神本子来看，每篇的歌词有长有短，长的几段，短的十几行，甚至几行。神歌都有一定的格式，形成了流传几百年，甚至上千年的套语和重复句式。神歌开头都是先报明萨满姓氏、属年，某屯（实为报明氏族部落名），为谁家之事求神及如何选择良辰吉日等。还要说明祭祀是"亲口许愿，从不推托"以示诚心诚意。最后的结束语，除了乞求"保佑全家太平，吉祥如意"之类外，还有"敬神求福，世世代代，流传万代"，这几句有时重复两三遍，以示

三 满族萨满教神歌的历史演变

永远祭祀神灵的决心。以上这些内容，是每篇神歌中都有的，除个别地方修饰有所不同外，其他都相同。神歌具有萨满教的显著氏族性特点，神歌的具体内容、祭祀仪式和神灵多寡都随姓氏的不同而异。为了便于分析，首先摘录几篇满族共同祭祀的"祭天"和"佛托妈妈"（换锁）神歌：

祭　天

哈苏哩哈拉，／瓜尔佳哈拉①，／曾亲口许愿。／旧月已去，新月来临，／选择了良辰吉日，／备办了祭祀神猪，／敬请神主、神灵降临。／做好了清洁神肉，／酿造了芳香黄酒，／备好了醇醪白酒。／祈请阿布卡朱色，／超和章京，／瞒尼色夫，／……（省略神灵名称）／萨满跪在尘地上，／祈祷各位神灵保佑，／少者健康如栋梁，／老者延年增寿。／百年无火，／六十年无疾，／保我财广福长，／佑我全家太平，／年老成双，／牛马成群，／敬神祭祀，／万代流传。

佛托妈妈

乞请佛哩佛托奥莫西妈妈，／取来新柳枝，／敬于庭院中。／献上几摞饽饽糕，／摆上祭神肉，／点上阿延香②，／系上子孙绳，／挂上彩条，弓箭，／门楣绑上草把。／瓜尔佳姓氏，／曾亲口许愿，／今已是旧月去，新月临，／合家叩拜奥莫西妈妈，／保佑我叶茂而根固，／子孙昌盛，太平。／（以下与祭天神歌相同）

这两篇是从标有"咸丰年"字样的同一册神本子中录述的吉林省关姓神歌。该神本子中共有九篇神歌，神灵有十几位。

我们再看一下该省内的石姓神歌内容。为了便于比较，我们仍

---

① 瓜尔佳哈拉：关姓。
② 满族祭祀时用的一种粉末香。

录述"祭天"和"佛托妈妈"神歌：

祭 天

浩浩青天，/分有九层，/乞请高天神灵听着，/选择良辰吉日，/已备办清洁祭品。/祝祷浩天神灵，/纳亨丰盛献物。

哈苏哩哈拉，/石克特利哈拉①，/石姓子孙萨满，/于此时此地跪拜尘地，/学习着祝祷诵念，/双手供献祭物。

石姓子孙，/曾亲口许愿，/合家欣然同意。/今已是春去秋临之际，/富秋裕日之时。/择定良辰吉日，/乞请天神降临。

石姓子孙，/严遵祭祀礼节，/洗涤一切供器祭物，/打来河中净水，/淘净献神祭米，/精心制作祭饭，/敬献神灵二碗。/又将早买神猪，/恭敬圈养家中。/今遵礼绑上神猪，/按节行刀摆腱，/神猪即刻废命，/一切情形甚善。/敬做清洁祭神肉，/敬献于院中矮桌上。/锡斗中敬放佳品，/乞请上天、神雀降临，/纳亨献牲祭物。

不知什么年代，/我们这里，/突然灾祸从天降，/瘟病蔓延无际。/人们重病缠身，/连日卧床不起，/请来八位萨满祝祷，/九位萨满察看，/寻察何处之过，/何故起灾。/恳乞天神保佑，/免灾除难，/保佑太平。/石姓子孙，/设坛祭天。/

天神旨谕，/取来山峰上之水，/饮后出汗，/当日见效，/才知是神水，/我们病愈太平。/（以下与关姓祭天相同）

佛托妈妈

…………（省略重复句式）

石姓子孙的兵垦萨满②皆跪尘地上，/祝赞祈祷。恳乞千年修炼，/万年道行，/神通广大的佛托妈妈，/由长白山而降。

日新月异，/裕春富秋之际，/陈柳换新柳之时，/择定良

---

① 即姓石的。
② 这里指的是家萨满。

辰吉日,/淘净了新黄米,/做了敬神糕,/选好了茂盛柳枝,/敬栽在院中。/取来自绫彩帛,/巧手剪成线锁,/系在神树柳枝上。/全家老少戴神锁,/如叶之茂盛,/如木之繁荣。/子子孙孙苗裔多,/世世代代保平安。

从以上两姓氏的神歌内容来看,最明显的区别是关姓祭天神歌中第一位就是"阿布卡朱色"①,即"上天之子",就是"天子",说明已将"天神"与当时社会中的"皇上"联系起来了,因为皇上自称为"天子",也就是说关姓的"天神"已是指当时的最高统治阶级了。而石姓的"祭天"神歌中虽然也叫"天神",但其含义与前者有着本质上的区别。石姓所用"天神"的满语词是"阿布卡",通篇也找不到"恩都利"与"阿布卡"联用,更没有"朱色"一词,因此,我们说石姓所指的"天神"与当时社会中的帝王毫无关系,再联系到石姓祭天神歌中所叙述瘟病蔓延的原因,是因为没有祭天所致,这就清楚地表明,石姓所指的"天神"是对与他们实际生活密不可分的周围环境的神灵化。他们往往将"阿布卡"一词形容为"登依阿布卡""京奇阿布卡",意为"高的天""浩大的天",就更清楚地表明指的是对朦胧和茫茫天空的崇拜,即是对神秘而又不可测的"苍天"的崇拜。其次,从上述两姓祭祀神歌所呈现于我们的总体精神来看,关姓内容简单,抽象化和概念化较强,石姓则是详细而又具体化。因此,我们说石姓神歌原始古朴的内容较多,保存下来的传统文化也较强。所以,石姓家神祭祀含有较多的自然崇拜的内容;而关姓则不然,他们的家神祭祀神歌中人为的因素较强,社会属性和阶级性明显。显然,这两姓的祭祀活动,虽同属家神祭祀,但神歌中反映的内容却不是同一历史层次的。

类似关姓家神祭祀内容的萨满教神歌,流传下来的很多,如黑

---

① 阿布卡:满语,意为"天";朱色:满语,意为"儿子们"。

齐江省宁安地区祭祀活动、黑河地区和富裕县各姓氏的家神祭祀基本相似。

满族早在远古时代就信仰萨满教，南宋人徐梦莘在其《三朝北盟会编》中就已指出："珊蛮者，女真语巫妪也，以其变通如神"，这里所说的珊蛮，就是指的萨满，这就说明满族信仰萨满教的历史悠久，其神歌内容绝不仅仅是家神祭祀。在满族民间调查所得的资料告诉我们，满族的萨满教不仅有以祖先崇拜为主要内容的家神祭祀，而且还有以动植物和英雄崇拜为主要内容的大神祭祀。石姓神本子中就包含了家神和大神的全部萨满教祭祀活动。

二

石姓萨满教大神（也叫野神）神歌内容不仅丰富，而且详细具体地反映了满族的历史生活。下面录述几篇石姓大神神歌。

巴图鲁瞒尼

久居白山峰顶上，/九层峰上的，/金楼子里的巴图鲁瞒尼，/请沿着松花江而降临。身穿金光闪闪的盔甲，/手执一杆金色大枪的巴图鲁始祖。/护军八队，/带兵千万。/征讨南北，/驰骋沃野，/威震四方。

巴图鲁在满语中是"勇敢"的意思，是大神中最能代表满族尚武精神的神灵。

朱录瞒尼

久居白山五层山峰上，/在金楼之内，/银阁之中的朱录瞒尼神，/请沿着朱录河而降临。/

千年修炼，/万年道行，/神通广大的朱录瞒尼神，/在白山的各处山峰上，/翻耍着朱录激达，/由正房门入坛。

从这首神歌的内容来看，这位神灵的最大特点是"翻火棍"。满语的"朱录激达"意思是"双枪"或是"双矛"，看来是满族在历史上曾使用过的用来刺杀动物或是捕捉鱼类的"扎枪"，是一种原始武器。

满族石姓大神神歌中还有动植物神歌：

黑熊神

今在七星斗前，／摆案设香，／乞请黑熊神。／通过拉林山，／沿着拉林河，／穿行宽阔密林，／在庭院中降临。全身皂黑色，／唇厚而嘴大，／粗腿掌肥的黑熊神。／在山后阴处古潭里，／千年修炼，／万年道行。／神通广大。／手执三股马叉，／如盔甲作响，／翻耍着降临了。

金钱豹神

久居白山之上，／从银色山沟中而降临的金钱豹神。／金身火红色，／铜钱布满身。／如飞降临后，／闭灯又灭火，／火炭口中含，／火花乱飞溅，／全身放火星。

金花火神

空中白山峰上，／层层云顶中，／耸入云霄的金楼内，／沿着红河而降临的金花火神，／请附我萨满之身。金花火神，／双手翻耍着巴克山香①／上下旋转舞动，／如同火球飞舞，／又如五彩缤纷。

类似这样的大神神歌，在石姓神本子上有几十篇，每篇都有与家神神歌中重复的句式，不再录述，这里录述的只是表现大神神灵特点的部分。

从以上我们录述的石姓大神神歌来看，其崇拜对象与家神崇拜

---

① 满语，意为"一把一把的汉香"。

有明显区分。家神是以祖先崇拜为主要对象,大神中不仅有满族历史上在民族形成及其发展史上起过重要作用的英雄人物,即英雄神,而且也有在经济生活中与其有着密切生存关系的动植物,即动植物神,也叫野神。其次,家神与大神在跳神仪式上也有着明显区别。家神跳神只是按照一定的步法,手拿抓鼓,击鼓而跳;大神则是模拟性和表演性的舞蹈,如狼嗥鸟叫、鹰飞翔、蛇爬行、兽跳跃以及表演英雄神灵的行为等。最后,以萨满跳神时的精神状况来看,两者更不相同;跳大神时,神灵要附体,萨满随之进入昏迷状态;而跳家神时,神灵不附体,因而萨满的精神状态始终是清醒的。总之,家神和大神之间,在神灵崇拜、祭祀仪式等方面都有着显著的区别。那么,只保留家神祭祀的姓氏,是否根本就没有大神祭祀呢?不是的。根据我们的调查,原先满族每一个姓氏都有对动植物神灵和英雄神灵的崇拜,至今还流传于他们中的英雄人物传说、神话等,原来都是他们祭祀的对象。那么,在这些只保留家神祭祀的姓氏中,大神又是怎样被淘汰的呢?

三

清乾隆十二年(1747)曾颁布一道圣谕,指出:由于满族入关和进京后,不断接受汉族文化的影响,说汉语识汉字已成为不可阻挡之势,满语就逐渐被遗忘了,而萨满教神歌都是用满语诵唱,充当司祝之人用满语诵唱神歌也需要"由学而能、互相授受"[①],所以神歌中的错误甚多,因此就"命王大臣等,敬谨详考,分别编籑,并绘祭器形式,陆续呈览,朕亲加详覆酌定"[②]。经过择选编纂为六卷《钦定满洲祭神祭天典礼》并编入《四库全书》,"与大清通礼,相辅而行"[③],同时公布于世。我们在满族民间调查时,很多

---

① 《重订满洲祭神祭天典礼》卷一。

② 同上。

③ 同上。

老人都说本姓氏在乾隆以前有大神祭祀，以后就只有家神祭祀了。这就充分说明满族的萨满教在乾隆朝经历了大的变革，这一时期是有无大神祭祀的分界线，也就是说经过"分别编纂"后的萨满文化，大神祭祀就被删掉了，那些学鸟叫兽跳的舞蹈动作也随之被规范掉了，只保留了以祖先崇拜为主要内容的家神祭祀活动了。由此不难理解，关、石两姓的祭祀神歌为什么有着这样截然不同的内容。前者是乾隆规范化以后的祭祀内容，后者仍保留着原来的面貌。

我们说关姓祭祀属于乾隆朝规范后的内容，还因为它的神歌内容基本上与清宫相同。下面录述一篇清宫"祭天"神歌。神歌开头也记叙"阿布卡朱色、佛及菩萨"等神名后写道：

> 今敬祝者，/丰于首而仔于肩，/卫于后而护于前，/界以嘉详兮，/齿其儿而发其黄兮，/年其增而岁其长兮，/根其固而身其康兮，/神兮贶我神兮佑我，/永我年而寿我兮。①

从这篇神歌来看，除受汉族文化的影响而词句高雅和具有韵律外，其神歌内容和神灵崇拜基本上与关姓相同，祭祀仪式也是一样的。

为什么同处于清代统治下的满族萨满教文化，经过乾隆朝的规范化后，会分作两种渠道发展并流传于民间呢？其主要原因在于满族内部各姓氏（实际是部落）的政治、经济和文化发展不平衡，地理位置的不同以及各姓氏的特殊情况所致。至于同处于一省内的关、石两姓，一个接受乾隆规范化的祭祀，一个不受其影响，其具体原因如下：

第一，根据我们的调查，关姓的萨满祭祀神歌因流传遗失，是后来从宁安地区抄写过去的。而宁安是满族的发祥地，与清宫的关

---

① 《重订满洲祭神祭天典礼》卷三。

系极为密切，所以清代的御旨、公文首先下达到宁安，而且在那里首先施行。宁安地区的萨满祭祀都是规范化以后的内容，自然关姓也是如此。与此相比，石姓在祭祀方面未受到其他姓氏的影响，因此它保持了萨满祭祀活动的相对独立性。

第二，从地理位置来看，两姓虽都是清代的打牲丁，但石姓地处打牲地域边缘之地，而且是交通不便的丘陵地带，而关姓则基本上是打牲地域中心地带，又离吉林市较近。因此关姓萨满教文化不仅受到宁安方面的影响，而且还受其他文化因素的影响，如在关姓祭祀时还有观音菩萨的塑像；石姓受其他文化的影响较少，同时也不祭祀观音菩萨，因此其文化有着相对的稳定性。

第三，也是主要因素，关姓居住在永吉县的韩屯中，虽都是满族，但那里不仅有关姓，还有赵、许、王等姓氏；而石姓居住在九台县的小韩乡和东阿，两处除了从同一祖先繁衍下来的世代石姓子孙外，别无其他姓氏，这样使石姓保持了较强的宗族观念，使他们的传统文化也受到较少的冲击，因此石姓的萨满文化相对地保持着本族的传统性。

从以上的分析得知，石姓的萨满教文化具备了相对的独立性、稳定性和传统性的特殊条件，虽经过百年左右的扣香[①]时间，术旗内的传统文化基因，终究在石姓家族内还起着重要作用，因此又恢复了全部萨满教祭祀活动；关姓则是按着另一种渠道发展，即接受了乾隆规范化的萨满祭祀。

总之，满族萨满教文化不仅有大神和家神之分，存在明显不同的历史层次的结构，而且就是在家神祭祀中，由于满族民族共同体内部经济文化发展的不平衡，也存在不同的历史层次。满族萨满教大神被淘汰，是满族社会发展的必然结果，早在皇太极时为了发展生产，就对满族祭祀下令"禁止因祭祀、殡葬滥杀牛马骡驴"[②] 等

---

① 扣香：把香碗扣过来，停止萨满祭祀活动。
② 《简明清史》第1册，人民出版社1980年版，第77页。

措施，实际上也就限制了萨满教的祭祀活动。笔者在满族民间调查中，同样也发现因无能力祭祀而终止了萨满祭祀活动。如黑河地区的臧姓每次祭祀时需杀七头牛，这种大量屠杀耕牛的做法自然被淘汰。因此我们说，满族萨满教文化从总体来看，早已不适应社会发展的需要，尤其是大神祭祀，必然要被淘汰。乾隆朝的规范化，只是顺应了满族社会的发展规律，对大神祭祀被淘汰起了促进作用。

原载《萨满教文化研究第一辑》1988年

四

满族说唱文学与《尼山萨满》考

一

　　《尼山萨满》传说，由于流传民族和地区的不同，形成了各种异文。从记录传说的文字来看，有三种情况：一是满文手抄本；二是汉文手抄本；三是最近几年的汉文印刷本。这众多的《尼山萨满》异文，都未注明它是讲述还是说唱，所以，我们要探讨的首要问题，就是《尼山萨满》是民间的讲述文学还是说唱文学。

　　黑龙江省黑河地区大五家子75岁的满族正黄旗富俊山老人讲述了下列情况：他在十三四岁时，经常见到一个名叫吴元的瞎子说唱"尼山萨满"和其他满族故事，据说吴元的嗓子洪亮悦耳，而且有表演动作。富俊山老人还说："我十几岁时，经常发现人们见到吴元或其他演唱艺人时就说：给我们唱一段'尼山萨满'吧。"这不仅说明《尼山萨满》当时是何等受满族人民的欢迎和喜爱，而且也表明它是说唱文学。赵展在《评介〈尼山萨蛮传〉》中，也明确指出它是"说唱民间故事之一"[①]。

　　在各种《尼山萨满》异文中，尤其是满文手抄本中，唱词中多次出现"德扬库""埃库勒也库勒"等词句。有人认为这是相当于汉语中的"呢、呀、吗"等语气助词。我们认为这种说法是不正确

[①] 《满族文学研究》1982年第2期。

的。如传说中有这样一段唱词："德扬库德扬库，守大门的德扬库德扬库，众老兄听着德扬库德扬库，向你的主人德扬库德扬库，去禀报吧德扬库德扬库，门外德扬库德扬库，来了一个德扬库德扬库，将要死的老人德扬库德扬库。"实际上仅仅是"守大门的众老兄听着，给你的主人去禀报，门外来了一个将要死的老人"三句话。就其作用来看，它绝不等同于汉语中的"呢、呀、吗"等语气助词，而是一种很有规律性的民间艺术现象。

为了探讨这一现象，我们将凡有"德扬库"等词的各种《尼山萨满》异文，概述如下：

苏联1961年在莫斯科出版满俄文对照的《尼山萨满》中（以下简称为"苏联本"），共有十三段唱词，其中有九种：德扬库、埃库勒也库勒、火格牙格、钦格尔济英格尔济、火巴克也巴克、克兰尼、海拉木比舒拉木比、德尼坤和克库。

中国社会科学院民族研究所保存的《尼山萨满》中（以下简称为"民研所本"），有德也库、火格牙格、赫也赫也曾、敌库敌阔、西突西突也、海鲁海鲁、会勒会勒，共七种。

在满族的发祥地之一宁安地区，新中国成立前曾流传《宁三萨满》（以下简称为"宁安本"）的故事，并以汉文本手稿保存下来。笔者仅从手稿中约五千字的残件（《宁三萨满》）中，就发现了不少唱词段落，其中有：得鲁特、德什库、埃库勒也库勒等。

苏联满学者在20世纪初期（即1908年、1909年、1913年），在我国东北地区搜集到三种《尼山萨满》满文手抄本。其中第三种是1913年在海参崴得到，并于1961年在莫斯科出版，就是前面提到的"苏联本"。其他两种保存于圣彼得堡苏联科学院东方研究所。意大利学者乔万尼·斯塔里征得苏联的同意，于1985年将上述两种手抄本用满文和拉丁文对照以专著形式出版。乔万尼先生在其专著的英文"序言"中明确指出"发现这些手稿所叙述的故事不是两种，而是三种"，于是在专论中便以"手稿一""手稿二""手稿三"（这三种手稿，以下简称为"手稿本"）为题而论述。

在这三种满文"手稿本"中，同样出现了不少唱词。"手稿一"中有：德尼库、火格牙格、也库勒、克兰尼共四种。"手稿二"中有：德扬库、埃库勒也库勒、克库、英格里星格里、火格牙格、克兰尼共六种。"手稿三"中有：德扬库、克兰尼、也库里哲库里、英格里钦格里、火格牙格共五种。

以上六种《尼山萨满》异文中，归纳起来共有"德扬库"等词十五种。从各种异文来看，汉文本（或汉文手抄本）除《宁三萨满》外，其他异文如《一新萨满》①《尼桑萨满》②《女丹萨满》③等都未出现这种词句，这就说明满文手抄本比汉文本的《尼山萨满》所保留的原始面貌和内容要多。

《尼山萨满》传说中，"德扬库"等词句在各种异文中多次有规律地、重复地出现，它究竟是一种什么样的民间文学现象呢？

二

关于这个问题，满族民间文学资料为我们提供了答案。我们曾在宁安地区采访了满族民间故事家傅英仁先生，他和其他五位老人确认《尼山萨满》中"德扬库"等词句都是满族民间曾流传过的曲调。六位老人不仅曾经听过，而且有的至今还会唱，他们回忆起了七种满族民间曲调，有六种与传说中的曲调名称相同或相似。第一种是传说中的"德扬库"，有的也叫"德也库"和"德尼库"等，宁安地区民间叫"德什库"调；第二种是传说中的"埃库勒也库勒"，有的叫"也库里哲库里"，民间是"也尔阔"调；第三种是"火格牙格"调，传说中的曲调名称与民间完全相同；第四种是传说中的"钦格尔济英格尔济"，民间叫"钦格尔"调；第五种是传说中的"海拉木比舒拉木比"，民间叫"海拉舒拉"调；第六

---

① 凌纯声：《松花江下游的赫哲族》，1934年，南京版。
② 《黑龙江民间文学》第6期，中国民间文艺研究会黑龙江分会，1983年，哈尔滨。
③ 金启孮：《满族的历史与生活》，黑龙江人民出版社1981年版。

种是"克库"调，传说中的曲调名称与民间完全相同。除以上六种民间曲调与传说中相同或相似外，民间还流传一种"纳尔胡"调，与《宁三萨满》中的"查尔浑"或是"拨尔浑"相似。

假如我们从曲调的作用，即曲调所表达的思想感情和内容等方面，将《尼山萨满》中的曲调与民间曲调做一比较的话，就能进一步看出它们之间何等的相同或相似了。

第一种"德扬库"调。这种曲调在《尼山萨满》各种异文（仅指本文所涉及的六种，以下省略）中都使用了，说明它是满族历史上既普遍又常见的一种曲调。传说在三种情况下使用这种曲调：一是神仙客人出现的情节里；二是尼山萨满所吟唱的情节里；三是员外所吟唱的情节里。

从《尼山萨满》各种异文中出现"德扬库"调的情节来看，此调有两个特点：第一，不仅作为人神之间的使者的萨满吟唱此调，而且一般人如员外等也可以使用，说明它既能用在神圣领域中祈祷神灵，又能用在世俗领域里的一般人身上。第二，吟唱此调都是为了某一个目的而乞求神灵或他人。神仙客人为了进屋祭奠而吟唱，员外为求神灵保佑而吟唱，等等。同时，此调还有另一方面的思想感情，就是表达愉快心情，这种感情集中表现在尼山萨满的唱段里。民间使用此调，往往采用一问一答的形式，向神灵祈祷、祭祀，所以又叫"祭神调"，它所表达的思想感情与传说完全相同。

第二种"埃库勒也库勒"调。在我们列举的所有异文中都使用了此调，而且集中在尼山萨满为员外的儿子占卜病因和过河过关口的情节里。在"苏联本"中尼山萨满为员外儿子占卜时唱道："在你五十岁的时候埃库勒也库勒，又生了一个埃库勒也库勒，男孩子埃库勒也库勒。因为五十岁生的埃库勒也库勒，所以起名叫埃库勒也库勒，色尔古岱·费扬古埃席勒也库勒……"尼山萨满通过吟唱此调，不仅把员外第一个儿子的死亡占卜出来，而且还把员外第二个儿子的病因以及如何救活他，占卜得清清楚楚。在其他异文中是尼山萨满在阴间里过河和通过关口时吟唱此调。由此看来，这种曲调的作用和它所表达的思想感情就很清楚了，就是乞求神灵帮助尼山萨满，使她达到预定的目的。虽然此调与民间曲调名称不完全相同，但其作用是一样的，即请神、求神等，所以也叫"求神调"。它们应是同一曲调。

第三种"火格牙格"调。此调除《宁三萨满》外，其他五种异文都使用了，但很不规则，有的是在尼山萨满嘱咐她的助手如何做准备工作时吟唱，有的是尼山萨满在阴间里遇见丈夫时吟唱，有的是她过河，在阎王门前及在某一个鬼魂门前吟唱，等等。但此调有一个特点，就是叙述性的。如在"苏联本"中，尼山萨满唱着"火格牙格"调嘱咐她的助手："请你把公鸡的头火格牙格，拴好火格牙格。请你把猎狗的腿火格牙格，捆住火格牙格。请排好火格牙格，一百块陈酱火格牙格。请卷好火格牙格，一百卷白纸火格牙格……"近四十行的唱词，把尼山萨满去阴曹地府所用之物及扎哩应注意的事项叙述得详详细细。又如"手稿二"中，尼山萨满在阴间遇见丈夫后，便把无法救活他的原因以及如何在他的坟前多烧纸钱，等等，详细唱述了一遍。所以，此调主要是向对方交代，嘱托述情或是要表达深沉的思想感情时使用。此调与民间曲调相比，不仅名称相同，而且作用也相同，即用在"叙述"事件方面。

第四种"钦格尔济英格尔济"调。此调仅在"苏联本""手稿二"和"手稿三"中出现，都是用在"送行"方面。"苏联本"中，当尼山萨满昏迷后，她的助手唱着此调，护送尼山萨满的灵魂前往阴间。尼山萨满在她的助手的吟唱中，带着狗、鸡，背着陈酱和纸箔，在众神灵的保护下前往阴间。"手稿二"中也是助手吟唱的一段，除唱词内容较简单外，曲调的作用与"苏联本"完全相同。在"手稿三"中，虽然不是助手，而是尼山萨满自己吟唱，但其作用也是"送行"，即尼山萨满唱着此调，要求众神灵护送她过河。民间虽然叫"钦格尔"调，但其作用完全相同，它是宁安民间很流行的"送行调"。

第五种"海拉木比舒拉木比"调。这种曲调只在"苏联本"

中出现，即尼山萨满在阴间遇见丈夫时，为了说明为何不能救活他，便唱道："因为你早已死去了海拉木比舒拉木比，所以身上的海拉木比舒拉木比，关节已断海拉木比舒拉木比，但肉已烂海拉木比舒拉木比，骨架已碎海拉木比舒拉木比，已化为尘土了海拉木比舒拉木比，怎么能救活你呢海拉木比舒拉木比……"尼山萨满在唱词中恳切地请求丈夫放她过去，并答应好好照顾他的母亲，即她的婆婆。从这段唱词中，可以感受到尼山萨满如泣如诉的悲哀情形。虽然民间称为"海拉舒拉"调，但两者的作用非常吻合，即表现因悲伤而哭泣诉说的感情，如"寡妇思夫"等，所以也叫"大悲调"。

　　第六种"克库"调。只有在"苏联本"和"手稿二"中出现，而且出现在不同的情节里。"苏联本"是在尼山萨满从阴间把员外儿子的灵魂带回阳间时，助手唱着此调催她醒来。这段唱词的作用在于催醒昏迷的尼山萨满和员外的儿子。"手稿二"中是尼山萨满赴阴间前向助手交代所要准备的物品和注意事项，并说明自己救人的责任，其唱词总的作用也是为了"催醒"员外儿子生命。与民间曲调相比较，不仅名称完全相同，而且所表达的思想感情也非常吻合，民间又叫"进山调"。此调是仿照布谷鸟的叫声，只有两个音节。我们知道，布谷鸟是进入严冬之后，首先向人们预报春回大地，万物苏醒和生长的季节到来的鸟类。人们模仿赋予万物以生命的布谷鸟叫声，而形成了"克库"调，寓意在使人由昏迷中清醒过来，或是死而复生，如同春回大地一样，重新获得生命的力量。

　　通过以上比较可以看出，传说中的曲调与民间曲调，其作用及所表达的思想感情都非常相近，这并不是偶然的巧合。各类《尼山萨满》异文中出现了十几种类似"德扬库"的曲调，但仅有六种与民间曲调相同，这是因为传说中所保留的曲调与我们所搜集到的民间曲调，不是属于同一历史层次。因为仅从记录传说的满文来看，可以推算到皇太极时代，已有几百年的历史了。所以，今天我们搜集到经过几百年的历史发展演化后的民间曲调，必然与更接近原始形态的传说中的曲调有所不同，但其曲调并未因历史的衍化而失去原始作用。因此，可以肯定地说，传说中所出现的"德扬库"等词句，是满族历史上曾流行的一部分民间曲调。传说中其他尚未考证出来的曲调，也应是满族的民间曲调，只是由于历史的发展变化，有的已被历史淘汰，有的是我们尚未搜集到罢了。

三

传说中所出现的各种曲调是由哪种艺术渠道而来的，也就是说是由民歌还是萨满祭祀神歌中而来呢？

从上文传说中的曲调与民间曲调相比较的过程中，已经显示出《尼山萨满》中既有民歌也有神歌。从神歌方面来看，传说中的"钦格尔济英格尔济"调，是萨满跳神时用来祭祀"奥都妈妈"所唱的曲调，所以，又叫"奥都妈妈"调。"奥都妈妈"是满族萨满教中一位能征善战，日行千里，夜行八百的英雄女神。传说中的"德扬库"是"祭神调"，正像我们前面所引用的，即员外祈祷神灵保佑儿子平安无事而吟唱了此调。传说中"埃库勒也库勒"调，是萨满祭祀中的"请神调"或是"求神调"等。因此，我们说传说中的曲调与满族萨满神歌有着密切的关系。更何况《尼山萨满》传说是以萨满教祭祀为主要内容的民间文学作品，与萨满祭祀仪式、神灵和神歌的曲调等有着必然的、不可分离的联系。但是这些曲调，在我们今天所搜集到的满族家传萨满神本子中尚未发现。其原因：第一，满族的萨满教有着自己的发展规律，仅从民间来看，萨满基本上处于氏族萨满的阶段。第二，用满文记录或是汉字注音的满文手抄神本子中，曲调的传统流传方式，一般是面授口教，口耳相传，只记录神词内容。所以我们今天所搜集到的神歌，除个别姓氏或个别曲调外，一般都不记录曲调名称，因此，满族家传神本子中的曲调与传说曲调，无从进行比较研究。更何况萨满神本子中的神歌曲调，从人类原始社会发展到今天，其变化是复杂多样的，绝大部分有可能已被历史淘汰了。

从民歌方面来看，据傅英仁等老人回忆，《尼山萨满》中的许多曲调都是民歌中的曲调。如传说中的"钦格尔济英格尔济"调，在民歌中叫"送行调"；"克库调"是猎人进山打猎时所吟唱的民歌调，叫"进山调"；传说中的"海拉木比舒拉木比"调，民歌中叫"大悲调"；等等。

总之，传说中出现的曲调既是历史上萨满文化中请神祭神的神歌曲调，又是广泛流传于满族民间的民歌曲调。说唱文学与民间歌曲本是同源同流，是不可分割的民间艺术形式。这种民间艺术形式，从满族传说《尼山萨满》中来看，不少内容和形式都是源于萨满教祭神颂神的神歌曲调。

民间艺术与萨满教的关系，我们还可以从未在传说中反映的"那尔胡"调中进一步得到证明。这种"那尔胡"调很有规律，多用在各姓氏的萨满跳神的"背灯祭"中。如吉林省郎姓、赵姓、关姓的"背灯"，"领牲"及"北炕"神词中有"那兰辉""那力那力库"及"纳尔胡"。黑龙江省的舒姓和关姓的"背灯"祭祀中有"那尔胡"和"那哩库"等。虽然达·曲调名称在神本子中汉语拼写不同，但都是"那尔胡"的变音。它是满族最古老、流传最广泛的民歌曲调之一，即"那尔胡"调，常用在"十二月花名"等民歌中。这一被神歌和民歌共同使用的曲调，有力证明了二者之间的密切关系。

萨满教文化从人类社会的远古时代发展到人类的文明社会，其内容和形式都发生了深刻的变化，有的甚至是面目全非，失掉了原始性。萨满跳神和祭祀活动在文明社会时期有着双重的作用。第一，信仰萨满教的民族，当为他们的祖先神，尤其是为对氏族（或部落）有伟大贡献，使他们永世缅怀的祖先神跳神或祭祀时，那是毕恭毕敬，严格遵守一切禁忌。如满族家神中的西炕祭祀、鄂伦春和鄂温克等民族猎获到熊的祭祀仪式等，都是严肃认真，按传统方式进行祭祀，这是萨满教的神圣性。第二，由于萨满文化随人类历史的发展变化，又有另一方面的作用，即娱乐性。萨满教中主要活动就是跳神。综观萨满跳神，其表现形式有两种，即模拟和表演，满族跳神有模拟蛇爬行、鹰飞翔、黑熊搬东西等动作。表演性跳神有：原始军队的操练，跑火池和耍双刀等。其他民族如赫哲族的"跳鹿神"、鄂温克等民族的"奥米纳楞"、锡伯族的"上刀梯"、达斡尔族的"穿红鞋"等都是表演性的。举行这些活动时，围观者不计其数，人们在萨满超群的模拟动作和表演中，尽情欢乐，获得艺术的享受。这是萨满跳神的娱乐功能。

因此，我们说萨满跳神，一方面是为了祭神敬神；另一方面是为了娱人，就是信仰萨满教的民族常说的"敬神娱人"。萨满教的这种"娱乐性"，决定了它与民间艺术的密切关系。所以，神歌曲调被民间说唱文学和民歌采用是很自然的。如赫哲族的说唱文学"伊玛堪"中的曲调在其历史的发展中，"也渐次吸收进某些其他因素。据了解，有的伊玛堪曲调除基本上属于'赫力勒调'外，也混杂着'萨满调'"[1]。

再者，民间艺术与萨满文化的关系，还可以从民间艺人兼职身份中得到进一步证明。如满族故事家傅英仁年幼时学习过萨满和神歌曲调，所以后来成为能歌善舞的民间艺人。有关鄂伦春族著名说唱文学"摩苏昆"演唱的调查报告更进一步证明了这一点，其中有的是一个家庭中既有歌手又有萨满，有的是一人兼任。[2] 这些活生生的事例，充分证明了民间艺术与萨满文化关系的密切。

综上所述，满族传说《尼山萨满》中"德扬库"等词句，既是满族的民歌曲调，又是萨满神歌中的曲调，说明原始神圣的萨满祭祀，在人类文明社会时期，已由神歌向民歌和说唱文学发展，由神圣性转向了世俗性。这种民间艺术与宗教文化互相渗透，互相区分的现象，正是民族文化重要特征之一。

原载《民族文学研究》1989 年第 5 期

---

[1] 马名超：《赫哲族伊玛堪调查报告》，《黑龙江民间文学》1981 年第 2 期。
[2] 《新鄂乡鄂伦春族"摩苏昆"、"坚珠恩"调查报告》，《黑龙江民间文学》第 17 期，中国民间文艺研究会黑龙江分会，1986 年，哈尔滨。

五

满族"瞒尼"神释析

历史上信仰萨满教的满族，至今仍保留着丰富的萨满文化，在其信仰的日、月、星辰、动植物等众多神灵中，有一类很值得人们重视，并且很有研究价值的"瞒尼"神。这一类神灵除历史上流传下来的家传萨满神本子中有大量记载外，满族的神话、传说中也有不少反映。

首先，是萨满神本子，如吉林省石姓神本子中就记载了三十三位瞒尼神，有按巴瞒尼、巴图鲁瞒尼、胡牙齐瞒尼、玛克西瞒尼、托活罗瞒尼等；该省杨姓神本子中有和乐瞒也、托活罗瞒也、布史他瞒也等。珲春地区瓜尔佳氏（关姓）的神本子中有"本姓瓜尔佳哈拉，敬祝赫赫瞒尼"[1]的神词，其中也有"瞒尼"神。另一关姓神本子，其中有一句唱词："请部落守护神芒阿色夫临降神堂吧！"[2]"芒阿"神即是"瞒尼"神。富育光、于又燕在《满族萨满教女神神话初析》一文中指出："绥滨陈姓供奉蟒氏瞒尼、乌春瞒尼。"[3]以上说明"瞒尼"神不仅在满族萨满文化中大量存在，而且还被人们进行祭祀。

其次，在满族民间流传的神话、传说中，也有许多是表现"瞒尼"神的，如《满族神话故事》[4]中，有石头蛮尼和鄂多瞒尼，在

---

[1] 王宏刚：《满族萨满教的三种形态及其演变》，《社会科学战线》1988年第1期。
[2] 同上。
[3] 富育光、于又燕：《满族萨满教女神神话初析》，《社会科学战线》1985年第4期。
[4] 傅英仁：《满族神话故事》，北京文艺出版社1985年版。

《三音贝子》①和《鲫鱼贝子》神话中有"瞒尼"神。宁安流传的《阿尔达巴图鲁罕》的故事中,有"阿尔达瞒尼"②神。这一切都说明在满族民间文学中,反映"瞒尼"神的神话和传说为数不少。在拼写汉字时,有的写成"瞒尼",有的写成"蛮尼""玛尼""瞒也""芒阿"等,但都是指"瞒尼"神。

尚有一些老萨满和其他满族老人也向我们介绍了不少"瞒尼"神灵,如黑龙江省三家子屯孟姓萨满祭祀中就有一类是"芒额"神灵;富姓萨满祭祀中有"海林芒额"和"布库芒额";等等。

以上资料,说明在满族萨满教文化中有一类数量众多的"瞒尼"神灵。

一

"瞒尼"神主要是萨满祭祀中的神灵,它大量出现在满族家传的萨满神本子中。而流传下来的神本子,又多数为汉字注音的满文手抄本。其中的注音不准和注错之处比比皆是,而且还有新老满文混用的现象。所以,给考证"瞒尼"一词的含义带来一定的复杂性,必须采用多方位、多角度的方法,从词意,神灵职能及跳神中所表现的精神面貌等方面,综合起来考证,才能得出较可靠的结论。

"瞒尼"一词在清代的满文工具书,如《清文总汇》《五体清文鉴》及《大清全书》中无从查找,那么,这一词汇是否在各姓氏汉字注音的满文神本子中,注音不准或是注音错误呢?看来不属于这类问题,因为尽管在各姓氏神本子或是民间神话、传说中,"瞒尼"词有各种写法,但这仅是汉字拼写不同而已,是由同一满文词汇拼写而成。"瞒尼"一词在各姓氏神本子中大量出现,是有

---

① 傅英仁:《满族神话故事》,北京文艺出版社1985年版。
② 育光:《七彩神火》,吉林人民出版社1984年版。

一定的道理，也有一定的变化规律的，这必须从各姓氏神本子中寻找。在黑龙江省宁安地区搜集的唯一用满文手抄记录的关姓神本子，其中一篇神词中乞请"天神，超和章京"的神灵之后，便乞请"芒额色夫"。值得注意的是，这里已明确清晰地用满文记载了"芒额"一词。神本子第一页注明"光绪十八年十一月，由内抄写祭祀神册"，这里的"内"是指清宫之内，说明神本子是由清宫里抄写出来的。从它所使用的满文和神歌内容来看，是很正规的新满文和乾隆规范化以后的神歌内容。可以说，"芒额"一词必定是新满文了。而且，从当时清代使用满文的严肃性和清宫祭祀的严格性来看，手抄神本子不会出现错误，所以，"芒额"一词也绝不会有错。此外，我们在保留满语比较好的黑龙江省富裕县三家子屯调查萨满文化，发现老人在讲述萨满祭祀神灵时，也清晰地用了"芒额"一词，如前面列举的"海林芒额"和"布库芒额"等。"芒额"一词的书写体与口语是一致的，说明"芒额"一词是新满文，是毫无疑问的。那么，它与"瞒尼"一词是否为同一词汇呢？

前面我们已经指出神本子中有新老满文混用的现象，而新老满文最大的区别，除了有无圈点之外，还有"老满文字母的形式极不统一，一个字母往往有几种书写形式"，此外，老满文的元音和辅音的音位很混乱，因此，出现字母之间互相假借的现象，如元音"窝"可以假借"乌"或是"额"之音等。所以，老满文的弊病很多，而新满文没有这些弊病，更具有科学性。所以，在《满文老档》和其他用老满文记录的文献史料中，都出现了书写不统一和字母假借的现象。在变异性很强的萨满神本子中，就更会出现这种满文字母书写不统一和字母互相假借的现象了。而"瞒尼"一词，以不同的汉语注音，如"蛮尼""瞒也"等出现在神本子中，同样是因为老满文存在以上的弊病所致。更主要的是"瞒尼""芒额"之间的语音近似。因此，它们应是同一词汇，只不过"芒额"是新满文，而"瞒尼"一词是老满文罢了。

为什么同是满族萨满神本子，有的姓氏用"瞒尼"一词，有的姓氏用"芒额"一词呢？其原因：第一，乾隆年间对满族萨满教进行过规范化，即对满族各姓氏的氏族（或部落）神、动植物神及所诵唱的神歌用"编纂"的方法进行了规范，以达到满族萨满祭祀仪式、内容、神灵的统一。根据我们所知，萨满神本子中使用"芒额"一词的，仅是宁安地区的关姓，还有吉林乌拉街满族镇同一姓氏的神词中，使用了"芒额色夫"，前者是乾隆规范化以后的祭祀，而后者的祭祀活动是深受宁安地区的影响，[①]所以，他们的祭祀都是遵照乾隆规范化的要求进行的，记录萨满神本子的满文，自然是使用新满文"芒额"一词了。第二，尽管乾隆时对满族萨满祭祀及神灵进行了规范，但是由于萨满教自身的发展规律，许多地区的满族萨满祭祀，仍按照自身的发展渠道进行着，即有的姓氏仍然保留动植物和氏族、部落神灵的大神祭祀，有的经过历史的演变，大神祭祀被淘汰，仅有家神祭祀。不管属于哪种情况，都不是遵照乾隆规范化的萨满祭祀活动，因此，在这些姓氏的祭祀仪式和神灵崇拜等方面，都保留了较多的原始内容和面貌，神本子所使用的满文，也必然保留了较多的老满文的语音成分。

所以，我们可以断定，凡是遵照乾隆规范化进行萨满祭祀活动的姓氏，它们的神本子中，必然使用新满文，使用"茫额"一词，凡是按照萨满教自身发展规律而进行祭祀活动的姓氏，它们的神本子中就保留了属老满文的"瞒尼"一词。可见"瞒尼"与"芒额"是同一满文词汇，所以"瞒尼"是"芒额"一词的变音，是由于萨满神本子中新老满文混用而造成的。

二

"芒额"一词在现代满文工具书中解释为"刚强""能干"

[①] 详见宋和平《满族萨满神歌的历史演变》，载《萨满教文化研究》第 1 辑，吉林人民出版社 1988 年版。

五 满族"瞒尼"神释析

"勇敢"之意。在满族萨满跳神和民间文学中,"瞒尼"神是否表现了这种精神呢？首先从"瞒尼"神的萨满跳神表演来看。如巴图鲁瞒尼:"巴图鲁",满语谓"英勇"的意思,直译为汉语是"英勇的瞒尼"。它是一位大神,也叫野神。笔者于1987年有幸观看了吉林省九台县石姓跳神活动。将巴图鲁瞒尼跳神仪式略述如下:

萨满①头戴饰有三只神雀、彩绸披挂的萨满神帽,腰系彩裙和腰铃,手执三股马叉,另有九位助手,其中一人手执画有飞虎的大黄旗,其余八人都拿着画有狼、虎、豹等八种动物的八面旗。当大鼓小鼓敲响后,萨满手执马叉冲在前面,九位扎哩(助手)紧跟其后,十人踏着鼓点,伴着腰铃声,在院内浩浩荡荡、威风凛凛地跑"∞"字形。在院内跳一阵后,又跳着进屋,将最大的一杆黄旗立在最前面,其余八面旗,每两杆搭成一个"八"字形。这时萨满在搭成的"八"字形架下,开始跳神舞动,忽而向前冲去,忽而快速转弯,向什么刺去。用旗杆搭成的"八"字形,也随着萨满的动作而变换形式,或呈"八"字形,或立于两旁。这种跳神舞蹈,他们叫作"跑法丹"。"法丹"是满语,意为"队形",跑法丹就是跑队形。从这位巴图鲁瞒尼的跳神表演来看,完全是原始军队的一种操练形式,也是原始争斗在当今社会的再现。"跑法丹"神词:"身穿金光闪闪的盔甲,手执一杆金色大枪的巴图鲁瞒尼。护军八队,带兵千万。征讨南北,驰骋沃野,威震四方。"这里充分表现了巴图鲁瞒尼英勇善战、刚强不屈的精神。

其他石姓瞒尼神大多数都表现了英武、刚强的性格。如朱录瞒尼是翻花棍;胡雅齐瞒尼是手执三股马叉在院内、屋内英勇刺杀,口中不停地呐喊着;勒太瞒尼是手拿双铁鞭挥舞;巴克他瞒尼是手拿双刀砍杀;等等。

前面提到的"海林芒额"和"布库芒额"。"海林"和"布

---

① 参加跳神表演的是时年65岁的老萨满石宗轩。

库"是满语，前者是"水獭"，后者是"摔跤"的意思。据说海林芒额使用矛枪，布库芒额使用大刀，跳神的舞蹈动作都是表现英雄精神的。

其次，民间流传的神话、传说也反映了同一精神。如"石头蛮尼"，这是一位为本部落解难除邪、治病救人的神通广大的大萨满，他搭救过小牛倌、采珠人和卖瓦盆的人，因为他有功于本部落。后人为了纪念他，用石头刻了他的形象供奉起来，称为石头蛮尼。①"鄂多瞒尼"又叫"鄂多玛法"，他是郭姓的第一代穆昆达，即族长，他力大无穷，可以和黑熊摔跤，同花鹿赛跑；他用的弓箭谁也拉不开，带领全族人开山辟岭过上了好日子，成了郭姓第一代祖先神。还有套日大神三音贝子，他用五彩大绳，治服了八个太阳，成了蛮尼神。阿尔达瞒尼为了平山开道，宁可头上长角，双手变铜爪，被部落人代代怀念并敬奉为阿尔达蛮尼神。② 还有人们有求必成的阿木巴瞒尼神等。

以上材料说明"瞒尼"神灵所表现的精神与清代工具书中解释的"芒额"一词的含义完全相符，证明"瞒尼"与"芒额"是同一满文词汇，同一类神灵，所以"瞒尼"神是满族萨满文化中的一类英雄神。

三

满族的"瞒尼"神渊源于什么呢？也就是说是由动植物中，还是由人格中所形成的呢？看来两者都有。如前面列举的"绥滨陈姓供奉蟒氏瞒尼"和"海林芒额"都是由动物形成的，但由人格形成的还是占多数。

从人类历史上看，瞒尼神在原始社会早期就存在了。这一点，

---

① 傅英仁：《满族神话故事》，北京文艺出版社 1985 年版。
② 同上。

从前面的动物瞒尼神已经得到证明，即对动物的直接膜拜，在民间的神话中有充分反映。"鄂多蛮尼"有时是男身，有时是女身，他还为了从魔鬼手里搭救本部落的人，自己变成了一个"人不像人，鸟不像鸟的"，长着"鹰嘴鸭子爪"①的怪物。这说明"瞒尼"神灵产生时，人类社会还处于人兽不分与自然界浑然一体的混沌时代。所以，至少在人类社会的上古时期，"瞒尼"神已经存在了。后随着人类社会的发展，这类神灵随之发展变化，动物瞒尼神逐渐减少，人格瞒尼神逐渐增多，尤其是人类社会发展到原始社会末期，人格祖先神灵大量出现，而原先的动物瞒尼神，除大部分被社会淘汰外，少数以祖先神的神职保留下来（前面列举的"海林"和"蟒氏"瞒尼就是例证）。而人格瞒尼神逐渐在萨满教文化中占据了主要地位，数量最多，内容最为丰富。它们之中，既有巫术高强、神通广大的萨满而成为瞒尼神，也有聪明能干、英勇善战、骑射超群的氏族、部落长而成为的瞒尼神。当然也有二者兼于一身的。

这类瞒尼神的特点，从近代大量萨满教文化资料所呈现的神职来看：第一，瞒尼神都是氏族或部落的祖先神。不管它是动物的，还是人格的瞒尼神，都是作为人类祖先而崇拜和祭祀的，鄂多瞒怪②是用木偶像供奉，海林和布库芒额是画像，③石姓的瞒尼神都是木偶，等等。第二，这类神灵的跳神仪式都是模拟表演的大神祭祀。当然，个别姓氏的家神祭祀中也有少数瞒尼神。

从前面的叙述可知，瞒尼神在满族的远古时代就存在了，它是满族善骑射和强悍英武精神在萨满教文化中的具体体现，也是满族人民戎马生涯的真实反映，是最能代表满族民族精神的一类英雄神灵。所以，它在满族人民心目中占有重要地位，以致在萨满祭祀被历史淘汰后，仍保留在人们的记忆中，或是通过神话传说保存和流

---

① 傅英仁：《满族神话故事》，北京文艺出版社1985年版。
② 同上。
③ 黑龙江省三家屯富寿山提供。

传着。

四

"瞒尼"神不是满族萨满文化中所独有的,而是普遍存在于信仰萨满教的各民族中。仅就我国东北地区的民族而言,就有大量英雄神存在。如鄂温克族《英雄始祖的传说》中①的帖列亚德尼柯、索鲁子和卡鲁恩钦,他们都是能干的射手,是救苦救难的,被人们祭祀的英雄始祖。广为流传于鄂温克族的"尼桑女",不仅是一个能赴阴救人,有起死回生法术的萨满,而且还与天神合作创造了万物和人类;②《萨满鼓的来历》③中,有一个神通广大的萨满,他"把地球变大,山也高了,河也宽了,水也滚滚长流了"。《伊达堪的传说》中,伊达堪萨满在熊熊的烈火中跳神等。

赫哲族最有名的是《伊玛堪》的故事,其中的"莫尔根"就是英雄神的化身。如《香叟莫尔根》④,香叟在与敌方交战时就请来了卓绿玛法和卓绿妈妈,即石头公公和石头婆婆,这两位神灵给予香叟莫尔根以力量,使香叟战胜了对方,实际是两位神灵战胜了对方,他们是两位英雄神。在《满都莫尔根》中,满都战斗到无力时,就念:"'护身神啊!我正遇上对手,快来助我一膀之力吧!'叫过三遍后,顿时浑身是劲,精神百倍,越战越胜";对方也请来了保护神,"张嘴请一位色翁,立时附在那壮汉身上,霎时增长百倍的气力"。⑤ 在《松花江下游的赫哲族》中,有《木竹林》的故

---

① 《英雄始祖的传说》,《黑龙江民间文学》第6期,中国民间文艺研究会黑龙江分会,1983年,哈尔滨。

② 参见《用泥土造人和万物的传说》《尼桑萨满》,《黑龙江民间文学》第6期。

③ 《萨满鼓的来历》,《黑龙江民间文学》第6期,中国民间文艺研究会黑龙江分会,1983年,哈尔滨。

④ 《萨满鼓的来历》,《黑龙江民间文学》第2期。

⑤ 同上。

事，木竹林就是一位赫哲族所供奉的武艺高强，神通广大的祖先神。① 街津口一带流传着《德勒乞玛发和富锦特》② 的传说，老玛发不仅是个打猎捕鱼的能手，而且还为本部落人做了不少好事，死后被祭祀为祖先神。更值得注意的是，《伊玛堪》的故事中，几乎都有神秘莫测、飘忽无常的神鹰，这种通过鹰所表现的神力无穷、神通广大的英雄精神，正是赫哲族英雄神灵在萨满教文化中的集中表现。总之，赫哲族《伊玛堪》中的莫尔根，不仅是氏族（或部落）的英雄，而且也是英雄神。

鄂伦春族的萨满英雄神灵最著名的是柯尔特依尔氏族的头人毛考代汗和白衣尔氏族的头人根特木尔，③ 传说这两位祖先都具有超人的狩猎本领，射箭百发百中，是最聪明、最勇敢的优秀猎手。鄂伦春族的民间文学中也有关于英雄与莽盖的斗争的故事，如《喜勒特很报仇记》④ 中的喜勒特很，在具有英雄神灵精神的宝马的帮助下，战胜了百眼怪莽盖，搭救了姐姐。尤其是在鄂伦春族的说唱文学"摩苏昆"故事中，萨满文化英雄神的因素更多。如骑着一匹行如风、腾飞如云的宝马的波尔卡内，⑤ 他用自己的高超武艺战胜了恶鹰、用鹰心治好了两位双目失明的老人，神箭手布提哈莫尔根⑥ 战胜恶魔犸猊的故事等。

达斡尔族同样有《天神战胜莽盖》⑦ 和英雄战胜莽盖的神话传说。

从以上列举我国东北地区的民族民间文学资料来看，不论是作为萨满祭祀中的祖先神来崇拜，还是在民间流传的英雄故事，在信

---

① 凌纯声：《松花江下游的赫哲族》，第297页。
② 《德勒乞玛发和富锦特》，《黑龙江民间文学》第5期。
③ 《鄂伦春族的原始信仰与宗教》，载《中国少数民族宗教》，云南人民出版社1985年版。
④ 《喜勒特很报仇记》，《鄂伦春民间文学选》，内蒙古人民出版社1980年版。
⑤ 《波尔卡内莫尔根》，《黑龙江民间文学》第17期，中国民间文艺研究会黑龙江分会，1986年，哈尔滨。
⑥ 《布提哈莫尔根》，《黑龙江民间文学》第17期，中国民间文艺研究会黑龙江分会，1986年，哈尔滨。
⑦ 《达斡尔族调查材料之四》，第230页。

仰萨满教民族的思想意识中，都是作为英雄神的形象而存在。因此，我们可以说：各民族的英雄神是萨满教文化中的主要内容，而且由于人类社会的发展，萨满教被人类历史淘汰，这类英雄神灵的神秘性逐渐减弱，其中有的神灵便演变为民族神话、传说等民间文学形式了。从这一层意义上说，萨满文化中的英雄是各民族英雄神话、传说等民间文学形式的重要源泉之一，同时英雄神与英雄史诗也有着密切关系。虽然我们现在还没有充分的理由说明二者之间的渊源关系，但我们至少可以断定：各民族的英雄史诗，包括中国著名的三大史诗在内，其中有很多情节，或是人物性格及内涵等诸方面，都与萨满文化中的英雄神的业绩或其他原始宗教有着千丝万缕的联系。

原载《北方民族》1990 年第 2 期

六

《尼山萨满》与萨满文化

满族自古以来就信仰萨满教,这种信仰在满族人民的思想观念、风俗习惯,尤其是古代文学艺术中,打下了深深的烙印。受到各国学者重视的满族民间传说《尼山萨满》,充分反映了萨满文化对满族人民的生活所产生的影响,包含着丰富的萨满文化成分。本文试从自然崇拜、祖先崇拜及祭祀仪式等方面对《尼山萨满》中所反映的萨满文化因素,做一初步探讨。

一

万物有灵是萨满文化的思想基础,原始的采集和渔猎生活又是萨满文化崇拜内容的主要经济基础。在萨满文化中动物崇拜占主要地位,当然也有少数植物崇拜。根据满族民间神本子[①]记载,仅一姓氏的动植物神灵就有六十几位,其中有雕神、旷野鸟神、黑熊秤、金虎神、九庹蛇神、金花火神等,其他姓氏还有鹰神、虎神、豹神等。总之,天上飞禽、地下走兽、水中鱼类等无一不是他们崇拜的对象。在他们看来,自然环境中一切与生活有关系的动植物,都具有与人一样的喜怒哀乐,都有灵魂,并主宰人们的命运和周围环境。这种万物有灵的思想观念,在满族传说《尼山萨满》中有充分的反映,传说中的女萨满就是通过高超的巫术使各种神灵服从于

---

① 神本子:民间用来记述萨满教神歌和神灵的书,多为用汉字注音的满文手抄本。

她并为她服务，如当尼山萨满来到一条江河岸边时，她看到周围没有渡口和船只，又不见一个人影，便求助神灵保佑渡河，于是唱起《埃库勒叶库勒》神歌。请大雕神、银色的鹌鸰鸟、大蛇神、八尺蟒神、年轻的河神显示神灵，保佑她过河。她唱完，将手鼓浸入河水中，便站在鼓上过了河。又如当尼山萨满来到阎王城前，看见城门紧闭，城墙高大而无法进去时，又唱起神歌请求蛇神、蟒神、虎神、熊神、鹰神等协力相助。众神灵听到呼唤后，即迅速像云彩一样密布天空，这时，有一只大鸟飞进城去抓住了员外之子的灵魂。总之，在《尼山萨满》中，"兽神跳跃，鸟神飞翔，蛇神咝咝作响"，它所反映的萨满教崇拜内容，不仅有动物神灵，还有河神，这是原始人最古老的信仰，是萨满教中的自然崇拜。

与自然崇拜有着密切联系的，就是图腾崇拜。图腾崇拜是萨满文化的主要内容，并且在信仰萨满教的民族中，认为萨满即是由本氏族的鹰、雕等飞禽图腾物转化而来的。如凌纯声著的《松花江下游的赫哲族》一书中萨满都是变成"阔里"（鹰神）飞向天空的。吕光天在《北方民族原始社会形态研究》中指出："雅库特人也传说萨满是神鹰的后裔，我国达斡尔族人也传说萨满是神鹰的后裔。联系到鄂温克人对鸟的崇拜是不言而喻的。"[①] 为了使这些图腾物的威力传达或转移到萨满身上，萨满的衣袍、神杖和手鼓有的用图腾动物的皮制作，有的画上各种动物图案。满族对鸟类的图腾崇拜，集中地表现在萨满的神帽上，它用数只鸟，最少是一只，最多的有十三只来装饰。鸟数的多寡表示萨满巫术的高低。在《尼山萨满》中，女萨满戴的是"九鹊神帽"，这种起保护作用的"九鹊神帽"，是满族图腾崇拜的反映，又表明她是一个巫术超群的萨满。

不管是图腾崇拜，还是自然崇拜，其范围都没有超出客观世界中一切有生物和无生物。但是，当人类社会发展到一定阶段，人们不仅确认自己的生身母亲，而且，还能确知自己的生身父亲的时

[①] 吕光天：《北方民族原始社会形态研究》，宁夏人民出版社1981年版，第290页。

候，人的力量在社会和劳动中就逐渐显现了出来，那些为氏族、部落和民族的形成做出过贡献或成绩显著的人，为后人所怀念和敬仰，并认为他们的灵魂对后人有保护作用，于是便产生了祖先崇拜。这种祖先崇拜也成为萨满教崇拜的主要内容之一。《尼山萨满》也充分反映了祖先崇拜的内容：当尼山萨满要查清员外之子的灵魂是被哪一位恶鬼抓去时，她首先向"渥车库"神灵祈祷，通过她的作法占卜后，"渥车库"神灵便向她指明了员外之子的灵魂的去向及如何救活他。前往阴间寻魂时，她又向"渥车库"祈祷并乞求帮助。

"渥车库"是满语，《清文总汇》卷十二中解释为："神主，家内祭祀之神。"满族供奉的祖宗板及祖宗匣子，总称为"渥车库"，是满族的祖先神灵。

在《尼山萨满》中出现的另一位神灵，就是"奥莫西妈妈"，《清文总汇》卷二中解释为"求福之神即子孙娘娘"，她的神职是多方面的，不仅能给人世间"万物以生命"，而且还决定万物的命运，世上的萨满、和尚道士、学者、高贵者和卑贱者、穷人和富人等，一切善与恶都由这位神灵确定，就连尼山萨满也是由奥莫西妈妈"赐予的神帽、腰铃降生到人间"的。但奥莫西妈妈更主要的职能是主宰人间生育，一九六一年苏联用满俄文对照出版的《尼山萨满》中有这样的叙述，在她的周围有十多个女人，"她们都不知疲倦地缝制小孩，相互递来递去，整齐地排成一排排。有的背着小孩，有的抱着小孩，有的把小孩装进口袋里带走了，她们都忙个不停"。在《尼山萨满》另一异文中，[①] 也记叙了奥莫西妈妈坐在炕上，她的周围也有很多小孩。这里充分表现了奥莫西妈妈是一位为人类赐送子孙的神灵。在满族的传统观念中认为子孙满堂、人丁兴旺是有福的象征，因此，也叫"福神"。

在满族萨满教祭祀中有一位叫"佛托妈妈"的神灵。在《清

---

① 中国社会科学院民族研究所保存的满文手抄本。

文总汇》卷十二和卷八中，"佛托"解释为"求福跳神竖立的柳枝""妈妈"解释为"祖母"，直译过来就是"柳枝祖母"。她与"奥莫西妈妈"神职相同，是一种神灵的不同叫法。

《尼山萨满》中既有动植物崇拜、图腾崇拜，还有祖先崇拜，并且表现了萨满教中的全部祭祀内容。

二

萨满教的祭祀仪式复杂而多样。就满族来说，从时间来看，有定期和不定期两种，从内容来看，有为求丰收而祭祀，为保小孩健康还愿和医病而祭祀，还有为学习萨满而祭祀。在更古老的时候，出兵打仗、远行他乡、部落迁移等都要举行不定期的祭祀。从祭祀种类来看不外乎两种：学习当萨满而祭祀时烧的香叫"官香"，其他都叫"太平香"。在这些繁多的祭祀仪式中，《尼山萨满》所呈现的是典型的医病和赴阴求魂的宗教仪式。这一仪式的过程主要有：一是占卜病因，二是请神，萨满进入昏迷状态（前往阴间世界），三是送神，萨满复原。尼山萨满所完成的昏迷术，在信仰萨满教人们看来，是难度很大的赴阴昏迷术。因此，与其相应的各种程序要求也很严格，如尼山萨满在占卜时，洗手焚香，行三次叩拜之礼，站在"渥车库"之前祈祷。尼山萨满对助手的要求尤其严格，如几个助手，因为敲的鼓点跟她合不上节拍，"无法招魂"，被她辞掉，换上她信赖的助手扎哩·费扬古，并要求在她"鼻子上洒二十桶水，脸上洒四十桶水"，这种具体描写，不仅显示了尼山萨满超群出众，还增强了宗教仪式的神秘感。

在祭祀仪式中不可缺少的是祭品。萨满教中的祭品种类繁多，概括起来一种是流血的献牲，一种是不流血的献祭。满族最常见的献牲是猪，也有的用牛、羊、鸡、鸭，个别的用鹿、鱼；不流血的祭品，多为面食，还有布条、毛边纸等物。《尼山萨满》中用的祭品很有特点，献牲祭品是"三年的公鸡"和与员外之子"同生日的狗",不流血的祭品有陈酱和毛边纸,这都是向神灵祈祷时不可缺少的祭物。萨满教的祭品是按照不同的神灵、不同的祭祀内容而有严格的、固定的要求。当然,用什么样的祭品也是由该民族历史上经济、社会生活所决定的。

祭祀仪式时重要的一环,就是为祈祷神灵相助而诵唱的神歌。仅两万字左右的传说中,就有神歌十二篇,每篇长短不一,有的近百行。传说近三分之二的内容是通过诵唱神歌来完成的。这些唱词,不仅有叙事,而且还有抒情。

萨满教祭祀中的一切仪式都是由萨满来承担的。萨满根据神职的不同,而分为不同的类,如在《西伯利亚各民族之萨满教》中,记述雅库特人按其法力,可分为"下位"(下痴)、"中位"(中痴)和"有力"(上痴)三种;布里亚特人是因所领精灵善恶之不同,分为白、黑萨满,朱可察人分为"见灵者""预言者"和"修验者"。

我国东北地区的鄂温克族有氏族萨满和家族萨满,后来还出现了地域性的流浪萨满。赫哲族和达斡尔族萨满分类最为详细:赫哲分为"(一)治病萨满叫'巴东朗';(二)治小病的萨满叫'弗力兰';(三)专门治瘟病的萨满叫'德斯库';(四)送魂的萨满叫'达克苏特亦'",达斡尔族的萨满,除氏族的萨满雅达干之外,分化出:"(一)由妇女担任,给小孩治病、占卜的'斡托西',这相当于小儿科;(二)主治红伤、疮疥、接骨等症的外科巫医叫'巴尔西';(三)专门给人扎针、占卜、治病的男人叫'东彦奇';(四)老妇女接产者叫'巴列沁',这相当于产科;(五)氏族萨满的助手,替人念咒、送纸等"。① 这些萨满种类的形成,都是由本民族的萨满教自身发展和社会生活所决定的。

满族在萨满分类方面有自己的规律和特点,它分为大萨满和家萨满两种。这两种萨满除在祭祀仪式和内容方面有很大不同外,主

---

① 吕光天:《北方民族原始社会形态研究》,宁夏人民出版社1981年版,第321页。

要是在跳神方式上也有着本质的区别，即大萨满跳神时，要表演各种模拟舞蹈动作和进入昏迷状态；而家萨满则只是击鼓而跳，不表演模拟舞蹈动作。另一个重要标志就是大萨满跳神时戴神帽，而家萨满则不戴。《尼山萨满》中，记述尼山萨满身系神裙和腰铃，头戴九鹊神帽，手击神鼓，乞求神灵附体并进入昏迷状态。这一切都是大萨满所从事的神职任务，所以尼山萨满是一位巫术很高的、能起死回生的大萨满。从事敲鼓助威和一般的除邪、祭祀祖先的是家萨满，是尼山萨满的助手，也叫二神。满族充当神灵附体的大萨满在历史上一个时期中每个氏族只有一个，家萨满可以有两个到三个，甚至十几个，而在更古老的时候，大萨满的助手与氏族成员没有什么区别，很可能是人人都可以做助手并人人都参与跳神活动。

从上述的宗教仪式来看，《尼山萨满》中的萨满教活动，已区别于其他原始宗教祭祀，形成了萨满教所特有的体系化和规范化宗教仪式。而这种完整的体系化和规范化的出现和形成，只能在萨满教文化高度发展的鼎盛时期，《尼山萨满》正是反映了这一时期的萨满文化内容。

总之，《尼山萨满》传说，不仅在研究满族历史、民间文学、民俗及语言等方面有着其他传说不能取代的地位，而且在探讨萨满教的崇拜内容、祭祀仪式及其发展规律等方面，都有着重要研究价值，从一定意义上看，《尼山萨满》是研究萨满教文化的重要文献。

（与魏北旺合撰）
原载《民族文学研究》1988年第4期

七

尼山萨满之死浅析

满族民间传说《尼山萨满》①以生动曲折的情节，描写了一位神通广大的女萨满去阴间夺魂救人的故事，充分歌颂了故事中女主人公尼山萨满。这表现在两个方面：一是以奇巧的构思和丰富的想象力，赋予尼山萨满以超人的巫术。如在她去阴间寻魂的一路上"兽神跳跃，鸟神飞翔，蛇神嗞嗞作响"，天地之间的各种神灵都听她使唤，呼之即出，来之即助，使她得以克服无数艰难险阻，制伏各种妖魔鬼怪，终于将员外之子色尔古岱·费扬古的灵魂带回阳间，使他复生。在异文《一新萨满》中，当尼山萨满与众神灵来到伊尔蒙汗（满语，意为"阎王"）城池，看见有八名鬼头把守，无法进去时，她便"摇身一变，变成一个阔里（赫哲语，意为'神鹰'），刹那间竟腾空而起，飞进城中"。在另一异文《女丹萨满的故事》中，喇嘛想暗害女丹萨满，使她无法进午门时，"便坐在鼓上飞起来，越过午门楼顶直飞进皇宫"。这一切都是对尼山萨满神奇巫术和勇敢精神的歌颂与赞美。二是尼山萨满被满族和其他民族视为萨满始祖。如《女丹萨满的故事》指出："女萨满就是萨满的创始人。"流传在鄂温克族《尼山萨满》另一异文《尼桑萨满》中说："后来的索伦族萨满，都是继承她的助人神法。"还有的说："尼桑萨满吐一口唾沫，洒落在十七个地方，以后就成了十七个萨

---

① 有关《尼山萨满》，在东北、新疆、内蒙古等地区的各种版本的流传，已由吉林人民出版社出版，已载入《满族口头遗产传统说部丛书》中，于2007年出版，以下皆不注释。

满和氏族。"流传于新疆锡伯族的有关尼山萨满的传说，也说她是锡伯族的第一代萨满。凡此种种，不仅说明尼山萨满被满族和其他民族视为萨满的创始人，而且有的民族还认为尼山萨满是人类、氏族的始祖。可见她在萨满教发展史中的确占有重要地位。

但是，令人不解的是：在《尼山萨满》中被歌颂、赞美的女主人公尼山萨满，在众多异文中最后都被皇上处以死罪，不得善终。如苏联 1961 年用满俄文对照出版的《尼山萨满》中，就是这样记述的："太宗皇帝降旨：'即用她对待自己丈夫的办法治其罪，将萨满和她的神帽、腰铃、神鼓等物，装入箱内，用铁丝捆绑，一起投入井内。'审判官照旨意办理了。"在《女丹萨满的故事》中，皇帝降旨："把女丹萨满扔到西方的一口井中，并用茶碗口粗细的铁链压在上面。"《尼桑萨满》中主人公，同样被"用很粗的铁绳捆绑起来，然后扔进九丈深的枯井里去了。"黑龙江省宁安县的《宁三萨满》故事，是《尼山萨满》的又一异文，主人公同样被处死刑。总之，《尼山萨满》传说，除个别异文外，大多数版本中，主人公都被处以死罪。

《尼山萨满》这种处理主人公的命运的手法，不仅与本传说所表现的总体精神相矛盾，而且与中国和世界各民族民间传说的表现方法也大不相同。如中国著名的藏族史诗《格萨尔》中的主人公，是在完成了白梵天王给他的使命后，寿终重回天国的；蒙古族史诗《江格尔》，也是以江格尔取胜而告结束的；柯尔克孜族英雄史诗《玛纳斯》中的主人公，是因为在战争中身负重伤而病逝的。世界著名的荷马史诗《伊利亚特》中的勇士们，除在战争中牺牲的以外，其他人都是胜利归乡。诸如此类的中外文学作品，都没有像《尼山萨满》这样处理主人公的命运。那么，为什么《尼山萨满》既要歌颂主人公，又要将她处以死刑呢？对于这个问题，除传说中所指出的直接原因外，笔者认为尼山萨满之死，还有其更深刻的社会原因。

七　尼山萨满之死浅析

一

关于尼山萨满被处死刑的直接原因，在各类异文中共有三种解释：一是喇嘛陷害；二是阴间损德；三是发配致死。第一种原因：在《女丹萨满的故事》和《尼桑萨满》中，女萨满被扔进枯井致死，系出于喇嘛的陷害。暗示了喇嘛教传到满族和其他民族地区时，与当地各民族传统宗教——萨满教所发生的激烈冲突。第二种原因是阴间损德。苏联1961年用满俄文对照出版的《尼山萨满》异文中说因为尼山萨满没有救活她死去多年的，且"血肉已烂，骨架已碎"的丈夫，又把他扔进"永远不能变成人"的丰都城里，皇上将她治以死罪。第三种原因的依据是《宁三萨满》所述：宁三萨满救活了一个孩子，这孩子的母亲杀死了她的丈夫，被处死刑，宁三萨满因此受牵连而获罪，被发配到北方而死。在此，尼山萨满的死因虽然不同，但最终都是以死而结束故事。

在以上三种原因中，从理论上讲，第一种原因即喇嘛陷害是成立的，笔者不准备进行更多的探讨。第三种原因，即因为女萨满救活了有罪母亲的孩子，而受到牵连，这种获罪的原因，与第二种原因可同时进行探讨。

根据扼杀转生灵魂来处死刑的观念，颇为原始，它只能发生在人类社会的远古时代。如果用原始思维的尺度来衡量，尼山萨满未救活自己的丈夫，也是情有可原的，因为要使人复活，必须具备两个条件：第一，体无完肤而只有灵魂的人不能复活。这种意识在满族民间传说和神话中，可以找到很多例证。如《一新萨满》中就有这样的记述："过阴之事不可迟延，恐怕死尸腐烂了，就不好办了。"所以一新萨满要求员外快速准备过阴所用物品，并再三叮嘱助手说："我赴阴之后，望你小心看守我的身体。"这就是说巫术超人的尼山萨满在赴阴寻魂时，也要求保护好自己的身体，这样，灵魂回到阳间才有归处。流传于黑龙江省宁安县的《白鹰的故事》

中，有一大萨满赴阴时，同样嘱咐他的老伴要护理好他的身体，在七天之后，他便复活。无奈在第七天早晨，被木昆达（满语，即族长）把尸体烧毁，大萨满无法复活，其灵魂变作白鹰飞走了。

我们再看一下东北地区其他少数民族关于死而复生的民间故事。达斡尔族的《绰凯莫尔根》，赫哲族的《木杜里莫尔根》等故事中，都有英雄们死而复生的情节。在鄂伦春族和鄂温克族民间文学中，也有不少反映寻找灵魂和死而复活的故事。这些传说和故事中死而复活的条件，就是要有一个完整的尸体。第二，信仰萨满教的民族认为使人死而复活，都有一定的时间性，如满族传说《白鹰的故事》中，大萨满是在满七天时复活。赫哲族民间故事《威兰德都和威尔迪莫尔根》中，主人公的死而复活是在"一百天头上"等。以上民间文学资料充分说明，在信仰萨满教的民族看来，使人复生不是在任何条件下都能实现的。所以，尼山萨满无法救活她死去多年且尸体已腐烂了的丈夫，是在情理之中的。那么，究竟是什么原因使尼山萨满被处死刑呢？这还须从传说所包含的深刻的社会内容中去寻找答案。

传说中还有两处内容与尼山萨满之死有直接关系，可以说这是尼山萨满被处死刑的真正原因。一是在阴间时，尼山萨满的丈夫指责她说："如果你不把我救回阳间，我就把从前和今天的仇恨一起报，趁此机会报两次仇。"这两次仇的一次是指不救他回阳间；第二次大概就是指与她丈夫生前的仇恨了。当尼山萨满的婆婆得知她把自己的儿子扔进了丰都城后，说："你再一次杀了你的丈夫。"这个"再一次"清楚地告诉我们，尼山萨满除在阴间扼杀了她丈夫的转生灵魂外，还曾在阳间杀害过自己的丈夫。再联系异文《宁三萨满》中，除孩子母亲的杀夫行为，可作为尼山萨满杀夫行为的旁证外，还可以理解为尼山萨满即是此一故事中的母亲原型。只是出于宗教上的膜拜，或是出于人性方面的宽容，而将尼山萨满的罪过转嫁于他人了。然而，不管是第一种论断，还是第二种揣测，都可证明在原始社会时，北方信仰萨满教的民族中确有过妇女杀夫行为。

根据我们的分析，可以肯定地说：尼山萨满被处死的真正原因是她在阳间杀死了丈夫。那么，尼山萨满为什么要杀夫？既然她是杀夫的罪人，又为什么还让她充当受人尊敬的萨满，加以颂扬呢？这个问题只能在深刻研究传说内容的基础上，从人类社会的历史发展中寻找答案。

二

尼山萨满的杀夫行为是在什么样的社会中发生的呢？首先可以肯定，它不可能发生在阶级社会，因为在阶级社会里被奴役、被统治的是妇女，如果发生了这种事，绝不可能进入群众喜闻乐见的民间文学作品中并加以歌颂，《尼山萨满》传说本身也就不存在了。为此，该故事只能发生在原始社会，并且是在氏族时期的第一阶段，即母系氏族公社阶段。恩格斯在他的名著《家庭、私有制和国家的起源》第四版序言中，利用古希腊神话《奥列斯特》三部曲，论述了代表母权势力的依理逆司神只追究奥列斯特的杀母之罪，而不追究杀夫的克丽达妮斯特拉之罪的原因：是她"杀死一个没有血缘亲属关系的男人"[①]，根据这一论断，我们可以断定，在妇女支配一切的母系氏族制度下，妇女杀了男人、妻子杀了丈夫是不受任何惩罚的，因为在以血缘纽带维系的氏族社会里，丈夫与妻子不属同一血缘氏族。所以，尼山萨满无论是在阴间扼杀其夫灵魂，还是在阳间杀死丈夫，都是无罪的。

这一历史时期妇女杀夫（或是男人）无罪的旁证，我们还可以从满族其他的民间文学作品中得到证明；如《东海窝集部》传说中，一部落女酋长（实际是氏族长）手下的一位妇女，因为不愿意同丈夫继续生活而把丈夫杀了，然后与路过此地的另一男人同居。

---

① 《马克思恩格斯选集》第 4 卷（上），人民出版社 1976 年版。

比《东海窝集部》更古老的《佛托妈妈与十八子》神话中，就有四个女人因与自己的丈夫不和而杀了他们，带着儿女们逃跑了。这些民间文学资料都充分说明，在妇女掌权的母系氏族社会，丈夫（或男人）地位的低下，甚至有可能被随便杀死，而杀人者都未受到社会的制裁。

第二种假设，如果尼山萨满杀夫行为发生在父系制度完全确立，男人牢牢掌握了社会中一切权力，而妇女完全处于被奴役、被统治的父系氏族社会，那么，当尼山萨满杀了丈夫，则会受到社会的制裁和舆论的谴责，被强大的父权势力治以死罪，落得个身败名裂的下场。然而，传说所反映出的事实并非如此。由此推论，尼山萨满杀夫行为，也不可能发生在父系氏族制度完全确立的时代。

那么，尼山萨满的杀夫行为，究竟发生在哪一种社会制度里呢？根据传说所反映的内容来看，我认为它可能发生在人类原始社会的某一特殊的历史时期里，而这一特殊的历史时期，就是恩格斯在《家庭、私有制和国家的起源》中所指出的母系氏族向父系氏族过渡的母权与父权互相交替、互相斗争的错综复杂的"变革"时期。满族传说《尼山萨满》中，女主人公的杀夫行为和被处死刑的情节，正反映了这一时期的矛盾过程。具体表现在：

第一，婚姻关系中的矛盾现象。传说清楚地告诉我们，尼山萨满是有夫之妇，但却与助手关系暧昧，《尼山萨满》传说讲她曾一度想结束这种生活。在《宁三萨满》中，女萨满也与助手相好。这一情节伴随传说流传于满族几百年，并没有被阶级社会中的"人伦观念""三从四德"的封建思想冲洗掉，不能说没有社会根源。同时，既然尼山萨满与助手有暧昧关系，必然造成她与丈夫间的隔阂，如尼山萨满的丈夫在阴间骂她："轻浮的，忘恩负义的尼山萨满，我的妻子你听着，我活着的时候，你嫌我穷，看不起我，事事欺负我，甚至连理都不理我，你自己心里也明白，你也太过分了。"在尼山萨满与其丈夫和助手的关系中，既有一夫一妻制成分，也有对偶婚的残余，这就充分反映了母系制向父系制过渡时期错综复杂的婚姻关系。这种在同一历史时期里存在多种婚姻制度的社会现象，只能发生在母系制向父系制过渡的时代里。

第二，思想意识中的矛盾现象。主要表现为不够稳定的父权制度与仍保留着的母权的强烈观念之间的矛盾。尼山萨满在阴间被她丈夫纠缠时，完全可以绕道躲开，那就不会发生扼杀其夫灵魂的事了。再就是尼山萨满回到阳间后，可以不向村里人讲述她遇见丈夫的事，这样，也不会招致杀身之祸。然而，她不仅做了，而且说了。这些情节不仅在多种异文中反复出现，而且描述详细，看来亦绝非偶然。它说明在由母权制向父权制过渡的时期里，父权还不够稳定，不够强大，母权在一定范围内，还保留相当大的势力，致使当时的社会习俗和道德观念，还不足以对尼山萨满构成威胁。因此，在她思想意识中仍将随便处置丈夫视为常事。

传说中的另一情节中更明显地保留着强烈的母权思想。当尼山萨满把丈夫扔进丰都城以后，她高兴地唱道："没有丈夫以后，可以随心所欲地生活；没有了男人以后，可以勇敢地生活；如果在母亲那里，可以自由地生活。"这是尼山萨满留恋母权制的真实写照。传说结尾时写道："她（尼山萨满）看见了阴间各种刑罚后（情节中有对丈夫不敬而在阴间受刑者），即断绝了淫乱之事，痛改以前一切邪恶似澄清后的清水一样明澈清洁了。"这一情节告诉人们，处于尚不稳定的父权制初期，男人为了牢牢地掌握权力，在社会生活的各个方面，尤其是表现在婚姻制度方面，不仅需要妇女在行动上过正派生活、坚守贞洁，而且在思想意识方面，也需要妇女认识父权制的合理性。

在这一错综复杂的特殊历史时期中父权和母权的斗争情况，在满族传说《博赫勒哈拉》中表现得更详细具体：传说中的瓜尔佳哈拉（关姓）的一妇女嫁给了博赫勒哈拉（郭姓）的部落长，因为部落长损害了她的利益，于是，她就回到自己娘家部落召集了人马，不仅杀了部落长，而且还杀了这一部落的大半男人。几年以后，瓜尔佳妇女成了娘家部落很有名的大萨满，为此，博赫勒哈拉又把她请过来，充当本部落的第一代大萨满，并供为祖先神。这一传说证明了这一历史时期，在婚姻家庭关系和思想意识方面，都是矛盾重重、错综复杂的，即使杀了丈夫，也不被认为是触犯了正在确立中的父权制度的不法行为。因此，我们说：尼山萨满的杀夫行为是在满族原始社会母权制向父权制过渡时期发生的，她的死是父权势力制裁所致，是父权统治向妇女所施之威。

三

那么，尼山萨满之死给我们的启示是什么呢？恩格斯在研究人类社会的《家庭、私有制和国家的起源》一书中，称赞废除母权制是"人类所经历的最激进革命之一"，如果把"激进"理解为流血和不流血两种斗争的话，那么，满族在由母权制向父权制过渡的时候，则是采取了流血斗争的方式。其原因在于废除母权制，首先直接损害了氏族成员中妇女的利益，这样妇女必然会顽强地维护母权制时代的权力，进行殊死斗争。其斗争特点主要表现为：

（一）婚姻家庭方面。恩格斯指出："在历史上出现的最初的阶级对立，是同个体婚制下的夫妻间的对抗的发展同时发生的。"[①]《尼山萨满》传说正是在由群婚（或是对偶婚）向个体婚发展的过程中产生的。女主人公的丈夫看见尼山萨满救活了别人而不救活自己，便恨得"咬牙切齿"，要用油锅炸死她，而尼山萨满同样以极大的仇恨把她丈夫扔进了丰都城，并让他永远不能变成人。这种夫妻变为互相残杀的仇人，正是婚姻家庭方面个体婚姻关系中的对抗性矛盾。

（二）母权与父权的斗争。因为母权制被推翻，使原来在社会和家庭中处于受尊敬地位的妇女，变为被奴役、被统治的奴隶；那些在母权制度时处于"随时听候命令"和"收拾行李准备滚蛋"

[①] 《马克思恩格斯选集》第4卷（上），人民出版社1976年版。

的男人，则在社会和家庭中支配了一切。在《博赫勒哈拉》传说中，瓜尔佳氏在那一场战斗中，只许杀对方的男人；《尼山萨满》传说中，当尼山萨满把丈夫扔进了丰都城以后，她好像是报了大仇一样的高兴地唱了起来。这里都突出了父权与母权之间的仇恨和斗争。

通过以上的分析，我们可以看出：在人类原始社会时，母权制的瓦解，父权制度的确立，在某些民族中是一场巨大的变革，经过长期、复杂和尖锐的流血斗争才确立的。当然，不经过流血斗争，顺乎历史规律演变的民族，在人类历史上也不乏其例。如鄂伦春族，"没有经过剧烈的产前阵痛"[①] 就完成了母权制向父权制的过渡。总之，过渡的形式多种多样，而不论哪一种，作为历史的进化、变革都在这个民族的民间文学作品中有所反映。古老的《尼山萨满》传说，为我们研究满族社会发展史，提供了第一手资料。

原载《民族文学研究》1990年第2期

[①] 秋浦：《鄂伦春社会的发展》，上海人民出版社1980年版，第18页。

八

由萨满神器看满族原始经济生活

关于满族在未进入以农耕为主要经济生产之前的原始经济生活，众多的历史学家利用大量的有关文献资料，已做出了肯定而明确的回答，即是渔猎经济，而狩猎是它的主要生活来源，所以，满族以骑射著称于世。

对于某一民族历史上的经济生活、社会制度等问题，专家学者们还常常对该民族的现存社会生活、习俗、宗教信仰、语言等方面进行调查，用以今溯源的方法探讨该民族的诸问题。今天，对于满族历史上的渔猎经济，我们同样可以以历史文献和民族调查以及语言分析等多种方法进行研究，证实这一结论的正确性。本文试就对以手抄本流传于民间，至今尚未公开出版过的萨满神本做一考察。

这部分流传于满族一百多年前的萨满神本子，仅在萨满及其助手中保存，并在他们中间代代相传。所谓神本子，是专门用满文，而且多数是汉字注音的满文记载的萨满祭祀仪式、为神灵所诵唱的神歌、神灵名称及神器等内容的书，满文称为"恩都利毕特赫"或是"特勒毕特赫"，即"神书"或是"上边之书"（也是"神书"之意）。它在满族心目中具有很强的神秘性和神圣性，不仅被满族萨满珍贵地保存在固定地方，而且还被视为他的"根基"。在"文化大革命"时期，为保这个"根基"，不知有多少满族人，冒着生命危险，千方百计地保存着神本子。所以，我们今天还能收集到近百册神本，许多神本和神器都有一段动人的故事。

萨满文化中的神器很多，概括起来，大概有三类：第一类是萨满的头饰、神帽、腰铃、神衣和神裙等，总之是萨满自身的装饰，统称为萨满的装饰神器；第二类是萨满跳神时手中所持的器具，如神鼓、鼓槌、铜镜、神杖、神刀、宝剑等，统称为萨满手持神器，或叫手持法具。第三类是萨满跳神时的现场的装饰和盛装供品的器具，如彩旗、神偶、神像、神箱、香炉以及祭祀时一切所用牺牲和非牺牲的供品等。总之是跳神时现场所需之物，统称为跳神现场神器。这些萨满神器随民族的不同而异，随民族历史的发展而变化着，有的被历史淘汰，有的则随民族历史的发展而产生、增加或吸收新的神器，但总趋势是在逐渐减少。尽管如此，若将这三类神器计起来，仅中国萨满文化中所保存的，数量也很壮观。若研究起来，内容之丰富也能撰写洋洋之文字。

而本文所研究的是满族萨满文化中，仅出现在神本子中的萨满手持神器，即前面所列举的第二类神器的部分器具。通过对这部分神器及民间调查资料进行分析，来印证满族历史上的渔猎经济。

第一种神器是满族渔猎经济生活中不可缺少的，关系密切的弓和箭，它是满族先人的主要狩猎工具。所以，不仅强烈地反映在萨满文化中，而且还渗透在满族生活的各个方面，如满族家神祭祀的重要神灵之一子孙口袋（也叫妈妈口袋），袋中的子孙绳上系有弓箭，以示男性子孙；家中若生一男孩时，门前挂一弓箭，以示男孩；结婚时新郎要向门外射三箭，以驱邪避灾；男人外出随身要带弓箭，以防身等。但本文并不涉及这方面的弓箭，而涉及的是插入庭院影壁墙后面的七星斗中的弓箭。七星斗是装有五谷杂粮、一尺见方（也可以再大一些）的木制斗，它是满族祭祀时必须设置的祭坛。萨满在跳神时，在这里将神灵呼唤而来，也就是请神灵降临，又在这里将神灵送走。所以，这插入七星斗中的弓箭起着请神来送神去的作用。这里的弓箭，除了反映满族历史上的狩猎工具以外，还包含了新的内容，即一种民族总体精神的标志——满族的象征。同时又是神圣的偶像，被作为信仰中的神灵崇拜，并且属于古老的实物崇拜内容。此弓箭虽然在各姓氏神本中，没有详细叙述神灵所使用等情况，但它却是满族萨满祭祀中不可缺少的重要神器，凡有七星斗，必插弓箭，充分表现了狩猎民族的文化特点。

第二种神器是吉林省九台市石姓（后面不再注明，若引用其他姓氏必注明）神本《巴图鲁瞒尼》神歌中所出现的"五克新沙卡"、《多活洛瞒尼》《胡牙气瞒尼》《熊神》和《头辈太爷》神歌中所出现的"依兰沙卡"，同地区杨姓神本中有一篇《沙克窝出库》神歌，里面出现了"爱新沙卡""蒙文沙卡"和"色勒沙卡"。"沙卡"在《清文总汇》（以下简称为《总汇》）中解释为"钢叉乃有倒钩，捕牲口阵上用者，矛"。"五克新""依兰""爱新""蒙文"和"色勒"分别解释为："盔甲之甲"、数字"三""金""银"和"铁"。盔甲都是用铁制作的，所以这里的"五克新"只能理解为"铁"之意思。这种神器的汉语应为"铁叉""三股叉""金叉"和"银叉"。观其在满族民间所保存的形状，是一根一庹多长的木棍，一头安有一个三股的铁叉。民间称这种神器为"马叉"，或是"三股马叉"。保存者介绍说：这是从前扎鱼用的。神本中也记叙了一位神通广大的萨满，坐一面鼓过河并用三股马叉扎鱼的故事，再结合《总汇》解释的"捕牲口阵上用者"的意思，它是一种渔猎生产工具是毫无疑问的。

我国东北地区的赫哲族、鄂伦春族、达斡尔族等原始生产工具中，用来扎鱼的工具称为"鱼叉"，其形状与满族萨满神器"三股马叉"完全相同，是同一种工具，只是名称有些不同罢了，再一次证明了三股马叉是渔猎民族的原始生产工具。

第三种神器是神本《朱录瞒尼》神歌中所出现的"朱录激达"。"朱录"在《总汇》中解释为"双单之双，对对""激达"为"矛"。汉语意思应为"双枪"或是"双矛"。这"双枪"，在满族民间所保存的是一庹多长、直径为5厘米粗的两根木棍。跳神时，萨满及其助手，双手各持一头，两人随着鼓点同时跳动，有时还同时翻来翻去，也正因为如此，所以才没有安装枪头，其"枪"的作用也就有其名而无其实了。由此，民间又称之为"双花棍"，而"朱录瞒尼"神的名称也由此而来。

联系满族原始时代，长期居住在莽莽原始森林中的历史生活，若需要一根不用任何加工的木棍，无疑是唾手可得之事。用木棍投杀动物或是防身护身，正是原始民族的生活方式，它与保存到今天的"双枪"或叫"双花棍"的形状没有什么两样，所不同的只是为了装饰美化和神圣的原因，双枪表面涂了一层美丽的红色，是稍加修饰的原始棍棒而已。所以，我们今天所见到的双枪刀神器，原是满族历史上狩猎经济的简单生产工具。

第四种神器是神本《萨拉布库瞒尼》和《扎克它瞒尼》神歌中所出现的"爱新激达"和"蒙文激达"。"爱新""蒙文"和"激达"正如前面已经指出的，汉语意思应为"金""银"和"枪"。同地区杨姓萨满文化中也有"激达"神器，观其形状是一根木棍上安有比箭头大的枪头，整个形状正像放大了的一支箭一样，所以说它是由箭演化而来的神器是有道理的，前面指出的"朱录激达"，虽称为"枪"，但实无其用。这里的"爱新激达"和"蒙文激达"却有实意了，因为萨满在跳神时，手持激达冲杀在前，并做各种刺杀动作。

这种"激达"枪在我国其他民族的萨满文化和生产工具中都出现过。"锡伯族有二尺余长的激达"[1]，《松花江下游的赫哲族》[2] 中记载有十几种大小不等的"激达"枪头，《赫哲族社会历史调查》[3] 中，还载有出土的激达和鱼叉，而且还有猎人手持"激达"的图片。鄂伦春族、鄂温克族和达斡尔族中有一种叫"扎枪"的狩猎工具，其形状与"激达"枪没有什么两样。这一切资料都表明，"激

---

[1] 秋浦主编：《萨满教研究》，上海人民出版社1985年版，第67页。
[2] 凌纯声：《松花江下游的赫哲族》，1934年南京版。
[3] 《赫哲族社会历史调查》，黑龙江朝鲜民族出版社1987年版。

达"枪或"扎枪"是原始民族重要的狩猎工具,有的则被吸收进萨满文化中来,今天我们见到的满族"金枪"和"银枪",也就是"激达",就是满族历史上的狩猎工具,从而反映了满族原始经济生活。

第五种神器是《叉汗布库瞒尼》神歌中所出现的"色勒买图"。"色勒"前面已有解释,"买图"在《总汇》中解释为"榔头,棍乃手拿的,一头细,尾边粗之棍也"。"色勒买图"的汉语应为"铁榔头",或叫"铁棍",满族民间称它为"铁锤",观其形状,确实是锤状,是一个黑色的,如同排球大的木制球,安上了一个一尺多长的把柄,正是地道的铁锤形状,与民间所称呼的名称完全相符,但与神本中的满文含义却不相符合了。其实在《总汇》中:"铁锤"一词满文叫"色勒玛拉"。那么,为什么萨满文化中没有吸收这一词汇,而用了我们今天见到的形状与满文含义不相符合的"色勒买图"呢?其原因在于"色勒买图"与他们的生活有着密切关系。根据《总汇》解释,"色勒买图"的含义是"一头细,尾边粗之棍也"。这种棍棒,是满族先人向大自然索取而来,在原始森林中寻找一根带有粗树根的小树即可以了,并能投杀动物。这种原始的简单的生产工具,正符合满族历史上的狩猎经济。所以,萨满神器"色勒买图"在原始的萨满文化中早已被采用,而且也不会被人类社会铁制时代才出现的"色勒玛拉"(铁锤)所代替,因为萨满文化虽随人类社会的发展而自身起着变化,但它还有强烈的保守性和传统性。所以才有今天我们所见到的"色勒买图"衍化后的"铁锤"形状。因此,"色勒买图"是满族历史上的原始狩猎工具。

第六种神器是《色尔泰瞒尼》神歌中所出现的"那旦书西哈"。"那旦"是数字"七","书西哈"在《总汇》中解释为"鞭子",其汉语应为"七节鞭"。观其形状,如同北京的一串粗大的糖葫芦,只不过是红白相间木制的罢了。满族民间也称它为"七节鞭"。从它的形状来看,它是有其名而无其形的 2 尺左右的棍棒,与中原所流传的"七节鞭"的形状不同。根据《总汇》中解释"书西哈"的意思来分析，它一定是满族历史上骑马生涯中的常用器具，即马鞭，从"七节鞭"是木制来看，它的原始形态应是原始森林中随手捡来的树枝或木棍。所以，今天我们所见到"七节鞭"既不是皮制的鞭子，也不是有七个环节相扣的长鞭，它是独具风格的在满族戎马生涯中逐渐演化发展而来的萨满神器。

第七种神器是"色勒格其瞒尼"神灵使用的"色勒书西哈"。"色勒"和"书西哈"前面都已经介绍了，它的汉语意思应为"铁鞭"。与满族民间称呼相同，但形状不一样。它是一尺半左右长的，如同现代人所使用的剑一样的木制神器，其把柄用黑色涂抹，剑身用白色涂抹。跳神时，萨满常常是双手各持一把舞动。这剑状的"铁鞭"，也应像"七节鞭"一样是由满族历史上打马的鞭子衍化而来。

神器"那旦书西哈"和"色勒书西哈"，都是由打马用的鞭子演化为今天我们见到的萨满神器。在石姓神本中出现的十几种手持神器中，竟有两种是由马鞭演化而来，可见骑射生涯在满族历史生活中的地位了。

第八种神器是在《巴克它瞒尼》《杀延嘎思哈》和《扎克它瞒尼》神歌中所出现的"朱录罗活"。"朱录"前面已介绍过了，"罗活"在《总汇》中解释为"腰刀"，它的汉语意思应为"双腰刀"，与民间称呼相同。有的地区叫"哈马刀"，联系满族历史上的狩猎生活，它一定是插入腰间方便行动的小刀，为的是在深山密林中，捕猎到动物后，随时可用刀宰杀动物以便食用，绝不是今天见到的有两尺多长，安有把柄的大刀。所以，满族萨满文化中今天所保存的"双腰刀""哈马刀"，同样是衍化后的产物，其满文含义才是原始形态。

满族的萨满文化，从它的历史发展来看，大神祭祀是原始形态，而家神祭祀，则是以祭祀祖先为主要内容的，衍化后的后期形态。家神祭祀除了跳神以外，其内容与形式，都与汉族的祭祀相似。前面所列举的八种神器，都是大神祭祀时所出现的，所以，都具有原始性。

还有，神器中的"铁""银""金"等修饰语，这是人类社会进入铁制时代后，后人的附会。但制造这些神器的主要原料，除了"沙卡"和"激达"是铁制外，其余的不管是像剑一样的"铁鞭"，还是"铁锤"等都是木制的。再一次证明，我们所分析神器的原始内容，是反映满族原始生活，即渔猎经济的有力证据。

从以上分析的八种神器来看，它们的原始名称和作用，与今天所见到的形状与作用等有的相差很大，其原因，一方面，也是前文提到的，是满族历史发展和萨满文化衍化的结果；另一方面作为萨满文化中的神器，它不仅是神圣的宗教器物，而且还有其观赏价值。萨满跳神的主要作用之一，就是娱乐人，满族民间常称为"人神同乐"。所以，萨满手持神器，尤其是流传到今天。仍在民间保存着的，自然不能是原始模样，要进行修饰。因此，在神器上除了涂有简单的黑、白、红、黄色彩外，还变换不同的形状，原是打马鞭子，则变成银白色的剑形，原是狩猎、投杀动物的木棍，则成了球状的"铁锤"等，总之，萨满神器又是简单的原始艺术。

以上神器的分析，多采用了石姓神本的资料，其他姓氏少一些。但是，我们知道，萨满文化中的原始形态的大神祭祀，从遥远的古代社会流传到今天，仍残留着，已是为数很少了。但它毕竟是满族文化的一部分。常言道"一滴水见太阳"，也如同考古学通过一两件出土文物研究其问题一样，从这些神器中可见萨满文化之一斑。

不同的神器有不同的作用。第一，满族萨满文化中的大神神灵一百多位，少的也有七八十位。萨满在跳神中是不能说话的，要表演哪位大神，都用不同的舞蹈动作和使用不同的神器来区分。如使用"三股马叉"的是"巴图鲁瞒尼"神，使用"朱录罗活"的是"巴克它瞒尼"神等。当然也有其他的区分方法，但从萨满所使用神器来区分神灵，也是重要条件之一。所以，神器有区别神灵的作用，正如同众所周知的关公使大刀，诸葛亮摇羽毛扇，孙悟空使金箍棒，猪八戒拿大耙子一样。第二，在科学文化极不发达的远古时代，原始人错误地认为，人生病的原因是鬼邪所致。所以，萨满神的又一重要作用，就是驱鬼除邪，因此，满族各姓氏的萨满神本中都有"三方清查，室内干净，永世太平"等词语。这里的"室内干净"是指无鬼邪，"永世太平"是指无疾病。萨满跳神时手持神器还向室内作刺杀和驱赶状。所以，萨满神器有驱鬼邪治病的作用。第三，现代舞台上的戏剧表演，有许多剧中人物，都用大刀、长矛等舞台道具进行表演。满族萨满文化的萨满跳神，虽在平地的院内或是室内，但从跳神的总体面貌来看，每一位大神的跳神动作，都是简单而内容丰富的原始戏剧表演，手中神器却是道具。这表明现代戏剧与原始艺术有密切的关系。

满族萨满手持神器，仅石姓而言，也不只是八种，还有铜镜、抓鼓、画有各种动物的彩旗等。同地区的杨姓还有双金镜、石制的流星锤等。使用最多，较普遍的是"哈马刀""激达"和"马叉"。凡残留着萨满文化的姓氏，几乎都有这三种神器，至少有其中一种。不仅如此，就是我国东北地区信仰萨满教的其他民族，如达斡尔族、鄂伦春族、鄂温克族、赫哲族等民族，也普遍使用这三种神器，只是有的名称和作用不同而已。

从萨满神器中分析民族的原始经济生活，不仅满族的神器中有其作用，其他民族的神器也起同样的作用，当然不一定仅是萨满手持神器了，如从神帽的装饰品、神裙的花纹及神鼓的原料等，都可以研究其民族的原始经济生活。

总之，满族萨满神本，不仅为我们研究满族原始渔猎生活提供了可靠的资料，而且它也是研究满族其他学科的百科全书。

原载《黑龙江民族丛刊》1991年第4期

九

《尼山萨满》与宗教文化

满族自古以来就信仰萨满教，这种信仰在满族人民的思想观念、风俗习惯，尤其是古代文学艺术中，打下了深深的烙印。受到各国学者重视的满族民间传说《尼山萨满》充分反映了萨满教对满族人民的生活所产生的影响，包含着丰富的萨满文化成分。本文试从自然崇拜、祖先崇拜及祭祀仪式等方面对《尼山萨满》中所反映的萨满文化因素做一初步探讨。

万物有灵是萨满教的思想基础，原始的采集和渔猎生活是萨满教崇拜内容的主要经济基础。因此，在萨满教崇拜对象中占主要地位的，最多的就是动物崇拜，其次是植物崇拜。根据满族民间神本子[①]记载，仅一姓动物植物神灵就有近六十位，如吉林省石姓的神本子中记载有：按木巴代朋嘎思哈（雕神）、伐兰嘎思哈（旷野鸟神）、雅亲娄夫思杜利（黑熊神）、爱新他思哈（金虎神）、乌云达梅赫（九尺蛇神）、爱新托牙伊尔哈恩都利（金花火神）等，其他姓氏如杨氏（吉林省），还有鹰神、虎神、豹神等。总之，在满族的思想意识中，天上飞禽、地下走兽、水中鱼类等无一不是他们崇拜的对象，在他们看来，自然环境中一切与他们的生活有着密切关系的动植物，都具有与人一样的喜怒哀乐，都有灵魂，并主宰人们的命运和周围环境，在上古人看来，为了生存，必须崇拜并祭祀它们，于是便产生了神。这些神灵有善恶之分，通过一定的巫术作用

---

① 神本子：民间用来记述萨满教神歌和神灵的书，多为用汉字注音的满文手抄本。

九 《尼山萨满》与宗教文化

可以除恶免灾，保护人们健康太平。这种万物有灵的思想观念，在满族传说《尼山萨满》中有充分的反映，传说中的女萨满就是通过高超的巫术使各种神灵服从于她并为她服务。如：当尼山萨满来到一条红河岸边时，她看到周围没有渡口和船只，又不见一个人影，便求助神灵的保佑渡河，于是唱道：

> 埃库勒叶库勒，
> 空中盘旋的埃库勒叶库勒，
> 大雕神啊埃库勒叶库勒！
> 在海上回溯的埃库勒叶库勒，
> 银色的鹡鸰鸟啊埃库勒叶库勒！
> 在河岸上蠕动着的埃库勒叶库勒，
> 大蛇神啊埃库勒叶库勒，
> 在扎纳河里游动着的埃库勒叶库勒，
> 八尺蟒神啊埃库勒叶库勒。
> 年轻的河神啊埃库勒叶库勒！
> 请让我渡过埃库勒叶库勒，
> 这条河流埃库勒叶库勒。
> 乞请众神灵埃库勒叶库勒，
> 保佑我埃库勒叶库勒，
> 迅速渡过这条河流埃库勒叶库勒，
> 请众神灵显示自己的神威埃库勒叶库勒。

唱完，她将手鼓浸入河水中，站立在鼓上过了河。又如当尼山萨满来到阎王城前，看见城门紧闭，城墙高大而无法进去时，又高声唱道：

> 克兰尼克兰尼，
> 在东山上克兰尼克兰尼，

栖息的克兰尼克兰尼,
飞翔的鸟儿呀克兰尼克兰尼。
……

九尺蛇神啊克兰尼克兰尼!
八尺蟒神啊克兰尼克兰尼。
在石洞中克兰尼克兰尼,
在色勒关中克兰尼克兰尼,
卧伏的克兰尼克兰尼,
猛虎神啊克兰尼克兰尼。
狰狞的黑熊神啊克兰尼克兰尼。
银色鹊鸰鸟啊克兰尼克兰尼,
飞腾的鹰神啊克兰尼克兰尼。
飞进城去克兰尼克兰尼,
抓住他克兰尼克兰尼。

  尼山萨满唱完后,众神灵迅速飞向高空,像云彩一样密布天空。这时,有一只大鸟飞进城去抓住了员外之子的灵魂,送到尼山萨满身边。总之,像传说中叙述的那样:"兽神跳跃,鸟神飞翔,蛇神咝咝作响",这里反映的萨满教崇拜内容,不仅有大自然中的动物神灵,而且还有河神,这是人类较古老的原始信仰,即对包罗万象的大自然的直接膜拜,是萨满教的自然崇拜。
  与自然崇拜有着密切联系的,就是图腾崇拜。原始人认为自己的氏族祖先是由某一种特定的动植物或其他非生物转化而来的,同该物之间有着血缘亲属关系,并对本氏族起着保护作用。因此,世界上许多民族在历史上都有自己的图腾物,如19世纪美洲印第安人的图腾柱;非洲柏柏尔人的羚羊、狐、鸦、龟等动物图腾;[①] 我

[①] 林耀华主编:《原始社会史》,中华书局1984年版。

九　《尼山萨满》与宗教文化　79

国东北地区鄂温克族和鄂伦春族的熊图腾；古代维吾尔族和哈萨克族的狼图腾；汉族的龙图腾；满族对喜鹊、乌鸦等鸟类的图腾崇拜等。这种图腾观念也是萨满教崇拜的主要内容，同时在古代信仰萨满教的民族中，以为萨满也是由本氏族的图腾物转化而来的，而且多数民族认为萨满是由鹰、雕等飞禽转化而来。如：凌纯声的《松花江下游的赫哲族》一书有关萨满故事中的萨满都能变成"阔里"，飞向天空，这"阔里"就是鹰神；吕光天在《北方民族原始社会形态研究》中指出："雅库特人也传说萨满是神鹰的后裔。联系到鄂温克人对鸟的崇拜是不言而喻的。"[1] 为了使这些图腾物的威力传达或转移到萨满身上，在萨满的衣袍用具上都有所表示，有的用图腾动物的皮制作，有的刻画各种动物图案于衣服、神杖和手鼓上。尤其是在萨满神帽上有更明显的表示：如有的民族用"三节鸟帽"或装饰上"飞鸟"，有的民族的神帽上饰有"猫头鹰的羽毛"等。[2] 满族对鸟类的图腾崇拜同样集中地表现在萨满神帽上，而且更具有典型意义。他们是用数只鸟（实际是表示鹰或雕）来装饰，最少是一只，最多的有十三只，鸟数的多寡表示萨满巫术的高低。在《尼山萨满》中，女萨满戴的是"九鹊神帽"，同时，多种异文中都反映了女萨满，其灵魂转化为一只大鹰。如《女丹萨满的故事》中写道："一个善射的将军向空中射了一箭，结果射下一根鹰尾巴上的羽毛。"[3] 在《一新萨满》中记述她"摇身一变，变成一个阔里，……飞进城去了"[4]。在《宁三萨满》中也说她去阴间时变成一只大鹰。不言而喻，女萨满所戴的这种起保护作用的"九鹊神帽"，是满族图腾崇拜的反映，而且又表明她是一个巫术超群的萨满。

---

[1]　吕光天：《北方民族原始社会形态研究》，宁夏人民出版社1981年版，第290页。
[2]　《萨满教今昔》，第107、108页，中国社会科学院民族研究所《萨满教研究》编写组编印，1979年。
[3]　金启孮：《满族生活与历史》，黑龙江人民出版社1981年版。
[4]　凌纯声：《松花江下游的赫哲族》，民族出版社2012年版，第654页。

不管是图腾崇拜还是自然崇拜，其范围都没有超出对大自然及自然界中一切生物和无生物的崇拜，这是萨满教的主要崇拜内容。但是，当人类的思维不断发展，生产力不断提高，人类社会发展到一定时期，即进入对偶家庭阶段，这时人们不仅像过去那样确认自己的生身母亲，而且还能逐渐地确知自己的生身父亲。同时，在人们与大自然的斗争中，人的力量也在劳动和社会中逐渐显现出来了，那些为氏族和部落以及民族的形成而斗争，并有贡献和成绩显著的人，为后人所怀念和敬仰，于是便产生了祖先崇拜。这种祖先崇拜也成为萨满教崇拜的主要内容之一。如鄂温克族的"玛鲁"神，鄂伦春族、达斡尔族的"阿矫鲁·博如坎"及蒙古族对"翁滚"的崇拜，满族的超和占爷，渥车库，佛托妈妈等都属于祖先神灵。《尼山萨满》中也充分反映了祖先崇拜的内容，传说指出：当尼山萨满要查清员外之子的灵魂是被哪一位恶鬼抓去时，她首先向"渥车库"神灵祈祷，通过她的作法占卜后，"渥车库"便向她指明了员外之子的灵魂的去向及如何救活他，前往阴间寻魂时，她又向"渥车库"祈祷并乞求帮助。总之，传说中多次描绘尼山萨满向"渥车库"祈祷并在它的保护下前往阴间。

"渥车库"是满语，在《清文总汇》卷十二中解释为："神主，家内祭祀之神。"《重订满洲祭神祭天典礼·序》中指出："满洲旧规，最重渥车库跳神祭祀之礼，……遇有吉凶之兆，总在渥车库上磕头。"[①] 所以，"渥车库"的含义是"神主"，是家内祭祀之神灵，即众所周知的满族西墙上供的祖宗板及祖宗匣子，总称为"渥车库"，是满族的祖先神灵。

在《尼山萨满》传说中出现的另一位神灵，就是"奥莫西妈妈"，《清文总汇》卷二中解释为"求福之神即子孙娘娘"，这说明"奥莫西妈妈"就是"子孙娘娘"或叫"福神"。从传说中可以看出，她的神职是多方面的，她不仅给人世间"万物以生命"，而且

---

① 《重订满洲祭神祭天典礼》卷一。

还决定它们的命运：世上的萨满、和尚道士、学者、富人、奴仆、高贵者和卑贱者等，一切善与恶都由这位神灵确定，就连尼山萨满也是由奥莫西妈妈"赐予的神帽，腰铃降生到人间"，才充当了超群盖世、巫术高明的萨满。但奥莫西妈妈更主要的职能是主宰人间生育，如1961年苏联用满俄文对照出版的《尼山萨满》中叙述："在她的周围有十来个女人，她们都不知疲倦地缝制小孩，相互递来递去，整齐地排成一排排。有的背着小孩，有的抱着小孩，有的把小孩装进口袋里带走了，她们都忙个不停。"在《尼山萨满》另一异文中，① 也记叙了奥莫西妈妈坐在炕上，她的周围也有很多小孩。这里充分表明了奥莫妈妈是一位为人们赐送子孙的神灵，而在满族的传统观念形态中认为子孙繁荣、人丁兴旺是有福的象征。因此，也叫"福神"。

在满族萨满教祭祀中有一位叫"佛托妈妈"的神灵。在《清文总汇》卷十二和卷八中，"佛托"解释为："求福跳神竖立的柳枝"，"妈妈"解释为"祖母"之意，直译过来就是"柳枝祖母"，其含义已有"求福"之意了，与传说所叙述奥莫西妈妈神职相同，看其形象因地区和姓氏的不同而异，有的是供一木偶，有的是插一柳枝，并在西墙祖宗板的北侧，挂一个黄布口袋，叫子孙口袋。这子孙口袋里装有几丈长的棉线，叫子孙绳或长命绳。绳上系有上小弓箭（表示男性子孙）和三色线等物。在祭祀这位神灵时，一定要把子孙口袋中的子孙绳拴在柳枝上，萨满便跳神和献牲祭祀，这就叫祭祀"佛托妈妈"，以求子孙兴旺。祭祀佛托妈妈时唱的神歌更能清楚地说明她是主宰人类子孙兴旺的神灵：

    选好了茂盛柳枝，
    敬栽在院中，
    巧手剪成线锁。

---

① 中国社会科学院民族研究所保存的满文手抄本。

> 遵照祖传礼节，
> 神锁系在柳枝上。
> 全家老少戴神锁，
> 如叶之茂盛，
> 如木之繁荣。①

这是吉林省石姓神本子中的一段佛托妈妈神歌。从这段神歌和前面所提及的佛托妈妈的形象等方面来看，她的神职是保护满族婴儿健康太平，其含义是与子孙繁多、旺盛的生育分不开的。所以传说中的奥莫西妈妈的神职与萨满祭祀中的佛托妈妈的神职是相同的，是同一位神灵的不同叫法。

这一点，我们从清代宫廷的萨满祭祀活动中也可以找到佐证，在《重订满洲祭神祭天典礼》中，有一位是"佛立佛多鄂谟锡妈妈"。其神职是"求福之神""为保婴而祀"，②这与传说中的奥莫西妈妈不仅神职相同，而且名称也有相同之处。只是把"奥莫西"和"佛托"合为一起而已。

最后，在民间流传的《尼山萨满》，迄今此神的名称仍有叫作"佛托妈妈"的。总之，通过我们前面的分析，传说中所出现的"奥莫西妈妈"，就是满族萨满教中的"佛托妈妈"，她是一位主管满族生育和保护婴儿健康的始母祖先神。

因此，我们说传说《尼山萨满》中表现了萨满教中的全部崇拜内容，既有动植物崇拜，图腾崇拜，也有祖先崇拜。但是以动植物崇拜为主要内容的自然崇拜占有重要位置。

萨满教祭祀仪式在《尼山萨满》中也有充分的表现。

萨满教的祭祀仪式是复杂而多样的。就满族来说，从时间来看有定期和不定期两种，从内容来看，有为保丰收而祭祀，为保小孩

---

① 宋和平译注：《满族萨满神歌译注》，社会科学文献出版社1993年版。
② 《重订满洲祭神祭天典礼》卷一，《跋语》。

健康还愿和医病而祭祀；还有为学习萨满而祭祀；在更古的时候，出兵打仗、远行他乡、部落迁徙等都要举行不定期的祭祀。从祭祀种类来看不外乎两种：学习萨满而祭祀时烧的香叫"官香"，其他都叫烧"太平香"。在这些繁多的祭祀仪式中，《尼山萨满》所呈现的是典型的医病和赴阴求魂的宗教仪式。这一仪式的过程主要有：第一，占卜病因；第二，请神，萨满进入昏迷状态（前往阴间世界）；第三，送神，萨满复原。这几个过程在传说中都有完整的表现。当尼山萨满准备为员外之子求魂时，她首先进行占卜仪式，她说："我先给你看一看吧。"这"看一看"就是占卜之意。然后就开始穿戴整齐，手击神鼓，诵唱神歌，乞求"渥车库"神灵附身。随后她便进入昏迷，漫游阴间世界，寻找员外之子的魂灵后，回到阳间由助手把附在尼山萨满之身的神灵送走，尼山萨满便从昏迷中逐渐清醒过来，萨满复原。这一医病赴阴的全过程，在传说中都有详细描写。

尼山萨满所完成的这种昏迷术，在信仰萨满教的人们看来，是难度很大的赴阴昏迷术。因此，与其相应的各种程序要求也很严格，如尼山萨满在占卜时，"先洗脸、设案点香，又将一个木环浸入水中，在屋子中间放一条马杌子，她左手拿手鼓，右手拿一个榆木做的鼓槌"，开始行巫作术了。当她请神灵魂附体时，同样是"洗手焚香，行三次叩拜之礼，……站在'渥车库'之前祈祷"。尼山萨满对助手的要求尤其严格。如员外本村的几个助手，因为敲的鼓点跟她合不上节拍，"无法招魂"，被她辞掉，换上她信赖的助手扎哩·费扬古，并要求在她"鼻子上洒二十桶水，脸上洒四十桶水"，这种具体描写，不仅更显示了尼山萨满是一个超群出众的萨满，而且还使传说具有真实感，增强了宗教仪式的严肃性及神秘感。

在祭祀仪式中不可缺少的是祭品，这是任何宗教活动都少不了的。萨满教中的祭品种类繁多，但概括起来不外乎两种，一种是流血的献牲，另一种是不流血的献祭。满族最常见的献牲是猪，个别的用牛、羊、鸡、鸭，还有的用鹿、鱼等祭祀，不流血的祭品，多为面食，还有布条，毛边纸（一种很粗糙的纸）等物。《尼山萨满》中用的祭品很有特点，献牲祭品是"三年的公鸡"和与员外之子"同生日的狗"，不流血的祭品有陈酱和毛边纸，这都是向神灵祈祷时不可缺少的祭物。看来，萨满教的祭品是按照不同的神灵、不同的祭祀内容而有严格的、固定的要求。当然，用什么样的祭品是由该民族历史上经济、社会生活所决定的。

祭祀仪式时，重要的一环就是为祈祷神灵相助而诵唱的神歌。仅两万字左右的传说，其中就有神歌十二篇，每篇长短不一，有的近百行。传说近三分之二的内容是通过诵唱神歌来完成的。内容丰富，词调不一，如：尼山萨满占卜时的一段神歌：

> 你五十岁时埃库勒叶库勒，
> 你们又生养了一个埃库勒叶库勒，
> 男孩子埃库勒叶库勒，
> 因为五十岁才生育了他埃库勒叶库勒，
> 起名叫色尔古岱·费扬古埃库勒叶库勒，
> 这个名字埃库勒叶库勒，
> 是聪明崇高的埃库勒叶库勒。
> 当他满十五岁时埃库勒叶库勒，
> 去南山上埃库勒叶库勒，
> 打死了很多野兽埃库勒叶库勒。
> 阎王听说后埃库勒叶勒库，
> 派了一个恶鬼埃库勒叶库勒，
> 抓走了他的灵魂埃库勒叶库勒。
> 要救活他埃库勒叶库勒，
> 很困难埃库勒叶库勒。
> ……

这唱词，不仅详细具体地把员外儿子的死因和经过叙述得很清楚，而且还表现了尼山萨满是一个占卜能手。传说中其他唱词不仅有叙事，而且还有抒情。

萨满祭祀中的一切仪式都是由萨满所承担的。所以在《尼山萨满》中关于萨满的分类也有充分表现。萨满的分类是由于社会的分工和发展而引起的。萨满的产生我们可以追溯到母系氏族时代的中期，它随历史的发展延续到现代。萨满的职能也随着社会的分工而演变发展。萨满不仅从远古时代的氏族（部落）长中分离出来，而且还根据他所从事神职的不同，产生了不同种类的萨满。如在《西伯利亚各民族之萨满教》中，记述雅库特人按其法力，可分为"下位"（下痴），"中位"（中痴）和"有力"（上痴）三种，布里亚特人是因所领精灵善恶之分，分为白黑萨满两种，朱可察人分为"见灵者""预言者"和"修验者"。

我国东北地区的鄂温克族有氏族萨满和家族萨满，后来还出现了地域性的流浪萨满。赫哲族和达斡尔族萨满分类最为详细：赫哲族分为："（一）治病萨满叫'巴东朗'；（二）治小病的萨满叫'弗力兰'；（三）专门治瘟病的萨满叫'德斯库'；（四）送魂的萨满叫'达克苏特亦'。"达斡尔族的萨满，除氏族的萨满雅达干之外，分化出："（一）由妇女担任，给小孩治病，占卜的'斡托西'，这相当于小儿科；（二）主治红伤、疮疥、接骨等症的外科巫医叫'巴尔西'；（三）专门给人扎针、占卜、治病的男人叫'东彦奇'；（四）老妇女接产者叫'巴列沁'，这相当于产科；（五）氏族萨满的助手，替人念咒，送纸等。"[①] 这些萨满种类的形成，都是由本民族的萨满教自身发展和社会生活所决定的。

满族在萨满分类方面有自己的规律和特点，根据目前所调查的材料来看，它分为大萨满和家萨满两种。这两种萨满除在祭祀仪式和内容方面有很大不同外，跳神方式上也有着本质的区别，即大萨

---

① 吕光天：《北方民族原始社会形态研究》，宁夏人民出版社1981年版，第321页。

满跳神时要表演各种模拟舞蹈动作和进入昏迷状态，而家萨满则只是击鼓而跳，不表演模拟舞蹈动作。另一个重要标志就是大萨满跳神时戴神帽，而家萨满不戴。在《尼山萨满》中，这两种萨满都明显地表现出来了。传说中记述尼山萨满身系神裙和腰铃，头戴九鹊神帽，手击神鼓，乞求神灵附体并进入昏迷状态。这一切都是大萨满所从事的神职任务，所以尼山萨满是一位大萨满，而且从她戴的九鹊神帽来看，是一位巫术很高超的、能起死回生的大萨满。传说中的扎哩·费扬古，在尼山萨满赴阴求魂中，他起的是辅助作用，即神灵不附体，也不进入昏迷状态，他所从事的神职任务是专门准备祭品，敲鼓助威和从事一般的除邪，祭祀祖先的祭祀活动，他就是家萨满，是尼山萨满的助手，也叫二神。所以，满族的家萨满是从大萨满的助手衍化而来。从传说中所反映萨满种类的数量来看：满族充当神灵附体的大萨满在历史上曾有一个时期是每个氏族只有一个，而同一时期的家萨满，可以有两三个，甚至十几个，而在更古的时候，大萨满的助手与氏族成员没有什么区别，很可能是人人都可以做助手，并且人人都参与跳神活动，祈祷神灵保佑的时代。

从前面所分析的宗教仪式来看，这时的萨满教活动，已区别于其他原始宗教祭祀仪式，形成了萨满教所特有的祭祀活动，主要表现为体系化和规范化的宗教仪式。而这种完整的体系化和规范化的出现和形成，只能是在萨满文化高度发展的鼎盛时期，《尼山萨满》正是反映了这一时期的萨满文化内容。

我们这里所说的"规范化"，是指萨满文化在其历史发展中，由自身的规律变化而形成的系统、严密、相对稳定的祭祀仪式和内容，而不是指在清代乾隆朝时对满族萨满文化的人为的规范化。

总之，《尼山萨满》传说，不仅在研究满族历史、民间文学民俗及语言等方面有着其他传说不能取代的地位，而且在探讨萨满教的崇拜内容、祭祀仪式及其发展规律等方面，都有着重要的研究价值，从一定意义上看，《尼山萨满》在研究萨满文化方面，所起的是重要文献的作用。

九 《尼山萨满》与宗教文化

满族传说《尼山萨满》，广为流传于我国东北和西北地区的满族、赫哲族、鄂温克族、达斡尔族、鄂伦春族、锡伯族等民族中，历史悠久。传说篇幅虽不长，但内容很丰富。仅就宗教文化而言，它不仅反映了同一宗教在不同历史时期的不同内容，而且还反映了不同种类的宗教文化。综观中国历史上所信仰的主要宗教，有释、道、儒三种。本文仅就《尼山萨满》中所反映的释、道、儒宗教文化进行剖析，探讨其内容概貌。至于《尼山萨满》与萨满教文化的关系，笔者另有专论，[①] 故不在此赘述。

一

佛教亦称之为"释"。《尼山萨满》中反映佛教文化的内容较多。传说描写巫术高超的女萨满尼山，机智勇敢地前往人们的灵魂聚宿处——阴间世界，救活员外之子色尔古岱·费扬古的故事。它用了大量笔墨记述了尼山萨满在阴间世界的所见所闻。

第一，是阴间刑律。当尼山萨满带着她救回的员外之子色尔古岱·费扬古的灵魂，在阴间行走时，她看见一座衙门："大堂上坐着一个判官，正在审讯灵魂。有打骂父母者，被扔进油锅里受煎刑；偷骂老师者，被绑在大柱子上成为众矢之的；失节的女人受凌迟之刑；奸淫妇女的道士，受乱刀穿心之刑"，"为官受贿者，受钩子钩其肉之刑；嫁二夫之女，受身锯两段之刑；谩骂丈夫，受割舌之刑；厚颜无耻地偷听别人私话者，受钉其耳朵之刑"。[②] 还有"剖小肚""斧头断其身""钩眼睛"等阴森可怖的刑罚二十余种。总之，人在阳间犯了什么罪，死后去阴间就受什么刑罚。传说中所记述的阴间刑罚与中国佛教文学中的释迦牟尼弟子目连入地狱救母时的所见所闻何等相似，个别情节甚至相同。因此，我们说《尼山萨

[①] 参见宋和平《〈尼山萨满〉与萨满教文化》，《民族文学研究》1988年第4期。
[②] 转引自1961年莫斯科出版的满俄对照本《尼山萨满》。以下凡未注明的引文，均引自本文。

满》中的阴间刑罚是受中国佛教文化影响，从而形成了传说的内容。

第二，中国佛教文化中另一个重要内容就是除恶行善和轮回转生说。尼山萨满在阴间看见一个大湖："有一座金银桥，来往者都是人间行善积德之人；在铁桥上行走的都是人间作恶缺德之人，恶鬼正用铁叉戳他们。桥头还蹲着几只吃人肉、喝人血的恶狗。"这种由于善恶不同的报应结果，正是佛教文化中所信奉的道德行为准则，就是"诸恶莫作""诸善奉行"的道德规范。那种供行善者行走的"金银桥"，正是佛教信徒所追求、所向往的死后极乐世界。

由于佛教信奉行善得善果、作恶得恶果的因果报应学说，所以认为人的命运和前途完全受因果律的支配和主宰，人们从凡夫俗子到成佛的过程，就是不断除恶修善、改邪归正的过程。《尼山萨满》将这种因果报应理论具体化了，生动地反映了人们生前行善与作恶的不同，不仅决定灵魂在阴间的命运，而且还决定灵魂转生为何等人。传说指出："一等人成佛；二等人降生在宫中；三等人变成额驸太师；四等人变成将军大臣；五等人变成富豪；六等人变成老百姓或化缘者；七等人变成骡马驴牛等；八等人变成飞禽走兽；九等人变成鱼鳖之类；十等人变成昆虫蚁蟋等物。"传说中这种以人在前世所行的善恶而裁判灵魂转世的前途，正是中国佛教文化的轮回转生说的具体体现。佛教认为现世的祸福归结于前世所做的事，而现世所做的事，要待死后由神明裁判，所以众生所做的善事和恶事都会引起相应的果报，修善的随善事而上升，作恶的随恶事而下堕。传说还生动地以"太轮在不停地旋转"来说明轮回转生的道理。

第三，《尼山萨满》中出现了一位满族自上古时代就崇拜祭祀，并一直伴随着满族历史和萨满教文化而发展，至今仍残留在满族祭祀中的始祖女神佛托妈妈，传说中叫"奥莫西妈妈"的神灵。[①] "奥莫西妈妈"是满语，《清文总汇》卷二中解释为"求福之神即子孙娘娘"。她的作用是多方面的，本文只涉及她赐予人间子孙的

---

① 参见宋和平《〈尼山萨满〉与萨满教文化》，《民族文学研究》1988年第4期。

功能。传说中有这样的记述："她的两边站立着十余个女人，有的背着小孩，有的抱着小孩，还有用针线缝小孩的，有的把小孩排成一排排，有的把小孩装进口袋里带走了，她们都忙个不停。"中国社会科学院民族研究所保存的版本中也指出"在她的（指奥莫西妈妈——笔者注）周围有几个小孩正在玩耍"[1]，并记叙了奥莫西妈妈赐予尼山萨满所救活的员外之子——色尔古岱·费扬古"五个男孩，三个女孩"[2]。在中国传统思想观念中，多子多孙是有福的象征。传说中的奥莫西妈妈是赐予人间子孙、为人们造福的神灵。由此看来，她很像佛教文化中在民间广为流传的手持小儿的送子观音。更有力的例证是意大利学者乔万尼·斯塔里所著《三部未刊行的满族史诗手稿》，该书收集了三种不同的《尼山萨满》手稿（以下简称"手稿一""手稿二""手稿三"）。在"手稿三"中，奥莫西妈妈同佛教文化中主管阴间世界的十殿阎王一起给员外儿子色尔古岱·费扬古增寿。这一情节说明，这位在萨满教祭祀中享有崇高地位的满族始祖母神，在传说中已与其原始形态相差甚远，带有浓厚的中国佛教文化色彩了。

第四，《尼山萨满》与佛教文化的关系还表现在员外向菩萨求子的情节里。《尼山萨满》中写道，员外失去了儿子后，万分悲痛，便祈祷"付齐希"，再赐一子予他。"付齐希"是满语，在《清文总汇》卷十二中解释为"佛、菩萨"。如传说记述：员外夫妻"修缮寺庙，祈祷菩萨赐恩，执香处处烧，祈祷神灵保佑"。在民族研究所的版本中也有"向神佛祈祷赐恩"等内容。由于天神、佛爷的恩赐，员外在五十岁时又生得一子。以上情节说明佛教文化中的神灵，已被满族人民坚信不疑了。

众所周知，满族的先人以肃慎、挹娄、勿吉、靺鞨、女真的称呼，早已与汉代时期就传入佛教的中原文化有着密切联系，更何况

---

[1] 季永海、赵志忠：《尼山萨满》，《满语研究》1988年第2期。
[2] 同上。

其先人还于公元713年至926年建立了渤海国，并于公元1115年至1234年建立了金王朝，与佛教文化发达的封建王朝有着政治、经济、文化等方面的频繁交往，佛教文化当然包括在内。所以，佛教文化对于满族来说并不生疏。满族的萨满教文化在努尔哈赤时期，甚至更早的女真人时期就受到佛教文化的影响。在满族民间和清宫的萨满祭祀中，都早已祭祀佛教文化中的观音菩萨等神灵了。与人民生活、思想意识关系密切的民间文学，必然也会有相应的表现。所以《尼山萨满》中反映大量的佛教文化，乃是顺理成章之事。事实上，满族民间文学中反映佛教文化的内容是很丰富的，在《尼山萨满》另一异文《女丹萨满的故事》中，就有女丹萨满与喇嘛激烈斗争的情节。

二

任何宗教都与原始的信仰有着千丝万缕的关系。中国土生土长的道教，原从古代巫术而来。中国北方民族自古所崇信的萨满教，本来也是以万物有灵为思想基础的原始宗教，与中国道教文化必然有着难解难分的联系。所以，以记述萨满为主要内容的《尼山萨满》传说，也自然会有所体现。

第一，表现在传说中的神灵，即传说中的人物方面。传说中有一位老者，在满文本《尼山萨满》中叫"萨克达玛法"，即老者之意。他的形象是"弯腰驼背，奄奄一息，头发银白，牙齿发黄，样子很难看"，但他却是传说中一个不可缺少的人物，正是他向员外推荐了救活色尔古岱·费扬古的生命的尼山萨满。老者对员外说："就这样眼看着你的儿子色尔古岱·费扬古死去吗？为什么不请个能干的萨满救活阿哥呢？"于是，他就让员外快去请住在尼西海河岸边，巫术高强，能起死回生的尼山萨满，并说："只要把她请来，不要说是一个色尔古岱·费扬古，就是十个也能救活。"当员外请老者"吃一些如山一样多的肉和饽饽，喝一些如海一样多的酒"

时，老者连看都不看一眼，便"登上五彩云走了"。从传说中所记述老者的形象和作用来看，他正是中国道教文化中的"蓬头垢面，不食五谷"，"乘云气，御飞龙，而游乎四海之外"的神通广大奇形怪状的游仙。

在满族萨满教文化中是否也存在类似老者的男性神灵呢？也就是说老者是否为满族萨满教祭祀中的神灵呢？作为原始信仰的萨满教，以老者为身份的男性神灵，是满族萨满教祖先崇拜的主要内容，其神灵是众多的，但与《尼山萨满》中所出现的老者形象和神职都截然不同，如被满族共同祭祀，在萨满教文化中享有崇高地位的白山主神，有的姓氏叫超和占爷。萨满祭祀时赞颂他的神歌这样唱道："红脸白山主，从高入云霄的白山出降。统理征讨军务，坐骑骏马出征。四十名骑士护卫，二十名勇汉随行，前护后卫，浩浩荡荡。"[①] 由此看来，他的形象是红脸大汉，而职能是带兵打仗，是一位英勇善战的男性英雄。从民间的画像来看，是头戴顶戴花翎，身着官服，红脸黑须，威武不屈，骑马驰骋的武士。这种神灵的形象与职能反映了满族历史上戎马生涯的生活。其他神灵，包括女神在内，大都是以英勇善战、武术高强著称，并在萨满教文化中被崇拜祭祀为祖先神。由此可以看出，传说《尼山萨满》中的老者与满族萨满教中的神灵有着明显区别，显然，传说中的老者不是满族祭祀的神灵，如果在民间文学中出现，大多数亦失去萨满教形态，表现为道教文化面貌，如前所列举的白山主神，在民间文学中就表现了中国道教文化的因素，如《天女浴躬池》[②] 中白山主"变成一位白发老人，左手举着一个桦木扎成的小排筏，右手拎着一个梯子"，当他帮助了天女后，便"无影无踪了"。《多龙格格》和《绥芬别拉》[③] 中的白山主神，都是道教文化中身怀绝技、来无影去无踪的游仙。

---

① 选自吉林省九台县石姓神歌。
② 《满族民间故事选》，上海文艺出版社1983年版。
③ 傅英仁：《满族神话故事》，北方文艺出版社1985年版。

从前面列举的白山主神在萨满祭祀和民间文学中的不同表现，说明在传统性很强而又神圣的萨满祭祀中，神灵保留原始形态较强，而在民间文学中则失去了原始形态。传说《尼山萨满》从原始社会流传到阶级社会，它所记述的老者也不可能不受到与萨满教有着同源关系、极容易被它吸收的道教文化的影响。因此，我们认为传说《尼山萨满》中的老者，不管是受社会发展被演化的满族原有神灵，还是引进神灵，他在传说中无疑都被打上了中国道教文化的烙印。更能说明问题的是关于这位"弯腰驼背"的老者，在"手稿二"中明确使用满文字母拼写成的"道士"，充分说明道教中的宗教职业者"道士"，在满族人民心目中具有深刻的印记。

另一位神灵就是前面提到的"奥莫西妈妈"。她的住处是一处仙界，"路旁有座楼阁，建造宏伟壮丽，并有五彩云雾缭绕"。这正是道教信徒们所向往的最好环境，是道士们进行修炼的最佳住地。还有奥莫西妈妈的汉语称呼是"子孙娘娘"，其职能很像广为流传于民间的道教文化中的泰山娘娘。民间认为泰山娘娘既能使妇女多子，又能保护婴儿健康，故常被民间的善男信女供奉为"娘娘神"，并建娘娘庙而祭祀。在满族民间，也同样为奥莫西妈妈设"子孙娘娘庙"而祭祀，以求多子多孙和保护婴儿健康。因此，从传说中奥莫西妈妈的住地、名称和职能来看，都表现了道教文化的内容。

第二，表现在《尼山萨满》的某些故事情节中。传说的结尾指出："员外之子色尔古岱·费扬古仿效父亲，扶老济贫，处处行善，致使子孙后代都是高官厚禄，金银财宝不计其数。"员外家之所以子孙兴旺，家业发达，就是因为他行善积德。这种现世现报并且会影响到后代的思想观念，正是道教文化中所提倡的"积善之家，必有余庆，积不善之家，必有余殃"的善恶感应理论的具体表现。

第三，有的《尼山萨满》异文中，还直接出现了道教文化所信奉的神灵，如"手稿三"中有"东岳"大帝，"天上玉帝"等，更明显地反映了道教文化内容。

三

以孔子思想为主要内容的儒教文化，渗透到中国各种文化领域中。满族民间文学中很有代表性的《尼山萨满》传说，也同样有所反映。

第一，尊师重读。《尼山萨满》中记述：员外因为行善积德而感动了"上天"，又赐一子后，他把儿子视为"掌上明珠，寸步不离"。当儿子"长到五岁时，已显得与众不同，聪明伶俐，出口成章，于是就请了一位老先生，在家教他习文练武"。这里虽然也反映了满族以骑射著称的历史生活，但更主要的是反映了满族人民尊师重读，同时是在家中请先生教授和孩童时就开始学习经书，这正是儒家所信奉的"天地君亲师"中的"师"，视"师"为传授儒家经典的神职人员。

第二，提倡孝道。传说记述员外之子色尔古岱·费扬古在打猎途中发病后，临终前对家人说："我不能报答父母的养育之恩了，本想在父母百年之后，尽做儿子的一片孝心，为他们养老送终，披麻戴孝。"如尼山萨满在阴间遇见自己的丈夫时唱道："亲爱的丈夫，请你发善心让我过去，今后我在你坟上多烧纸钱，多献供品，恭恭敬敬服侍你的母亲。"传说还告诉我们，尼山萨满"十七岁就死了丈夫"[①]，不能另嫁他人等。从这些情节中，可以看出儿子对父母的孝敬之心，妻子对丈夫的敬重之意，并严格遵守夫死妻守"妇道"的道德规范。这些伦理道德观念的标准，正是中国几千年来封建社会中，起着稳定封建秩序、巩固封建统治作用的"三纲五常"的思想意识，是儒教文化中所信奉的核心部分。

第三，传说中反映了宿命论。当色尔古岱·费扬古出门打猎时，他的父母考虑到其兄是在打猎途中病亡，所以不让他去，但色

[①] 季永海、赵志忠：《尼山萨满》，《满语研究》1988年第2期。

尔古岱·费扬古说:"男子汉生在世上,难道一辈子不出家门,永远守在家里吗?生死是自己带来的,由自己的命运决定的。"这种生死由天命决定的宗教神学思想,正是儒教文化中认为人的命运是不以人的意志为转移的,人世的成败决定于命运的安排和支配,并要无条件服从的"定命"观念,是儒教文化中的主要哲学思想之一。

第四,传说大量反映了儒教文化中的"礼义"道德标准。当色尔古岱·费扬古吩咐家奴为打猎做准备时,他的家奴唯命是从。色尔古岱·费扬古途中病亡后,家奴向他父母报告时,首先跪下,行叩头之礼,并跪在员外面前报告他儿子死去的消息。尼山萨满跳神祭神时都要行礼,她在阴间遇见奥莫西妈妈,还行了"九个响头"之大礼,等等。这种奴卑主尊、神贵民贱的思想观念,正是儒家文化中所信奉的"礼义"的道德标准。总之,传说《尼山萨满》中字里行间都渗透着儒家文化的印记。

四

前面我们分析了《尼山萨满》中反映释、道、儒的文化因素,这些文化因素既互相渗透,互相融合,又互相区别。第一,传说中这种包含多种文化因素的最明显例子,莫过于奥莫西妈妈。她原是满族由实物崇拜的柳树,叫"佛托妈妈",即"柳枝祖母",后衍化为"奥莫西妈妈",即"子孙娘娘"。有一则关于她的古老神话:"奥莫西妈妈住在长白山一棵最大的柳树上,长脸形,脸色发绿,有着金鱼般的眼睛,长着一对大乳房,无论多少小孩都吃不完她的奶水,满族都是她的后代。"[①] 因此,她被满族萨满教祭祀为"始祖母"神。《尼山萨满》中说她是一个"头发雪白,长脸形,眼睛突出,大嘴,撅着下巴的"老太太,其形象与上述神话相似。但她

---

① 傅英仁先生 1985 年讲述。

随满族的历史和萨满教祭祀活动而发展衍化，尤其是满族进入中原地区并统治近三百年，其信仰和文化随之起了很大变化。而由人民大众创作的民间文学，不仅与人们生活、信仰有着密切关系，而且变异性也很大，《尼山萨满》中的奥莫西妈妈，必然与原始的"佛托妈妈"，即"柳枝祖母"有很大不同。所以，传说中的奥莫西妈妈既是满族原始的萨满教文化中的"始祖母"神灵，又像佛教文化中手持小儿的送子观音和道教文化中的送子娘娘。因此，我们说《尼山萨满》中的奥莫西妈妈是释、道与原始的萨满教文化互相融合的产物。

第二，传说中所反映的伦理道德观念是多种宗教文化互相融合的产物。如前所述，传说中大量反映了"孝道"的思想内容，这种"孝道"正是儒教文化的经典著作《孝经》中所提倡的"夫孝，德之本也"，它是维护中国封建统治和社会秩序及家族宗法制度的基本道德理论。这种"孝道"，也正是佛教文化为传入中国，必须迎合中国的传统道德观念，采纳了儒教所提倡的"忠""孝"思想，从而形成了自己的宗教内容，正如《孝论·叙》中所说："夫孝，诸教皆遵之，而佛教殊遵也。"我们前面所提及的目连入地狱救母的佛教故事，突出地体现了佛教文化中的孝道精神。这种"孝道"也正是道教文化中所提倡的"善事父母曰孝"[①]的"孝慈"思想观念。因此，传说中的"孝道"思想，也是各种宗教文化融合的产物。

第三，与"孝道"有着内在联系的"善恶应报"思想，即善有善报、恶有恶报的道德观念，既是儒教所提倡的行善成"圣人"，又是佛教所提倡的行善积德成"佛"，又是道教文化所提倡的行善修道成"仙"的各种宗教进行修炼的主要途径。

第四，前面提到的阴间各种刑律，更包含有多种宗教文化因素。信仰者既有佛教徒的众生，也有儒教中的庶民，又有道教中的

[①] 《道教辞典》，浙江古籍出版社1987年版。

道徒。总之，一切善男信女都信仰，并力图驱恶行善，以便死后灵魂在阴间逃避各种阴律。

总之，满族传说《尼山萨满》以萨满教为主要内容，同时融合进释、道、儒宗教文化，而且糅合得那么巧妙、恰当，使传说形成统一而完整的艺术形式。因此，仅从宗教文化内容来看，传说不仅是研究萨满教文化的宝贵资料，而且也是研究释、道、儒的重要文献。

原载《黑龙江民族丛刊》1992年第3期

满族萨满神歌选译

满族及其先人信仰萨满教的历史源远流长。在其未入关之前，主要信仰就是萨满教。内容丰富而又庞杂的萨满文化，又以祭祀中的高昂铿锵的诵唱为核心部分，常称为神歌、神词、祝词、祷词等等，并以口耳相传，面授其内容。我国历史上信仰萨满教的民族，还有蒙古族、鄂温克族、达斡尔族、赫哲族等，但仅有个别民族用本民族文字记载了所诵唱的神歌内容，满族就是其中之一。

用满文记载萨满教神歌的书，满语称为"恩都利毕特赫"或是"特勒毕特赫"，即"神书"或是"上边的书"，也是"神书"之意，民间常称为"神本子"。这种神本是什么年代用满文记录下来的呢？根据神歌所使用的满文来看，是以新满文为主，掺杂着许多老满文的音节和词汇。老满文创立于明万历二十七年（1599），新满文创立于1632年。所以，自此以后，官方就完全用规范化的新满文，书写了大量的文书档案，而在满族民间，虽然也推行了新满文，但民间文化则有它自己的发展规律，即相对稳定的传统性仍起作用，个别老满文的词汇还在流行着，因此，我们说满族民间艺人用满文记录萨满神歌的年代，应是1632年前后。最晚也晚不过乾隆十二年（1747），因为乾隆十二年时，由于认识到逐渐走向衰化的原始信仰——萨满教，已不适合社会的发展需要，对它进行了规范化，以下圣旨的方式，将萨满中大量原始古朴的动植物神和英雄神删掉，使满族萨满教走向规范化，实现了以祭祀祖先为主要内容的家神祭祀。

近十几年来，北京、东北等地的满族文化工作者，不辞辛苦深入边陲，在大小兴安岭的满族聚居区，收集到大量的萨满教神本，所用文字大都是用汉字注音的满文，少量是满文的。之所以将神歌用汉字注音，其原因是自满族入关进驻北京、统治了全国以后，逐渐接受了汉族文化，说汉语、识汉字已成为不可阻挡之势，满语被淘汰也势在必行，而萨满神词的诵唱，又只能用满语。所以，为了不让这部分认为是其"根基"的原始信仰付诸东流，满族民间艺人便用汉字注音了萨满教神歌，以让子孙后代永远流传下去。

那么是什么时候开始用汉字注音的呢？用汉语代替满语，是一个长期的渐进过程，而在民间，这一过程更为缓慢，故汉字注音神词是很晚的事。我们在吉林省九台县小韩乡，对石姓家族做萨满教调查时，大萨满石清山（已故）、家萨满石清民和石清泉反映是在康德（即溥仪在东北所建立的伪政权）年间，由本姓家族的另一聚居区——东阿屯的石延三将满文神本用汉字注音了。这就是说，应是21世纪30年代前后。满族其他姓氏，基本也是在这个时期将满文神本用汉字注音的。

十多年来所搜集到的几十册神本，大部分保存在东北地区的有关单位。本文将选录的是石姓神本中的第一篇神歌。

石姓，满文是"石克特立哈拉"，正黄旗，现居住在吉林省九台县小韩乡和东阿屯。该姓氏原居长白山、辉岭等地，后随努尔哈赤起兵南下，进驻今沈阳郊区，在顺治元年时，原是兄弟三人的石姓，有两兄弟进驻北京近郊并落户，最小的名曰吉巴库，奉旨前往"乌拉等处、采珠、捉貂等"（见石姓家谱），随即赴打牲乌拉总管衙门当差。今天的小韩乡和东阿屯就是石姓吉巴库的后代。

石姓的萨满神本共六册，小韩乡和东阿屯各三册。东阿屯三册神本的神歌内容都相同，只是篇目的多寡不一，最多一本有47篇，最少一本有33篇，均由大神和家神神歌组成。小韩乡的三册中，有一本为满文词汇，并非神歌，其他两册为大神本和家神本，大神本为33篇，家神本为10篇。这6册神本全部为汉字注音的满文，是用很粗糙的高丽纸书写而成。神本的大小，小韩乡和东阿屯本各为不同的规格。小韩乡为24开纸，东阿屯本是16开纸，分别保存在两地的萨满手中。

石姓萨满以独特的跳神技艺著称于吉林、乌拉街一带，如跑火池、钻冰眼等。据说，在"文化大革命"之前，该姓氏仍保留着全部萨满神器和完整的跳神仪式。1957年曾举行过学习萨满神歌的活动和跳神仪式。

自满族上古时代就流传下来的萨满教，今天所收集到的资料，除仍保留着原始风貌之外，还含有经过衍化后的内容。在石姓神本中，记录了大神和家神两种祭祀活动。大神祭祀，也叫野祭，其内容丰富，凡是天上飞禽、地上走兽，宇宙间天、地、日、月以及自然界的江河草木、人和风雨雷电等，都是崇拜和祭祀对象。大神跳神舞蹈有两种：模仿动物爬行、号叫、飞行等动作的模拟性舞蹈和以表演英雄神灵英雄行为的表演性舞蹈，如按巴瞒尼等。这种原始古朴的萨满跳神仪式，是满族上古时代萨满教的原始内容，因此，我们说大神祭祀活动是满族萨满教原始形态。家神祭祀，也称为家祭，以祭祀祖先为主要内容，只是击鼓而跳，没有模拟和表演神灵的舞蹈动作了。所以，我们以为这是满族萨满教衍化后的后期形态。这两种形态，在石姓神本中都有充分表现，是至今保存较完整的萨满神本，又是较典型的萨满教神本。

下面刊载的是石姓小韩乡，记有33篇大神神本中的第一篇神歌，称为"按巴瞒尼"，直译过来是"大英雄"神灵。1987年3月吉林省艺术集成办公室，曾组织跳神录像，"按巴瞒尼"神是被录像之一。当时充当大萨满的是东阿屯的石宗轩，当年65岁（1990年去世）。按巴瞒尼神的跳神是表演性舞蹈。老萨满石宗轩手抓两个直径为半尺长的托立（即铜镜，又叫神镜），随着鼓点，翩翩起舞。他左右舞动着托立，两手闪闪发光，一会儿向前冲去，一会儿舞动托立旋转等。正像神词中形容的："手执大托立，两手明晃晃。

头戴双鸟神帽，犹如凤凰美丽，又像展翅飞翔。"

在翻译这篇神歌时，我们尽量保留满族原始信仰的风貌，民间风俗和民间常用的满语词汇如"瞒尼""托立"等，同时为了神歌的结构和语气的完整，增加了一些必要的意译。

译文：
①有什么原因，
②为了谁家之事请神，
③居住在白山山峰上，
④由高高的天上降临，
⑤在日、月中盘旋的。
⑥按巴瞒尼[①]善佛等。
⑦手执大托立[②]，
⑧两手明晃晃。
⑨头戴双鸟神帽[③]，
⑩犹如凤凰美丽，
⑪又像展翅飞翔。
⑫手执两个大托立，
⑬按巴瞒尼神，
⑭飞速舞动着，
⑮仿佛两位神灵，
⑯沿松花江而降临。
⑰今有石姓来恳求，
⑱萨满何属相[④]。
⑲屈身在尘地，
⑳跪在七斗星[⑤]前祈祷。
㉑逐一[⑥]请神灵，
㉒随降祭坛。
㉓因为东家站立着[⑦]，
㉔请快快降附萨满之身[⑧]。

㉕萨满虽学习着跳神[9]，
㉖但努力舞蹈跳动。
㉗萨满双手抓托立，
㉘左右上下舞动。
㉙逐句高声诵唱，
㉚他人小声回答[10]。
㉛点燃了一把把汉香[11]，
㉜双手高举过头，
㉝供献在高桌上，
㉞敬插在七星斗中。
㉟转圈舞蹈着[12]，
㊱由房门进入室内[13]。
㊲东家何属相[14]，
㊳众侧立学习着诵唱[15]。
㊴东家曾上牙碰下牙，
㊵许下了诺言，
㊶举办祭祀，
㊷今必须采纳。
㊸今已度过绿春之际，
㊹迎来了富秋之时。
㊺送走了旧月，
㊻迎来了新月。
㊼在新的好日子里，
㊽在洁净的吉祥月里[16]。
㊾淘净了供米，
㊿泼了泔水[17]，
(51)制作了供糕。
(52)点燃了阿眼香，
(53)燃着了年祈香[18]。

(54)早买了神猪，

(55)喂养在家中庭院里。

(56)今将神猪废命，

(57)备做了清洁的阿木孙肉⑲。

(58)遵照传统礼仪，

(59)供献于神灵。

(60)乞请诸位神灵慈爱，

(61)在神坛前求吉祥。

(62)年老的康宁，

(63)年幼的健康生长。

(64)三角清查，

(65)四方追赶⑳，

(66)各处干净。

注释：

①按巴瞒尼："按巴"是"大"之意，"瞒尼"是"英雄"之意，应译为"大英雄"。关于"瞒尼"一词是"英雄"的论述，请参见宋和平《满族"瞒尼"神释析》①。

②托立：铜镜，满族民间常称为"神镜"，是萨满教中的重要神器。萨满跳神时，不仅有的神灵要手执托立，如按巴瞒尼，而且它又是萨满神帽上的重要装饰品，其个数是随满族姓氏的不同而异，石姓萨满神帽上有三枚神镜。

③神帽：萨满跳神要戴特制的神帽，其式样和所用原料因民族而异。目前，我们所收集到的满族萨满神帽，都是用铁打制而成，上有4—5尺的彩带，并装饰上铁制的鸟和铜镜。神帽上鸟的多寡，表示萨满神通的高低，最少是一只鸟，最多是九只鸟。石姓萨满是戴一只或是两只鸟的神帽。本省杨姓神本中曾出现过九只鸟的神帽。

① 《北方民族》1990年第2期。

④萨满何属相：这句满文是"爱啊（牙你—偏音字）沙玛我贞得"。"爱啊"（牙你—偏音字）应译为"何属相"，其中的"（牙你—偏音字）"是"你"和"牙"相切。"得"是"在"之意。"萨满我贞"中的"我贞"是"主人"之意。"萨满我贞"直译为"萨满主人"，但我们只译为"萨满"了，其原因有三：其一，我们必须回顾萨满教的历史。在很古的时候，也就是在氏族社会，甚至是母系制时期，萨满与氏族长、部落酋长是分不开的，萨满与酋长兼于一人之身。这一点，我们从满族傅英仁先生讲述的许多神话中可得到充分证明。如已出版的《他拉伊罕妈妈》《多龙格格》《鄂多哩妈妈》[①]等。这里的他拉伊、多龙、鄂多哩既是萨满，又是氏族长，或是部落酋长。这里的"我贞"是一氏族之"主人"，即氏族长，也是萨满。其二，萨满教的历史还告诉我们，在原始民族的氏族社会里，还有一段是人人都可以充当萨满的历史时期，那时每个人都有自己的保护神，举行祭祀时全氏族成员都参加跳神，但是，为氏族求太平和除病灾时，就必须从众萨满中选择一巫术高强的萨满来具体承担，所以这里的"我贞"就是众萨满中之"主"了，故"萨满我贞"就是指"萨满"。其三，东阿屯神本中的神词旁，注有简单的汉意，在"萨满我贞"旁注为"萨满"，这样就为我们只译为"萨满"提供了充分理由。

萨满何属相是指萨满跳神时要报明自己的属相，如属羊、猪、龙等，意思是告知神灵尽快附身于该属相的萨满之体。

⑤七星斗：满文是"那丹乃脾"。是萨满举行跳神仪式时，设在庭院中，影壁墙后面的，一尺见方（也可以再大一点）的，摆放在高桌上的木制斗，称为七星斗。从石姓来看，斗中之物为五谷杂粮，并插上成把的汉香和大弓箭。从"七星斗"中所盛之物来看，它已是满族从事农耕生产，学习汉族文化的象征了。

⑥逐一：满文是"阿那莫"。萨满教是以万物有灵为思想基础，

---

① 傅英仁：《满族神话故事》，北方文艺出版社1985年版。

石姓神本中就记载了上百位神灵。萨满在举行跳神仪式时，第一个跳神仪式就是"排神"，把本姓氏所有大神神名都诵唱一遍，最后还诵唱一句"统请"，意思是让各位神灵降临祭坛，纳享供品。这里的"逐一"除了是指"排神"以外，还指在请"按巴瞒尼"神灵的同时，也不排斥其他神灵降临，所以许多篇神词中，都有"逐一乞请众神灵，随降祭坛"（满文为"阿那莫所立莫打哈莫"）的语句，其原因是怕神灵降罪于人们。

⑦因为东家站立着：满文是"我贞赊莫一立合"。这里的"我贞"是指举办跳神仪式时，家族中的主办人，一般都是德高望重的老者。故"我贞"在这一句中应译为"东家"。这样，"我贞"在神歌中就有两种含义了，一种是"萨满"，另一种是"东家"。什么地方应译为"萨满"或是"东家"，需看神歌中的上下文而定。"因为东家站立着"这句话是为了表现东家对神灵的恭敬和礼仪，同时对跳神的萨满也起着激励的作用。

⑧降附于萨满之身：满文为"我贞博热得兴俄脾"，简称为"附身"。它是满族大神祭祀（也叫野祭）时，大萨满跳神活动中的一种体现，就是大神神灵附在萨满之身，使萨满进入昏迷状态，通常称为萨满昏迷术。当萨满进入昏迷状态后，他已不能表现自我，而是要表现神灵的意志和愿望了。如本篇介绍的按巴瞒尼神灵附体后，萨满的言语行为都代表按巴瞒尼神了，传达按巴瞒尼的意志了。萨满的昏迷术是萨满教的重要内容，是一个涉及多种学科、复杂而又神秘的问题，这里不多加评述。

⑨学习着跳神：满文为"沙玛赊莫他七脾"，这一句实为谦虚之意。萨满跳神时，不仅要击鼓而跳，表演许多舞蹈、模拟动物爬行、号叫等，而且还有高亢、雄壮、有固定曲调的诵唱。每位神灵的跳神活动，都是简单、粗浅的舞台艺术表演。在戏剧、电影、电视等娱乐形式未出现的时代里，尤其是在那些穷乡僻壤之地，这种宗教跳神活动，客观上为人们提供了娱乐机会，所以每当萨满跳神时，围观者人山人海。如1957年，石姓在东阿屯举行跳神时，竟

被人们拥挤得不能继续表演了，最后不得不终止跳神活动。同时，更重要的是，早些时候，跳神中所诵唱的满语神词，人们都能听懂。所以萨满和助手恐怕跳神、诵唱中有万一之失，当众出丑，这是其一。其二，害怕有伺候不好神灵之处，怪罪于人们，所以诵唱的神词需要有些谦虚之词，以取得人、神的谅解。

⑩逐句高声诵唱，他人小声回答。满文是"按巴鸡干阿那莫，阿几各鸡干札不勒"。神歌的诵唱形式是多样的，有助手一人独唱，有萨满与助手一问一答的诵唱，还有助手一人领唱，其他人接声的诵唱等。这里是一人领唱，其他人接声的诵唱形式。

⑪点燃了一把把汉香：满文是"巴克山先博打不勒"。"一把把汉香"是指插入设在庭院里，摆在高桌上七星斗中的汉香，即汉人使用的香。满族插用汉香的数量与汉族截然不同，汉族仅用三炷香插入香炉内，而满族则是一把一把地插入七星斗中。一把的数量可多可少，至少的像核桃那么粗，多的像茶碗口那么粗，满族民间称这种香为"把子香"。

⑫转圈舞蹈着：满文是"佛拉郭所含"。这里是指萨满跳神时，由院内准备进入房内的舞蹈动作。这一点，笔者可以用观看录像时的亲眼所见来证明：当老萨满石宗轩跳动着进房门时，他就在门口舞蹈着转几圈，这时助手就面对着他，倒退着击鼓而走在他的前面引行，与此同时，围观的群众也让出门口之路，于是他便跟着助手进入房内。由此看来，这句神词是发出萨满进屋、观众让路的信息。

⑬由房门进入室内：它的满文是"吴车杜卡多西腓，各棱杜卡多西棱我"。这两句满文是具体描述萨满由庭院里到室内西炕祭坛的行程路线。满族的房屋结构是坐北向南。有的是两间房，有一间西房，开门向东在东边房间里，东房开门向南。有的是三间房屋，东西两间厢房，厢房均开门在中间房屋内，中间房屋的房门仍开门向南。神词"各棱杜卡多西棱我"是指进入东房或是中间房屋向南的"门"，而萨满跳神的场地是在西屋（或是西厢房）内，也就是

满族在西墙下，西炕上所设的祭坛，这就是众所周知的满族以西为大的原因。所以萨满还必须有西厢房的开门向东的房门，进入西炕的祭坛前，也就是满文"吴车杜卡多西腓"。神歌中，这两句满文只译为"由房门进入室内"。

⑭东家何属相：满文是"卧思浑哈哈爱阿"（牙你——偏音字），直译为"小男人何属相"。石姓东阿神本中，在"卧思浑哈哈"旁注为"东家"。笔者在小韩乡调查萨满教时，老艺人石清民说是"老家"。因此，我们也译为"东家"。这就像中国古代人常自称为"愚者"一样的道理，是自谦之意。

⑮众侧立学习着诵唱："众侧立"的满文为"阿立不勒侧立子赊"，译为"充当众侧立子"。"侧立"是大萨满的助手，其主要作用是击鼓助威，并诵唱神歌，有时配合大萨满跳神，如朱录瞒尼、金花火神等。还为大萨满穿戴神衣神帽、准备祭品等。满族民间常称他们为"侍候神的人"。"学习着诵唱"的满文是"他七不腓胡拉莫"。这句与前面注释⑧一样，是自谦之意。

⑯在洁净的吉祥月里：从"度过了绿春之际"到"洁净的吉祥月里"，满文是从"任牛尖牛勒立博杜棱不腓"到"叭一三博勒浑得"，是记述萨满举行跳神的时间。萨满跳神在满族民间称为"烧香"。从烧香的内容来看，共有四种：一是因有病、盖房、搬迁等许愿而烧香，称为"还愿香"。二是因为学习萨满，为让新萨满有机会参加跳神活动而烧香，叫"烧官香"。三是秋收后，为庆贺一年来的人畜平安五谷丰收，感谢神灵的佑护而烧的香，叫"太平香"。四是逢年过节烧香，叫"年节香"。这四种香实为两种：一种是还愿香，另一种是为求太平、保健康而烧的太平香。除年节香外，其他烧香时间，多在一年秋收以后举行。人们不仅借此机会欢乐一场，更主要是感谢神灵一年来的佑护，所以秋天是举行萨满跳神的好季节，当然，还愿香如果急需的话，也可以在其他时间里，择吉日而行。在萨满神本里，每篇神词中几乎都强调了这一良好季节。

⑰泼了泔水：满文是"舒拉博遂他腓"。"泔水"是指淘过米的水。按照萨满教传统祭祀礼仪，淘米所用的水是刚从井里打来的水，满族认为这是净水，泔水也必须是泼在村外僻静而又干净的地方。总之，从淘米到制作成供糕，其中还有许多的传统的固定的具体要求。但神词中仅记述了这一句，其原因是满族认为淘米是做供糕的关键环节，所以，神词中强调了这一句。

⑱阿眼香、年祈香：满文是"阿眼先博阿那莫牙禄腓，年秦先博阿眼杜莫打不腓"。阿眼香和年祈香都是由生长在长白山上的两种不同的荆棘，将其叶晒干研制成的粉末香，这是满族萨满教祭祀中所特有的、带有民族特色的一种香。"年祈香"含有年年祈祷之意，有时也可以写作"年旗香"，是满族旗人（满族八旗之意）所用之香。

⑲阿木孙肉：满文为"博勒浑敖木朱博勒合腓"。"阿木孙肉"是"祭祀肉"之意，是牺牲供品。能作为牺牲供品的动物很多，如猪（早期可以用野猪）、牛、羊、鹿、鸡、鸭、鱼等。满族主要用猪，称为神猪，宰杀后就是"阿木孙肉"。满族认为萨满教中用神猪是一种神圣而又严肃的事情，所以，从猪的来源到制作"阿木孙肉"的全过程中，也有许多传统礼仪，如神猪必须是从很小时就购买来，特殊喂养在庭院里，在杀神猪时，必须是立刻丧命等具体要求。在制作"阿木孙肉"的礼仪上，讲究就更多了。产生于人类氏族社会时期的萨满教，在祭祀活动中，不管是用野猪时代，还是用家养的神猪时代，都是用整只猪祭祀神灵。在近代满族萨满祭祀中，仍保留着这种原始的祭祀方法，即用"燎毛猪"和"摆腱"。"燎毛猪"是将神猪宰杀后，整猪架在火上烧，等猪毛燎光后，即可供于神坛前。"摆腱"是将猪宰杀后，用热水褪毛，把猪分割成八块、九块、十三块不等，再按活猪趴卧的样子，按顺序排列起来，意思是整猪供献神灵。分解块数的多寡是随姓氏的不同而异，石姓的"摆腱"是将猪分解为：猪头、猪背、两片肋骨、四个猪蹄共八块。满族就用这种方法，保持着整猪祭祀神灵的古老风貌。

⑳三角清查，四方追赶。满文是"依兰八刀口所一克赊莫，堆七八刀口子阿莫查莫"。信仰萨满教的满族认为，在宴请众神灵以后，诸位神灵必须即刻回到各自的山头楼阁，进行修炼，不能停留于乡、屯之中，所以要清查，这是其一。其二，在满族的心目中，认为可以借此机会把家中、族内各种不利于人的妖魔鬼怪通通赶走，所以也必须认真清查，追赶。其目的是保证太平无事。

原载《世界宗教研究》1992年第4期

十一

满族石姓神本简述

石姓，满文为"石克特立哈拉"，佛满洲，正黄旗。现居住松花江岸的吉林省九台县小韩乡和东阿屯。根据石姓家谱和长辈传授，该姓原居长白山辉发河附近，后随努尔哈赤起兵南下，进驻今沈阳西南郊区。顺治元年，石姓三兄弟中有两人随军入关，后于北京近郊驻扎并在该地落户。另一人，即兄弟中最小者其名为吉巴库，奉旨前往乌拉等处采珠、捉貂，离沈阳，前往今吉林属地的打牲乌拉总管衙门当差。该家族最早落脚于小韩乡，后家族衍蔓，分居小韩乡和东阿屯两地。现存家祖神楼在小韩乡。

石姓的萨满神本传承久远，因其萨满教活动历久不竭。"文化大革命"前石姓最后一次大规模的萨满教祭祀是在1957年，那是在自10月15日至12月25日，历时70天的全家族在东阿屯举行的学乌云（萨满培训班）之后。其时盛况空前。在东阿屯大坝南的场地上，人山人海。当地县政府和公安部门都派人来观察和维持秩序。由于人员太多，出于安全起见，原准备跳三天大神，结果只放了两个神便匆匆收场了。

现存的萨满神本标示的时间1957年是最后的年限。这是因为它们是1957年10月15日开学乌云时所用的教科书。如石殿岐保存的《满语汉文神谕》上标有这样几个时间："（1）大中华民国三十五年正月十一日立；（2）满洲帝国康德陆年十月二十日开学；（3）1957年十月十五日开学（封面上三次书写此日期）。"

石清民保留的《满汉兼谣神册》[1] 上示年代为："中华民国

十七年自孟春至暮春月初六日起初八日止吉立。"目前调查所见的石姓萨满神本共六册。其上所示的最早时间为20世纪20年代末，最晚为1957年。显然这些相似的神本会有更早的摹本。石姓的萨满神本分布在小韩乡和东阿屯，各为三册。从形式来看两地有明显的差别。小韩乡版本为二十四开本，东阿屯则为十六开本，小韩乡的神本将家神与大神分开，册立家神本记录了10篇家神神歌，和大神本——内载35篇神歌，同时附有神名谱列。第三册为"杂语本"，即满语词汇，记载了祭祀常用词1200余个。东阿屯的三册神本都是家神和大神合订本，其中石文才保存的神本篇数最多，共含神歌47篇，其中家神9篇，大神38篇。石殿岐和石殿发保存的神本各有神歌34篇，家神歌10篇，大神歌24篇，每册后附有词汇50余个。相比之下，小韩乡存本规范一些。小韩乡与东阿屯的神本传承在很长的一段时间内是各自独传，不相袭用，这是两地神本差别的主要原因。从时间来看，小韩乡本为期较早，标示为1928年，且神本分类明确，内容规范；东阿屯本标示的最早时间为1946年。若两乡相抄袭的话，时间较晚的东阿本不会不取小韩乡本的长处。另外，东阿屯的三册神本，除篇数多寡不一外，神歌内容大致相同，尤其石殿岐和石殿发存本完全相同，显然是同一神本的转抄。

  石姓两地的六册神本全部使用汉字转写的满文，其纸为粗糙的高丽纸。它们分别保存在两处的萨满和助手手中。同时不难发现，由于神歌内容的相似性，石姓神本一定源于一个共同的摹本，它早于1928年，即在现根据神本年代标示的所知的时间之前。另外也不排除其后一段时期内两地神本的相互影响。因为毕竟他们是驻地相距不远的同宗同祖家族。例如1957年历时70天的学乌云，两乡的石姓族员是在一起学的。现将石姓神本内容差别列表如下。

  表一说明，石姓的家神神本内容基本相同。即使神歌内容有些差异，但在仪式中演唱的其他神歌内仍然包含着似缺失的内容。

十一　满族石姓神本简述　111

附表一　　　　　　　　石姓神本内容一览表

家神歌＼版本	石殿岐（东阿）版本	石殿发（东阿）版本	石文才（东阿）版本	石清民（小韩）版本
南炕	√	√	√	√
西炕	√	√	√	√
淘米	√	√	√	√
换锁	√	√	√	√
奥都妈妈	√	√	√	√
顺星	√	√	√	√
祭天	√	√	√	√
升斗回话	√	√	√	
又回话	√	√		
领牲	√	√	√	
求太平				√
除病灾				√
出兵				√

附表二　　　　　　　石姓神本中瞒尼神一览表

瞒尼神＼版本	石殿岐 石殿发	石文才	石清民
头辈太爷	√	√	
排神	√	√	√
按巴瞒尼	√	√	√
胡烟瞒尼	√	√	√
多洛瞒尼	√	√	√
玛克鸡瞒尼	√	√	√
赊冷泰瞒尼	√	√	0
依兰阿立瞒尼	√	√	√
查憨布库瞒尼	√	√	√
舒录瞒尼	√	√	√
尼贞布库瞒尼	√	√	√

续表

瞒尼神 \ 版本	石殿岐 石殿发	石文才	石清民
巴那额真扎克他瞒尼	√	√	0
伏亲瞒尼	√	√	0
我业巴瞒尼	√	√	0
巴图鲁瞒尼		√	√
巴克他瞒尼		√	0
朱录瞒尼		√	√
舒业巴瞒尼		√	0
德利济瞒尼		√	0
德勒布库瞒尼		√	0
胡牙乞瞒尼		√	√
梯梯库瞒尼		√	√
丝各乞瞒尼		√	0
德勒鸡瞒尼		√	0
按巴阿立瞒尼		√	√
沙勒布库瞒尼			√

注:"0"表示该神名出现在石清民本的神谱中。

附表三　　石姓神本中动植物神一览表

动物神 \ 版本	石殿发 石殿岐	石文才	石清民
德热他思哈恩都立（飞虎神）	√	√	√
山跟木克嘎思晗（白水鸟神）	√	√	√
扎坤打扎破占梅合（蟒神）	√	√	√
按出兰鸦浑（鹰神）	√	√	√
【瓦秃】木杜立恩都主（金炼火龙神）	√	√	√
牙亲娄付（黑熊神）	√	√	√
必楼他思哈（母卧虎神）	√	√	√
玄虎神	√	√	
【瓦秃】牙拉哈吉哈那（金钱豹神）	√	√	√
爱打诨（公猪神）		√	√

续表

版本　　动物神	石殿发 石殿岐	石文才	石清民
牛胡力（狼神）		√	√
扎拉呼（豺狼神）		√	√
爱心克库（金鸦神）			√
蒙文克库（银鸦神）			
按巴代朋代明嘎思哈（雕神）			√
代兰嘎思哈英兰嘎思哈（旷野鸟神）			√
山眼嘎思哈（白鸟）			√
爱心【瓦秃】叶哈恩都力（金花火神）			√
爱心【瓦秃】布勒合恩都力（火炼金神）			√

表二说明，石姓所祭祀的瞒尼神名字和数量基本一致。所不同的是：a 东阿屯石文才本记载的瞒尼神歌最多，比小韩乡石清民本多出十一位瞒尼神歌；b 小韩乡本中没有头辈太爷（萨满祖师）神歌；c 小韩乡石清民本后附有的神谱中包括比石文才本缺少神歌的十位神名。

表三说明，石文才本动物神歌较之石清民本为少，数量差距较大，石清民本比石文才神本多出 6 首动物神歌。

总之，石姓神本虽为六册实为两类，一类以石清民本为代表，另一类以石文才本为代表。总的看来两者内容大体一致，特别是家神与大神两部分差别甚微。石姓神本以大神神歌为主要内容。

石姓神本的使用主要在两种场合，一是学乌云期间，神本作为培训萨满和萨满助手即侧立的教习课本，二是在祭祀时萨满与侧立唱答、赞诵时使用，其时主要是侧立演唱。也许正因为如此，神本主要保存在侧立家中。

根据神本内容，参加者在培训期间可以学到本族历史、神歌演唱、满语等。老侧立一篇一篇地口授神歌，学者需要死记硬背，同时老侧立还要讲解神词内容，教授击鼓、舞步等基本祭祀知识。在萨满活动频繁期，根据需要，族长和德高望重的侧立决定学乌云的日期，有时一年，有时二三年就举办一次。学乌云所学费用由全体族员均摊，每一家都愿意让自己的男孩参加学习。几乎每个石姓男性成员都有学乌云的经历。当然族长和老侧立们有权选择学乌云的人选。参加学乌云的孩子必须经过抬神。所谓抬神，具有向神许愿性质。其时男孩们坐在南炕上和西炕前的长凳上，穿着新媳妇穿过的红棉袄或披红布系红带，孩子的父亲在后面扶着他的肩膀，萨满击鼓祝祷，求神灵保护孩子健康成长。还愿烧香一般为一天的时间。在学乌云的课堂上，常常多达二三十个孩子，但随着学习的进展，常常淘汰一些成绩不好者，往往学成之日只剩下四五个人，有时甚至只有 1 人。参加学习者一般是想成为萨满助手的人，一些"神抓"萨满，根据本人意愿，也可以参加，也可以不参加。人们认为大萨满是在梦中到长白山上去学习的。1987 年在石姓进行萨满跳神录像时，侍候萨满的主要侧立有石清泉（当时（下同）70 岁）、石清民（73 岁）、石殿岐（64 岁）、石文才（69 岁）、石文泰（68 岁）、石宗祥（47 岁）、石清成（42 岁）等，他们都是在十岁左右学乌云的，最年轻的一批是 1957 年最后一次乌云班的学员。

　　石姓的侧立分五种不同的等级，这是根据年龄和掌握萨满祭祀仪式技术的熟练程度来划定的，后一种条件起主导作用。

　　第一级助手年龄最小，地位最低，称"阿几格侧立"。"阿几格"，满语，意为"小"，即"小助手"，年龄在 10—15 岁。只做传递祭器等简单工作。

　　第二级称作"德博勒侧立"，年龄 20 岁左右。"德博勒"是"崽子"之意，此为不成熟的助手，做传递供品等工作。

　　第三级是"阿西罕侧立"，"阿西罕"是"青年"之意，年龄25 岁左右，即青年助手。

　　第四级称"按木巴侧立"，也叫"按木巴色夫"。"按木巴"是"大"之意，"色夫"即"师傅""老师"之意。即"大助手"或"大师傅"，年龄在 35 岁左右。

第五级叫"萨克达色夫"。"萨克达"是"老者""老"之意，就是老师傅，在40岁之后。这一级最有权威和地位。除了对族里重要事务有着决定权之外，在祭祀中，他们请神、送神，都是坐在神堂前诵唱神词，不跪请送了。石清民、石清泉、石文才、石殿发等就是这一级的侧立。

侧立主要在祭祀仪式和跳神中起作用，这也是神本的主要使用场合之一。

石姓的家神祭祀为百神合祭，领牲、淘米、南炕、西炕、祭天几篇神歌，每祭必唱，由侧立一篇一篇地唱。如为出兵跳家神，侧立要唱出兵神歌。也有专门唱求太平、求子等家祭神歌。家祭是侧立的职责，他们为主祭人。

石姓的大神祭祀形式为百神单祭，哪位神灵附了大神的身体，但唱对该神的请送、赞诵神歌，这时侧立为神歌的主要唱者，负责担当侍候附体大神，并答对大神问题的任务，除了长期以来形成的对每个神灵固定的唱颂内容外，大神常常即兴提出许多问题，因此侧立不仅要背熟原有唱词，还必须有灵活性和即兴对答能力，如侧立能力差，常常被问得张口结舌，出尽洋相，据说多霍洛瞒尼是一位傲气十足、好刁难、喜欢提稀奇古怪问题的神。他来的时候，侧立很难侍候。因此祭祀的时候像一个赛场，侧立在此时进行了充分的表演。侧立的才华不仅得以展示，也是祭祀成功的关键。满族人家跳大神时素有"三分萨满七分侧立"之说，可见侧立的重要性。

石姓的大神分两部分，一类为瞒尼神，即英雄神，人们曰请神。这类神请来（即所谓附体于萨满之身）后，一般要与侧立对答问题。另一类为动植物神，人们请这类神曰"放大神"。这类神来时主要为舞技表演，没有语言提问，侧立对他们负责唱请送，赞诵神歌。

总括起来，侧立在祭祀和跳大神时的主要工作：一是大萨满跳神时，众侧立击鼓助威，诵唱神歌；二是配合大萨满跳神，众侧立与萨满配合跳各种神舞；三是侍候大萨满，帮他系腰铃，戴神帽，传递萨满神器等；四是准备祭品和所用之物，如杀猪、做供糕等。

神本是侍候神的书，石姓相续不断的能够领神的大萨满们，在其进入"昏迷状态"时表演的"各种神灵降神会面"中充分领受了侧立们的唱念与扶持，同时也为侧立们提供了丰富的展示才华的机会。可以说，萨满降神活动是神本产生、巩固与规范、丰富的源头活水。在石姓有一批能力非凡的萨满，他们本身的活动就如一部石姓萨满文化史。

据石光伟研究员介绍，石姓从沈阳郊区迁到乌拉落户，已繁衍十五辈。在乾隆年间颁行《满洲祭神祭天典礼》以前，萨满活动没有间断。由于《满洲祭神祭天典礼》对满洲诸姓的萨满祭祀进行了严格的规范和限制，特别是对大神祭祀的取缔，使得石姓无法适应，无法祭祀，因此扣香（不再烧香祭祀）百余年。直到清朝末年，清统治者由于外忧内乱无暇顾及满洲诸姓的宗教活动，石姓像一些其他姓氏一样，重新开始了大神祭祀，五辈太爷是扣香后的第一位神抓萨满。

石姓认为，白山主（长白山）是家神案的祖神，也是石姓神抓萨满的缔造者，是他抓了石姓的头辈太爷，即第一位萨满神。

关于头辈太爷，在石姓的神本和人们的口碑中传颂着一个十分神奇的故事。头辈太爷娶了敖姓的姑娘为妻。一次石姓大萨满即头辈太爷与敖姓大萨满饮酒聊天。石姓萨满说"我能变青鱼过河"，敖姓萨满则称"我能坐鼓过河"。于是两人在江中比赛。神歌如此描述：敖姓大萨满手持金马叉，坐在神鼓上过河。像有八只眼睛，直盯着水面，加倍防备。我石姓大萨满变作青鱼，游至江中，将神鼓几乎弄翻。此时敖姓大萨满，手持金马叉，猛力叉去，我石姓大萨满身受重伤，伤势难愈。临死之前，对妻开言："我死后把棺椁放于松花江沙滩上，七七四十九日后，我便还魂复活。"其妻不守诺言，将此消息送于娘家。敖姓老少商议，连夜架木炭于棺椁之上。点烧木炭，熊熊大火，照亮了天空。第二天天亮，石姓族长看见火势惊人。其时鹰神、雕神各位神灵前来灭火。敖姓族人浇入酒、油，大沙滩上，火烧三天三夜。鹰神、雕神双翅和尾部受了重伤，各位神灵都返回长白山修炼。石姓大萨满虽被杀害，但经过火烧棺椁，炼成了金身、银身。就见大火之中，他化作一道金光上了长白山。在山上修炼20余年后，在石姓家族内抓了第二辈太爷。由于头辈太爷火炼金身，因此祭祀他的时候要跑火池。祭祀头辈太爷需要2000斤木炭，摆成长10米、宽5米、厚10厘米的火池，跑之前需将火炭砸碎，砸实。火池四周整齐，左右各有一个水缸，灌满水。由于神鼓被火烤得焦脆，需要不时地将鼓往水里泡，以防破裂。跑火池在冬天举行，跑前萨满带着侧立要净脚，用凉水将脚泡得十分干净后，才可以入火。他们在火池中奔跑时，速度相当快。这一隆重的火祭成为石姓展现头辈太爷神通的重要一幕。

  关于二辈太爷，神本和口碑中的故事不多，只知道他领神十余年，后归山修炼，抓了三辈太爷。三辈太爷是女性，降神时，萨满扭动身躯，抽着烟袋，像女人一样行走。三辈太爷抓了四辈太爷，四辈太爷领神三十余年，故后上长白山修炼，成神三四十年后，抓了五辈太爷多明阿。至今石姓和其他姓的老人们还讲述着一些五辈太爷的故事。

  五辈太爷是石姓百余年扣香之后的第一位萨满。神本记载，三岁之时，他身患重病，大萨满抓他，让他出马（当萨满）。此后十年大病不离身。其间神灵教他说满语，告诉他族史、祭祀知识。当时石姓长幼皆不懂满语，知烧香礼仪者甚少。于是族内商议决定，烧香祭祀之礼，敬献神主之事，必须子子孙孙接续下去，让五辈太爷领神。石姓传说，五辈太爷十几岁时便失踪了，原来是上了长白山，在那里吃野果喝雪水，与豺狼虎豹生活三年之久。回来后成了神通广大的大萨满，能开药治病手到病除，而且武艺高强，名扬方圆百里。也有人说他在长白山三年中"喝风咽沫"般修炼，练就一身非凡神通。五辈太爷之后的萨满都是他下来"抓"的，六、七、八几辈萨满至今还没下来"抓萨满",这可能是他们还没有达到能够"抓神"的神通。五辈太爷领神的本领至今仍传为佳话,他舞起三股马叉游刃如蛟,他领来鹰神能在树上飞跳如雁。传说五辈太爷一辈子不吃肉,最后因为吃了一次马肉(或说驴肉)竟去世了。五辈太爷迄今是石姓的主事萨满,凡族内办事都首先请五辈太爷下神,五辈太爷同意允许的事族人才肯去做。

一般来讲,只有有能力回族里抓萨满的去世萨满才能上神案上的萨满辈分。但石姓的第六、七、八、九辈太爷没有行过此事。石姓各支根据繁衍的情况,协商后,决定将几位能力很强的去世萨满添入萨满神位,让他们承受香火。这其中名气较大、事迹较多的是石殿峰萨满,他在神案中是第九辈太爷。

石殿峰1892年生,属龙,1961年去世,享年69岁,是五辈太爷抓的,1957年石姓全族的学乌云和烧官香均由石殿峰组织操办。1910年刚刚18岁的石殿峰在松花江畔展现了一个激动人心的场面,他在冰天雪地中居然潜入水里钻冰眼。钻冰眼之前,石殿峰在众人面前与为他担心的族长立下字据,说明一旦出现问题全由个人负责,死了不需偿命。其时他的举动轰动方圆百里,松花江两岸人山人海。传说他在冰冻二尺厚的江上一口气连钻九个冰眼。据石清泉介绍,他实际上是一口气钻了三个冰眼,连钻三次,共九个。石姓神案的影像中画有这位萨满在冰眼前手提马叉的姿势。

石宗轩萨满,1923年生,1990年去世。石宗轩不是神抓萨满,族人称他为接续萨满,是石殿峰去世后得神的萨满,他16岁开始学侧立。在学习过程中,他成天迷迷糊糊睡觉,可一跳起神来他所有的祭祀规矩、唱词、舞步全会,人称"小迷糊"。他喝酒很凶,每逢跳神必喝酒,不让喝酒不跳神。他一边跳神,人们一边拿酒供他饮用。1987年石姓萨满跳神仪式,全部由石宗轩来承担,这套珍贵的资料已被录制出版。

石清山萨满,1914年生,1987年去世,享年73岁。据传,石清山十六七岁时,一次赶大车到县城,回来的路上突然马惊了。在惊马奔跑随时都可能伤害人命的危险时刻，突然一位白胡子老头将马缰绳抓住，制服了惊马。石清山当晚惊吓成病，七天七夜不吃不喝。请萨满来看，说是要出马（当萨满）。石清山性格呆笨，嘴也不巧，不爱说话，身体也不灵活。当时一老侧立石清民提出他如此笨拙，侍候不了神。但神不答应，五辈太爷说，我就看中他了。于是办了许愿仪式，他的病也就好了。他懂满语，讲得也很好。据他说，病中的七天七夜是到长白山学习去了，学会了满语。此人样似笨拙，可一举行祭祀即灵便异常。每逢祭祀，石清山也必喝酒。人们印象中最深的是他领过熊神，熊神来时，他扛起车板满街跑，显示熊神力大无比。

石宗轩、石清山是石姓最后的两位萨满。目前石姓已无萨满。但根据几位老侧立判断，石姓在不远的将来还会出现萨满，因为他们得到了预兆。

根据神本判断，萨满的事迹是神本内容的重要部分，今天的口传，明天就是优美的神歌。了解了萨满，就掌握了他们的部分神本。另外，有些萨满也参加学乌云，如石宗轩、石清山等都是乌云班的学员。当然他们还有另外的途径学习萨满领神，学习满语。总而言之，他们熟谙神本的一切内容，是活神本。萨满自己也有神本，但一般不传，去世时随个人带走。萨满手中还有个人使用的占卜神本。

石姓萨满文化遗物在"文化大革命"浩劫中损失大半。神本几经周折，在几位侧立手中保存下来，实属不易。石清祯当时是村里的负责人，他怕萨满文物放到别人家不安全，就放到自己家里，就是这样也不敢全部保留，族内将一些瞒尼神偶、神鼓、腰铃、神裙、大神案、祖宗匣全部顺到松花江中，只留下家神案子。另在石清民手中保留下了铜镜。

1981年初，在积极发掘民族文化，以科学的态度研究原始宗教和音乐的满族学者富育光、石光伟的努力下，中国社会科学院少数民族文学研究所邀请了石姓的大萨满石清山，老侧立石清民、石清泉及石光伟等来京座谈，他们第一次将石姓全部神本交给科研单位查阅，这是萨满教研究界第一次获得完整的历史久远的第一手萨满文化资料。在各级领导部门的高度重视下，由宋和平同志负责翻译这套汉字注音、口语化了的满文材料。接着地方文化部门集中各方面的力量，开始了录制石姓萨满文化的工作，从而使一些研究者有机会目睹了萨满神本和萨满文化间的有机联系，从而为客观准确地研究神本资料提供了难得的科学依据。

1987年3月6日至3月10日以吉林省艺术集成办公室负责录制了石姓跳神仪式。这是一次从艺术角度，即音乐、舞蹈、乐器方面进行的发掘和抢救的工作。此次录像地点在九台县莽卡镇。石姓所在的小韩乡离长春较远，交通不便，而莽卡到长春仅有2小时的车程。这是选择莽卡镇的原因。石姓萨满和侧立则另有考虑。他们主要顾忌由于参加的人多不熟悉萨满祭神，怕请神和送神不顺利，给族人或给村里带来不安全因素，因此宁可离乡跑远路祭神。

无论怎样评估，这一次萨满艺术调查的结果远远大于考察者最初的目的。不但大量的萨满音乐、歌舞、打击乐伴奏项目被整理发掘，萨满教文化的广阔内涵也得以充分展示。古老文化斑斓迷人的状貌吸引了方方面面的学者，它的文字、民俗、历史、民族、考古、宗教、文学诸方面的深厚价值令世人瞩目。我们发现，石姓萨满祭祀本五就是神本的展示，是一种活态神本。总归起来有如下特点：

1. 这次萨满所请之神均在神本记载之中。此次大神祭祀共请二十一位神灵，其中二位太爷神，即五辈太爷和头辈太爷；十一位瞒尼神，他们是德拉鸡瞒尼、胡牙乞瞒尼、巴克他瞒尼、玛克鸡瞒尼、巴图鲁瞒尼、按巴瞒尼、查憨布库瞒尼、朱录瞒尼、扎克他瞒尼、赊棱太瞒尼、舒录瞒尼；八位动物神，即按出兰鸦浑（鹰神）、代明嘎思哈恩杜立（雕神）、山眼嘎思哈恩杜里苏录瞒尼（白鸟神与苏录瞒尼）、山眼木克嘎思哈恩杜里（白水鸟神）、托牙拉哈吉哈那（金钱豹神）、爱心托叶哈思杜里（金花火神）、必棱他思哈（母卧虎神）、扎坤打扎破占梅合（蛇神）。神本中记载了有关这些神灵的神歌、神绩，祭祀中不仅充分演唱，而且还通过萨满和侧立的歌舞表演予以生动活泼的展示。大神祭祀特点是来一个神领一个神，前后没有固定次序，因此这次的请神顺序也不可能与神本记录次序相同。

2. 请神时的歌舞表演，神器使用均与神歌描述相符，两者相辅相成。例如代明嘎思哈（雕神）的神歌赞道：

> 居住在白山天山山峰上，／金楼银阁中的雕神，／从高高的天上降临。／盘旋于日月间的大鹏鸟神啊，／凤凰一样的美丽，／在高空中飞翔……
>
> 在可爱的金窝，坚固的银窝中的雕神，／石脑袋、金嘴、银鼻子，／那铜脖子啊，／仿佛铁车轮一般。／皂青花色羽毛，／时而抖动。／展翅遮天盖地，／翘尾触动星星月亮，／可谓神奇灵通的鸟神……

石宗轩萨满在领雕神时，头戴长飘带神帽，双手各持一面大抓鼓，跳上两层相叠的高桌。两个鼓在他手臂上翻耍，犹如两个大翅膀飞翔。同时他的嘴部也在模仿鸟儿的样子扭动。他居高临下，抓鼓翻飞，真如歌中所颂，一副遮天盖地的雄姿。

3. 神歌的演唱基本定型。在诸神的请送中，在祭祀仪轨中所唱神歌都是神本中所记载的。演唱的方法有独唱、对唱（问答），有领唱合唱（帮腔）及多声部混唱。根据仪式需要，唱时有跪唱、站唱、坐唱、走唱等。神歌的种类包括请送神歌、排神歌、家神歌、大神歌等。石姓权威神本记有34篇神歌，此次演唱显然没有全部使用，也就是说这次祭祀并设有请下该姓全部的神祇。

4. 祭祀规法与神本一致并相互配合，共同展示祭祀内容。祭祀中家神案、大神案的供祀，供品制作与摆设，神器神具的传递与使用都有严格的规定和次序。每一步骤都以神歌的演唱为高潮，同时神歌的诵念对祭祀形式也是一种权威的确认。

总之，1987年的石姓萨满祭祀考察是一次成功的萨满教调查，石姓为我国乃至国际萨满教研究事业做出了重要贡献。

1993年3月吉林市满族文化研究会再一次录制了石姓的萨满祭祀，制作出版了十集《中国满族萨满祭祀》。其中包括家神祭和大神祭两大部分。家神祭有南炕家神祭、西炕家神祭、佛多妈妈祭、敖都妈妈祭。大神祭包括：排神、金花火神、安巴瞒尼、巴克他瞒尼、水獭神、鹰神、胡牙乞瞒尼、赊楼太瞒尼、查憨布库瞒尼、玛克己瞒尼、金钱豹神、扎克他瞒尼、白鸟神与朱录瞒尼、卧虎神、豺神、熊神、多阔洛瞒尼、雕神、野猪神、黔勒戈气瞒尼、胡烟瞒尼、座山雕神、巴图鲁瞒尼、火炼金神等。本次考察的目的是抢救、发掘、整理和研究满族历史、民俗、语言、艺术和萨满文化，用以弘扬民族文化，提高民族素质，繁荣中华民族文化。显然这是一种新角度的文化考察。

这一次考察的最大不同是此次祭祀中石姓大神萨满已全部去世，跳大神全部由家祭萨满（即侧立）承当。大侧立石清民、石宗祥、石殿发等都参与了大神表演。如石殿发表演了熊神，侧立石殿岐交给他一个马叉，两个人争拉起来，像拔大树一样，表现熊神力大无穷。石殿发表演的瘸神多霍洛瞒尼也惟妙惟肖。石清民表演了胡烟瞒尼，他使三股马叉于肩上、背后、身旁翻飞。石宗祥表演的水獭神舞姿优美俏丽。他手里拿着飘带，模仿水獭在水中游荡的样子，忽而斜插着快步舞来，忽而弦步飞一般滑去，如鱼入水，游刃自如。

这次还请了一批上次没有请过的神灵，他们是：豺神、熊神、野猪神、胡烟瞒尼、赊勒戈气瞒尼等。

无论从内容到形式，这后一次调查都丰富了我们的知识和思考。目前为止，关于石姓的萨满文化考察仍在深入，我们相信经过不断深入发掘，我们会越来越客观、准确地认识萨满文化遗产，并将其中的精华献给科学界和社会。

（与孟慧英合撰）

原载《满族研究》1994年第1期

十二

满族野祭神本初探

野祭，民间又称放大神，是指家祭之外的一种传统的古老祭祀活动。它是从原始社会延续下来的以祭拜氏族世代相传的众神，通过神灵附体的形式进行的降神祭神活动。野祭神本便是请神、萨满与侧立对答、送神等诸多神歌的记录簿，也兼有某些祭仪记载。

承袭野祭之家，在满族已属稀有，野祭神本就更为难得。可以说在某种意义上，它是古老萨满文化的活化石。它不但展现了古老萨满教神灵王国的奥秘，也在文化史、文学史上显示了人类古朴的文明与稚拙的大真。这其中有诗歌，有神话，也有故事。对形象、环境的描述在许多处都相当精彩。可以毫不夸张地说，野祭神本的保留，在人类文明史上是个罕见的奇迹。

这里我们仅就手中的石、杨、关三姓野祭神本进行探讨，在仍保留野祭神本的某些姓氏中，这三个神本具有典型性和代表性。

野祭神歌的演唱与家祭神歌不同。首先野祭神歌是配合萨满与侧立的舞蹈表演而唱，多数神歌是在动中唱。而且唱到有关形象的特点与技能时，舞蹈表演立即予以展现。如瘸神附于萨满身体后，萨满便立即表现瘸行步态；鹰神降临，萨满就要手持两把抓鼓，做展双翅飞腾状。其次，野祭神歌内容丰富。从形式上看其中有请神歌，附体之后神自唱的歌，侧立与萨满对歌，颂神歌，送神歌等。最后，野祭神歌中的文学手段丰富，有形象、有故事，较之家神歌，套句的运用只在某些祭祀程式或神祇上才运用，不像家祭那样一种套话适用于每个神祇或每个祭式。

野祭神歌是野祭的重要内容，它是伴随祭祀来演唱的。像家祭一样，野祭之始要设神案，常常是在家神案撤下后再摆放。也有的野祭在村外设野祭神案。

野祭神案又称大神案，各姓大神案不同，或说完全因姓而异。石姓大神案为画像，其上最高的是"白山主"神楼，其后是长白山神树与神鸟。下为五座神楼，第一辈到第五辈太爷端坐于楼中。第六位至第九位萨满神灵在神案上有名而无神楼。神楼周围的景物有树、云、鸟、兽等。神案上的图也含有人物故事，如神案下边有一人白布裹身，手持铁棒站在一冰窟窿旁边，这就是九辈太爷。九辈太爷名为石殿峰，他在1910年年方19岁时曾创下连钻九个冰眼的奇迹，画上标示的就是这段往事。神案旁绘的棺材，其下燃烧大火，这里说的是头辈太爷的故事。头辈太爷火炼金身的故事在石姓中有口皆碑。

杨姓大神案画有九个萨满和九座神楼，前五位老萨满都坐在动物身上。神像上方为长白山，两边有日月、树、鸟，下边有飞虎、豹等动物。

神案设立后进行总祭序的第一项仪式排神。所谓排神是指请神之前，对祭祀的诸神一一念诵，含请神享祭之意。

可以说排神神歌是萨满文学内容和描述手段的大荟萃。它内容丰富，形象逼真，夸张、比喻、象征层出不穷。它是萨满文学的宝库。

如石姓排神歌中唱颂的白山主玛法：

> 居住在长白山山冈上，
> 第九山峰的峰楼上，
> 统领七座帐篷，
> 成神四百余年，
> 带着风水龙脉，
> 沿着胡墩河降临的神主，

那是白山主玛法啊！
也是善于用兵的超哈占爷。
骑骏马，
红脸膛，
英俊的壮士，
四十名强壮骑士护卫，
二十名勇武骁将随行。

这样一幅壮美图画，只经几句点染，环境、人物就活现在人们面前。这些在人们长期祭祀生活的锤炼下成熟了的描述方式与手段，是野祭神本的重要文学特色。

关姓神本比较充分地描述了萨满神秘世界的环境与各位神祇的故事。几乎对每个神灵它都要说明一些关于它的特点、故事、居住地，因此是一部难得的萨满文学版本。现引一处：

爬上拉法山峰之巅，看见三级台阶，七位首领热情会面热闹寒暄。这中间有一位佩戴着九十九个铜镜的正在行走的瘸腿德德。

在缤纷峰上，第三级台阶，生长着榆树、桃树，还有两片平川。在湖的对面，富尔尖（赤）峰端，有二十七级台阶。首先入目的是一片黄色湖水，湖中央处曲曲弯弯，生长着各色花朵。花丛中还有一群马蜂。又见有一洞，洞底呈明亮的草地，野地中间有如烟般的湖泊，常常挂着霜冻。又见到一位挖了九条沟，在沟中穿行，进进出出的水獭兽。

这一段萨满神本中的描述扑朔迷离，新颖而离奇，充满魅力。

各姓排神中的也显示了不同神词风格。杨姓神词特别重于表示对神的虔恭与关心，石姓则主要强调神灵住处和降临路线。仅举石姓神本一段神词为例：

盘旋于日月间，
按巴瞒尼善佛，

手执大托立，
从辉发河降临。
所领是手执三股马叉的
胡牙气瞒尼神。
居住在白山第三山峰上的
高高山冈上，
金楼银阁中，
从辉发河而降临的，
是属虎的第二辈太爷师傅，
为神通广大的玛法神。
从赊勒河而降临的，
是手执铁鞭的赊棱太瞒尼善佛。
居住在第三山峰楼上的
巴克他瞒尼神，
他手执百斤重的激达枪，
沿着白山山路行走，
从讷音河降临。

关姓的神本也如石姓神本有着同样的特点。只是有的多了些叙事情节。仅举两例：

从松花江上游辉帕内东边，召达吉西边的康达拉紫高地降临下来的金盘瞒尼和金盘德德。他们是属马的萨满所收的神灵。

开天辟地之时，有九个奔跑的太阳，其中八个被遮挡，那是长长的花绸帕遮住了他们的脸，行此举的是阿尔苏拉布库色勒泰巴图鲁。随松花江降临的还有奔跑着传授种子的乌兰泰巴图鲁。

大神的请与送一般是在固定的地点进行。室外院心设立"七星斗桌",称"升斗桌",萨满与侧立在升斗桌前请送神祇。

七星斗桌,一种请送神祇的神坛。院心设一高桌,上置斗状器皿,内装米谷插燃香。有人认为七星斗是神灵来去的通道,或许这便是"升斗桌"名称的含义。

同家祭形式不同,野祭程式是分铺单请单送。由于神祇众多,便分成诸个单位,分批祭祀,每批为一铺。也有的认为神中也有神头,每铺是以请神头和它管辖的神灵划分的。我们这里择一段石姓请送五辈太爷的现场实例。升斗桌前,待神者为老萨满拴腰铃,系神裙,戴神帽。大神与二神同时击鼓。其他不下场的各位侧立随之击鼓,唱请神歌。二神击鼓,甩腰铃,做各种请神动作,直到五辈太爷降临,附在大神身上。二神问大神是哪一位神祇降临?大神回答本神为五辈太爷。二神引导大神进神堂,二神向大神报告何处是头道门,何处是灶君,何处是二道门。在灶君前大神礼拜。至大神案子前,大神与二神击鼓、甩腰铃、舞蹈、歌唱。二神歌中,向这位主事之神五辈太爷汇报了族里跳神祭祀情况,大神歌中表示对此次烧香跳神满意。接着唱送神歌,求诸神保佑石姓家族代代平安,人丁兴旺,请神回山。送神歌由高至低,由急到缓,由强到弱,寓意已把神送走。大神与二神送神到门外院中升斗桌前,将鼓放在升斗桌上,放铜钱于鼓上以占卜,并向鼓上洒酒,二神送大神(五辈太爷)。[①]

当全部神祇请送完毕,便撤下大神案子,撤升斗桌,撤供,神帽、神裙、鼓、腰铃等也被装入神箱子。

由于大神的请送是分批单个进行的,请送神词及对答词语也有些套句,所不同于家祭套句的是,它们必须与每一神祇的用语相契合,于是大神神歌的形式基本上是一神一诵,或一神一歌。

请神歌的内容包括报明身份,说明祭祀缘由和所请的神灵。例

---

① 参见石光伟、刘厚生《满族萨满跳神研究》,吉林文史出版社1992年版,第177页。

如杨姓所请的金雕神，满语称为爱心呆民恩都力，其神歌道：

> 杨姓萨满，
> 在七星斗前精心宴请，
> 在七星斗下恭敬祝祷。
> 东家何属相，
> 萨满何属相。
> 如今迎来富秋光景，
> 准备好了大阿木孙肉，
> 制作了大阿木孙肉，
> 恭敬奉献上方神灵。
> 引燃了朱录香，
> 插上了汉香。
> 院内圈养神猪标致肥壮，
> 将猪抓来绑好，
> 按节行刀，
> 神猪立刻毙命。
> 取来金银河水洗净，
> 连细微碎毛也剔除干净，
> 放入金槽盆，银槽盆中，
> 摆在矮桌子上供献神灵。
> 在星星闪光之时宴请神灵。
> 小萨满头戴九鸟神帽，
> 高高欲飞，
> 威力无比。
> 金雕神啊，
> 神通广大，
> 既能开棺破腹取魂，
> 也能前往阴间抓魂。

小萨满乞请金雕神,
纳享供品。

再如杨姓的蟒神神歌。满语称蟒神为扎不占也恩都立。

祭祀蟒神神坛备好了,
点燃了蜡灯。
有八面手鼓,
九面手鼓一齐敲响了,
大抬鼓也敲响了。
有什么原因,
为谁家之事?
用金鸡、银鸡供献,
此时急急请神降临。
大声诵唱,高声诵唱,
请蟒神随着聪明的侧立出来,
降临神坛。

可见请神歌的套语也有不同的内容和形式。

送神歌,从神本来看,单纯的送神歌是程式化的,它包括请神缘由、神名、让神归去的套语,请神佑护的套句。

以石姓七星斗前送神神歌为例:

是什么原因,
为谁家之事,
在此时请神?
将香火供于高桌上。
众姓氏之中的哪一姓氏,
是石姓子孙在此祈祷。

东家诚心诚意，
举行祭祀。
东家何属相？
全族人都已到齐，
八位侧立都来到。
屈身在尘地，
跪下叩头。
居住在杓中山山峰上，
从银河中降临的飞虎神，
从我处去吧，走吧！
堵塞鬼门，
敞开生路。
诸位神灵慈爱，
神坛前求吉祥，
神主前祈太平。
保佑太平、吉祥，
保佑老少健康生活，
百年无戒，
六十年无疾；
子孙满堂，
猪羊满圈。
诸位神灵，
请回各自的山林吧！
各自去吧，
各自遥远的山峰，
一伙伙、一群群走吧！
三角清查，
四角察看，
神本中送神数量不多。

对答歌，一般就是指萨满与侧立，侧立与侧立之间的对唱。有问有答，内容包括祭祀缘由，祭家身份，领神情况，神的来路与名分及请神词语。从神本来看，一般没有明确的问与答的标示，这是由传袭下来的演唱方式固定了的不标自明的事情。每篇神歌中都显然有问与答的内容。诚然演唱之中也有些即兴应对，这些在神本中还没有充分记载。摘录一段石姓神歌问答篇以释疑问。

  侧立诵唱：为了此事而举行烧香祭祀，
      降临了一位玛法神。
      侍候周到，别让神灵不快。
  萨满提问：什么屯？什么姓氏？
      东家何属相？
      为何原因？
      为谁家之事请神？
  侧立回答：折，我们居住在小韩乡，
      都是石姓子孙，
      为东家之事请神。
  萨满提问：侧立领神技术过硬否？
      来的是哪位满尼？
      几辈太爷？太爷何属相？
      哪位玛法？
  侧立回答：我们领神技术过硬，
      都是石姓子孙，
      都是太爷师傅的徒弟。
  侧立提问：折，居住在什么山林，
      什么山峰？
      哪里的石砬子？
      什么楼阁？

是哪位满尼降临？
从什么河流？
是哪位玛法神所领？
萨满回答：居住在白山山峰上，
第九层山峰的
高高石砬子的金楼内。
……

这种标示明确的问答篇在神本中是不典型的。关、杨、石三姓大神神本所载神歌各有表现特点。关姓神本叙事内容丰富，犹如排神一般一叙到底，问答部分极为简略。杨姓神本以请神部分为重，一切需要明确的问题，都在请神篇中予以说明。石姓神本请送对答在每篇神歌里都是完整的组合形态，形式上与祭祀方式极为配合，首尾相照，比较完整。就祭祀活动表现而言，石姓神本所记，比较容易从中体味野神祭祀仪轨全貌。以石姓雕神歌为例：

是什么原因，
为谁家之事，
在此时请神？
居住在白山天山山峰上
金楼银阁中的雕神，
从高高的天上降临。
盘旋于日、月间的大鹏鸟神啊！
雕神啊！
凤凰一样美丽，
高空中飞翔。
石姓祖先原为三大支，
三兄弟三条船。
柳树枝上有窝，

在可爱的金窝中，
坚固的银窝中的雕神，
石头脑袋、金嘴、银鼻子，
那铜脖子啊！
仿佛铁车轮一般。
皂青花色羽毛，
时而抖动，
展翅遮天盖地，
翘尾触动星星月亮，
可谓神奇灵通的鸟神！
今日夜晚，
有石姓子孙，
点燃了把子香，
在七星斗前祈祷。
萨满何属相
此时又宴请神灵。
小求福人击鼓诵唱，
争强好胜的雕神，
请回山修炼，
神通更大。
三角清查。

这段神歌活现了请神到送神的仪式过程。这是大神本中典型的仪式歌。

野祭是满族萨满祭祀中保留的最原始最古老的祭祀活动。它内容丰富，表演热烈、火爆，在一个又一个神灵的请送过程中，我们可以看到游猎民族豪放粗犷的生活场面。火神在熊熊燃烧的火炭上飞奔，雪神在白雪皑皑的大地上散福，鹰神飘曳着彩尾，展翔着双翅；白水鸟神在黑暗中乓乓作法，飞沙走石……这些精彩壮观的祭祀场面，在神本记载中成就了一批批惟妙惟肖的形象，一幕幕色彩斑斓的神话剧，一组组动听的故事。

神本中关于神的刻画，突出表现在如下方面：

1. 用确定的修饰语来刻画神灵

用简短的修饰成分来说明神灵的形象、能力、性质是大神本中常见的刻画手段。在关姓神本中用一两句话来交代介绍神灵的情况随处可见，如：

绕行太阳的大孔雀鸟神；

爬上九十座草囤子（跑火堆）并在其中穿行的马兰泰瞒尼神；

手执双腰刀的罗霍神；

手攥着铁榔头、金榔头来遮挡仇敌道路的色尔嘎泰巴图鲁；

在黑暗中追赶着行进的法克钦额瞒尼……

杨姓神本中以神的特点为神命名，如八尺蟒神、九尺蟒神、何勒（哑巴）瞒尼、矮得干肥朱（四岁公野猪）等。石姓也多以神的形象、能力直接命名。如代兰嘎思哈英兰嘎思哈（旷野鸟神）、山眼嘎思哈恩都立（白鸟神）、爱心（瓦秃）叶哈恩杜立（金花火神）……

2. 用动作刻画神灵

这一特点是与祭祀仪式直接相关的。在仪式中每个神灵的来去常是以其动作特征来判断他是谁，因此动作的表演和描述本身就成了神灵的代名词。如石姓祭祀的瘸神多活罗瞒尼，神本道：因害疾病而残疾，手拄三股马叉，只腿蹦着行进。仪式中瘸神附体后，萨满如所述单腿蹦着进行表演。再如舞蹈神玛克鸡瞒尼，神本道：手提着神铃，光亮如托立，摇晃着戏耍着，金色神铃，诵唱着神歌进来了。头戴神帽，飘带飞扬。围观人拍手称赞，齐颂玛克鸡瞒尼的动人舞蹈。祭祀中，萨满头戴神帽，手执抓鼓和鼓鞭，与两位手执铜铃的助手，随着鼓点，有时对舞，有时互相穿插，有时跳8字形，有时转圈。鼓铃配合默契，舞蹈节奏协调并伴以对唱。杨姓的玛克鸡瞒尼神歌也有精彩描述：杨姓家族中八十岁的老侧立色夫，家族中的九十岁的老侧立色夫,双手执着金晃子(铜铃),舞蹈着进屋了。双手执着银晃子,跳动着进屋了。双手执着铁晃子的老色夫,在院中盘旋着,舞蹈着进屋了。

3. 以神力刻画神灵

从神本中来看,许多神灵是有惊天神力的。杨姓的打拉哈呆民恩都立(首雕神)神歌道:雕神展翅遮日月,翅尾可捞到九海之物。一切妖怪、野鬼、凶神统统顺从于雕神,在恶魔之中亦有威力。杨姓的爱心呆民恩都立(金雕神)神歌道:金雕神啊,神通广大,既能开棺破腹取魂,也能前往阴间抓魂。关姓神本中的扎克萨图瞒尼善斗恶魔,能前往阴间为无寿者取魂增寿。大鹰神展翅能触天,翅尾能挡星月,巡察于阴阳两界。石姓神本中的金钱豹神:技巧高超,口含红火炭,四处飞火花,金身火红色,如同大火球。石姓祭祀的白水鸟神有飞沙走石神力,神本道:白水鸟神啊!从高空中降临,扔着石头、沙子,喧闹着。满院是石头,处处是泥沙。小如米粒,大如石头。地上的泥沙、石头,犹同铁耙耙土一样多。石姓萨满在请金炼火龙神时,拿着五尺长,烧得通红的铁火链,从一头捋向另一头,其神通之大,令人惊叹。神本道:金炼火龙神啊!经过千年修炼,万年得道的神灵啊,手捋通红的金铁链,火光四射,金光闪闪。

4. 以形象刻画神灵

关姓神本描写的胡穆鲁玛法:头上长角,口出獠牙,在头上盘绕着八十节小刀、九十节小刀。在恶鬼中他战无不胜。石姓神本中的巴图鲁瞒尼:手执一杆钢叉,头戴神帽,彩带飘扬。带兵千万、驰骋沃野,所向无敌。金舌鸟神:全身火红,深红的双唇,雪白的肚腹。黑熊神:全身毛茸茸,青嘴尖尖,脚腿肥大,如有百绳捆绑。手执三股马叉,翻耍着响声如盔甲。也有以动物习性和人物性格来描述的。杨姓神本中的熊神:熊神肥壮力大,林中群兽之王。不要在山脚下熟睡,或在密林中游耍。虎神则是跳着、叫着,肥壮硕大,长满花纹。石姓的查憨布库瞒尼"易于发怒,手执铁榔头,双手抡打，是战场上的勇将"。安巴阿立善佛则是"争强好胜的"。

5. 以环境描述介绍神灵及其世界

杨姓祭祀的金钱豹神是从"高入青云白云之中的山峰而来，沿着山中野道，经过芦苇塘降临"。石姓的白水鸟神"住在挂满冰柱的冰城里，那里的天气滴水成冰"。一般来说，神本对神灵所居和降临的处所与路线都有简短的交代。关姓神本中对灵界的描述更具体、细腻一些。在介绍佛多都瞒尼处所时，神本道：出了门，跑上色混山，只见一片明媚的草园。野园边上有一湖泊。在湖泊之中有着一片金色草地，好像倒挂在湖中。湖边上有一株白杨树，枝叶茂盛。长在东边的树枝向东倒，长在西边的树枝向西倒，长在南边的树枝向南倒，长在北边的树枝向北倒。在树梢上有鸠窝。在树下弯的枝上有雀鹰窝，在树的主干上有鹰窝。那里有位看守柳园的元老佛多都瞒尼。关姓神本介绍了不少动物神灵处所，仅举其一。在七星道上，有一条窄窄的小路，奔到路端，是一大片窝集（密林）。步入这片密林，又发现细长野路，雾正浓，还有湖、海。在海滩当中有圆圆的沙冈，上面浮着奶一样的雾。还有一个大洞，一块巨石挡住洞口。站在石头上可以看见花虎、公虎，叫着的公灰白熊，六对狼、八对豺。

6. 以故事描述神灵

神本中的故事就内容来说有族源族史传说，神话、动物故事，人物传说等，其中大部分是用来说明神灵事迹的。石姓头辈太爷神歌中讲述了石姓大萨满与敖姓大萨满斗法的故事。他们先是比过河的神通，石姓萨满变鱼过河，敖姓萨满乘鼓过河。结果石姓萨满被伤。死前嘱妻不要烧化以便复活。妻为敖姓，与敖姓族人一起将石姓萨满烧化。其时石姓萨满所领之鹰神雕神奋力抢救，双双受伤。大火之中石姓萨满炼成金身，化作一道金光飞上长白山。在山上修炼二十年后，在石姓中抓了二辈萨满太爷。关姓神本中有开天辟地神，像色勒泰巴图鲁遮住八个太阳脸只留下一个太阳，阿尔苏拉布库手执天网，将它撒向地面，套住鬼怪，将它们驱除。有文化英雄神，像发明冶炼技术制造窗户的巴图鲁；发明火的阿里；发明冶制铁绳技术的锡布勒。还有给乌鲁苏国送去鱼种、花种的雕神国里的神妈妈。

上述的这些艺术手段显然是民间口传文学中典型的描述方式，当然还不仅仅是这些。人们通过这些喜闻乐见，易于理解的手段来认识神、信仰神、崇拜神，手段本身蕴含着鲜明的功利性。换言之，大神神本中的一切艺术手段都是为萨满信仰活动服务的。

大神神本向我们展示了萨满教广阔的信仰领域，数十铺神包括萨满神，瞒尼神和动植物神各类，活动场景也是天上地下千姿百态。对大神神本内涵的揭秘还有待于更深入的考察和探究。

（与卉茵合撰）

原载《民族文学研究》1994 年第 3 期

十三

满族萨满神歌内容浅析

以原始宗教为形态的萨满文化，从遥远的古代社会流传至今，早已形成了满族民间宗教信仰所特有的仪式和内容。我们仅以满族萨满神歌中所反映的内容，对其进行剖析，看其有几部分内容的组合。

一

满族神歌分家神歌和野神歌，野神歌又叫大神歌。据国内众多满学家十几年来，在满族聚居区深入调查，收集到的大部分是家神歌，如吉林省乌拉街的关姓，黑龙江省宁安县的关姓，吉林省舒兰县郎姓等，几十本家神歌。野神歌现存于民间和收集上来的，也不到十本。如吉林省九台县小韩乡的石姓和该县莽卡屯的杨姓，其姓都有野神歌，自然也有家神歌了，也就是，凡有野神歌的姓氏，必有家神歌，有家神歌内容的姓氏，则不一定有野神歌。

用满文记录萨满神灵及其有关事项的书，满族称为"神本"。有关事项如祭祀供品、时间、地点、虔诚态度和祭规等，它以手抄本流传于满族民间。神本分家神本和野神本。笔者仅以部分家神本和野神本中所反映的内容进行分析。首先是家神本中的家神歌，我们分划为七大部分内容组合。

（一）报明萨满和助手姓氏、属相和住处。如石姓神歌中"众姓之中的哪一姓？石姓子孙在此祈祷，属兔的家萨满跪地叩头"。

乌拉街关姓，"众姓之中的关姓举行祭祀，属兔的家萨满在祈祷"。吉林省杨氏赵姓，"众姓之中的杨氏赵姓……家萨满跳神祭祀"。等等。

这里的家萨满是对大萨满而言，原是野神祭祀中大萨满跳神时的帮手，通常称为助手，在家神祭祀时，有的助手则是家萨满了。

满族的居住地区，由于历史的变迁，各姓氏的住地也发生了很大变化，有的由原为一处的聚居，后分为两处而居，如石姓是小韩乡和东哈两屯。有的散居于其他民族间，如乌拉街的关姓，其屯就有汉族、朝鲜族等。所以在神歌中除强调姓氏，属相之外，还强调居住地域是原居住地。如石姓小韩乡的萨满在东哈电举行祭祀时，就需报明是小韩乡的萨满了。1993年吉林满族艺术研究会在乌拉街录制石姓萨满祭祀活动时，萨满首先诵唱的是："我们在小韩乡，在乌拉街举行祭祀。"杨姓神歌中第一篇第一句就是"原籍是珲春屯"。再者，有的神歌中也有报明东家属相。东家就是举行祭祀之家的当家人。如宁安关姓："属鼠的东家立于旁"，有的则是以问话的方式出现："东家何属相"等。

（二）祭祀时间。此项是满族人非常重视的内容，因为它关系到祭祀以后的家宅、村屯主要的大问题。所以在神歌中有充分表现。

萨满举行祭祀时间，除了年节、许愿等是择吉日而举行外，每年一次的常规祭祀，一般都是秋收以后，即新谷子打下来后首先是敬神，如石姓南炕神歌中："今已送走了旧月，迎来了新月，在新的吉日里，在洁净的祥月里"祭祀。杨氏赵姓西炕神歌："今已是旧月已去新月来，择定了良辰吉日"，"在富秋之际"举行烧香。神歌中多强调祭祀时的季节时间，其他姓氏大同小异。唯独在淘米和祭星神歌中，各姓氏都有独特的表示时间方式，如石姓淘米神歌，"今已是度过了绿春之际，迎来了富秋之时，在河水即将结冰，泉水缓缓细流时"祭祀。杨姓的淘米神歌较为简单：只是"今已是迎来了富秋之际，精心选择了二十穗谷子，四十穗谷子"举行祭祀。更有特点的是祭星，乌拉街关姓祭星神歌："当关闭房门，放下窗帘，压住炉中火，断了烟囱烟。压住了灯火，人不言语，金鸡弯脖宿窝，犬爬卧不叫。牛马赶进圈，遮挡起来。鸟飞巢，兽禽进窝。万星出现，千星爬上夜幕。三星闪亮。七星眷恋。彗星闪闪发光之时，祭祀星神。"这是一篇较长的叙述祭星时间，其他姓氏有长有短，其内容不出此外。如石姓祭星神歌："当千颗星君出现，万颗星君出现，三星宿官出现。当天色已晚，金鸡、银鸡弯脖宿窝之时，光线隐匿之际，祭祀祖先星神。"杨姓是"当炭火变为黄色之际"，"万星出来，千星翻起，三星闪亮时"宴请星神等。杨姓的祭祀灶神篇，在表示时间方面更有独到之处，神歌叙述："当太阳光亮被遮挡了的时候，太阳出来了又落下去的时候"祭灶神。总之，不论是季节时间，还是具体时间的表示，在神歌中都有自己独有的表现方式。

（三）祭品。这是萨满祭祀的重要内容，所以在神歌中记述充分，内容较多。首先是供香。满族所使用的香，有一炷一炷的汉香和用一种荆棘叶子研制而成的粉末香，石姓神歌中："引燃了阿眼香，点燃了朱录香"，"点燃了把子香"。希林赵姓神歌"点燃了安眷香，引燃了朱录香"。杨氏赵姓神歌"取来供香，点燃香火"，等等。神歌中"把子香""供香""香火"是指汉香，其他都是粉末香。其次是牺牲供品。满族萨满祭祀所用牺牲供品很多，有鱼、羊、牛、马、鸭、鸡、猪等，主要是用猪。神歌中述："慎重灵来神猪，精心圈养家中。神猪肥壮标致，全身纯黑。今将神猪按节行刀，神猪即刻丧命，一切情形甚善。遵照传统礼仪，供献于神坛前。"这是石姓南炕神歌中所述，详细、具体、生动。其他姓氏，如乌拉街关姓是"制作了大阿木孙肉"[①]。希林赵姓是"抓来家养神猪，敬做了白祭肉"，也是用阿木孙肉敬神，只是所用词语不同。

---

① 大阿木孙肉：指摆件猪，把杀好的猪，分为八件、九件或十三件不等，煮成七八成熟后，按猪趴卧的样子，摆在木制盆中，叫摆件猪。

该姓还有一种方式是"抓来家养神猪,用泉水做成汤羹,摆上了阿木孙肉"。郎姓神歌中是"圈养神猪标致肥壮,今将神猪,用早已备好之绳,拴住口及蹄,用银盅过脖,金盅领牲①。神猪即刻丧命,按节行刀,制作了大阿木孙肉,敬献神灵"。杨姓叙述牺牲供品是另一种方式:"将牺牲的肺、肝联结,敬放于猪腔里,神猪放于槽盆中。"② 总之,满族所用猪的供品,在神歌中各姓氏都有自己的表示方法,但供品内容是相同的。再次是供糕。此项神歌,各姓氏同样有自己的表示方式。如,希林赵姓神歌中"淘净了供米,遵礼倒了泔水,做了供饭③,高桌上供献"。杨氏赵姓"遵礼制作了供饽饽"④。杨姓是"在这丰秋之际,从二十穗中选择一穗谷子,从四十穗中选择一穗谷子,以备祭神之用,今将神谷取来,做成供饭,敬献神灵"。有的姓氏有专门的"淘米"神歌篇,集中记述准备神谷,制作供糕等过程,如石姓,其内容请看宋和平著《满族萨满神歌译注》⑤一书,在此不再赘述。最后是其他,萨满祭祀所用供品很丰富,如五谷杂粮、水等。在神歌中表现的还有用米制作的米酒和烈性酒。希林赵姓是"用百年前的谷物,取来泉水,几十年前制造的米酒,供献了三盅"。乌拉街关姓是用"黄米酒和白酒"等。总之,用酒敬神也是萨满神歌所要表现的内容。

(四)请神。满族老萨满常说:"家神是百神合祭,野神是单神单祭。"那么家神中的请神歌就是把当神坛中的神灵统统请来。家神歌的篇章因姓氏而异,有多寡之分,有的姓氏有十三四篇家神歌,如石姓。有的仅有五篇,如杨氏赵姓。不论满族的哪一姓氏,其家神歌都少不了西炕、摸索(祭祀奥莫西妈妈)、背灯、祭星和祭天共五篇。其他如南炕、北炕、领牲、淘米、神树、求太平、除

---

① 领牲:将水或是酒倒入猪耳内,猪即刻摇头,叫领牲。
② 槽盆:木制盆,摆放摆件猪。
③ 供饭:是盛于白碗中的小米蒸饭。
④ 饽饽:用小米面制成圆形、长形等形状,敬神所用供糕。
⑤ 《满族萨满神歌译注》,社会科学文献出版社1993年版。

病灾、出兵以及奥都妈妈等神歌，有的则糅合于前面五篇神歌中。南北炕、求太平、除病灾、出兵、领牲等大都在西炕和祭天神歌中有其内容，神树在换锁神歌中有其内容等，有的则被历史淘汰，篇章多的姓氏是这些项目都独立存在，但内容大量重复。所以，我们仅分析这五篇神歌，即西炕、换锁、背灯、祭星和祭天，便知家神歌中所请神灵的基本内容了。

第一，西炕神灵。乌拉街关姓分早、中、晚三个时间，即有三篇神歌。早晨篇神歌宴请"堂子泰立神，诸色贝子神"，晚上是"超哈章京，芒额色夫，由天而降的阿布卡朱色神，各贝子神，讷克连色夫神，双位座的倭车库神"。中午除了晚上神灵中的"讷克连色夫"和"双位座倭车库"神没有外，其他四位神都有。满族的其他姓氏，凡是仅有家神歌的，一般就是这些神灵，有的加了"佛和菩萨"，希林赵姓便是。石姓西炕神歌中只有一位白山主神，也叫超哈占爷，其他便是"乞请各位师傅、各位瞒尼、善佛等"。第二，换锁。此项的请神内容很集中，就是满族保护婴儿健康，求子求孙繁荣的始祖母神，即奥莫西妈妈，有的称"神妈妈"。第三，背灯。背灯祭祀常与祭星仪式混为一谈，其实是两种不同内容的祭祀，所请之神完全不相同，只是祭祀形式都是背灯而祭。满族众多姓氏的背灯请神内容，都与西炕请神内容相同，如乌拉街关姓就与西炕请神完全相同，宁安关姓是请"八位贝子，九位贝子"神，杨姓背灯神歌只请一位"妈妈神"，即"祖母神"背灯祭又常与西炕祭祀同时进行。第四，祭星。这是满族普遍保留的神歌内容，所请神灵因姓氏多寡不一，多则几十位星神，少则几位。一般都是北斗七星、二十八宿等。请星神数量最多，最为全面的则是杨姓神歌内容："乞请月孛星降临（以下只称星名，'乞请'和'降临'省略），太白星、三尖星、二十八宿星、角木蛟星、亢金龙星、计都星、司命星、司禄星、土星、心月狐星、尾火虎星、箕水豹星、斗木獬星、牛金牛星、女土蝠星、虚日鼠星"，等等，共49位星神。凡是地上所有动植物和生命，在杨姓星神歌中，则全部存在于天上，只是名称不完全相同罢了。第五，祭天。此项是满族萨满神本中皆有的神歌内容，凡有祭祀，必有祭天神歌。但请天神的名称有同异之别。石姓称天神为"高天""青天""重天""九重天""天神玛法""天汗"等。杨姓只称"高天"。称"高天"的还有该省舒穆鲁氏。希林赵姓称"高天"和"九重天"。杨氏赵姓称"高高天神"。郎姓称"大天"和"高天"，黑龙江省宁安关姓仅称"神灵"。只有乌拉街关姓祭天神歌中，所请神灵与本姓的西炕大部分相同，即祭天神歌中所请"阿浑年其神，讷克连色夫神，代敏衣古您神，双位座倭车库神，超哈章京神，由天而降的阿布卡朱色神，贝勒贝子神"，共七位，其中有五位与本姓西炕相同。祭天所请神灵满族还有乌鸦神鹊，这是满族普遍祭祀之神灵。

以上我们所列举的所请神灵，都是有称谓之神，但在家神歌中，不论是哪一姓氏，哪篇神歌中都有"统请众神"，"请诸位神灵"和"众祖先"等句子，这其中不知有多少神灵。这便是前面所述"家神是百神合祭"的内容了。此外，只有奥都妈妈的祭坛之外，其他家神祭坛都包容了该神坛的所有祖先神。

（五）虔诚态度。此项内容在每篇的通章神歌中都有所体现，是祭祀者在字里行间里包含着，要积极表现的内容之一，内容繁多，形式多样。除在选择时间、供品以及擦洗祭器等方面都体现了祭祀者虔诚之外，在神歌中还有集中表现这方面的内容。乌拉街关姓神歌"老萨满、小萨满全到齐了，奴才们不知敬神规矩，乞请神灵指教。我等定牢记神灵所教诲之话，定牢记神灵所指点之语"，"萨满诚心诚意祈祷，全族老少跪地叩头"等。石姓是"屈身在尘地，跪地叩头"。还有从萨满服饰方面表示虔诚。如杨氏赵姓"萨满佩戴整齐，跳神敬神"，杨姓是"萨满穿戴整齐，系上神裙，系上精美腰铃、手执抓鼓、鼓棒……全族跪地，伏身叩头"，等等。各姓神歌中比比皆是。

（六）祭祀原因。为什么举行祭祀，神歌中常是"上牙碰下牙说出的话不能不算，再三再四许下的愿，必须采纳，今举行祭祀"。

这是石姓神歌中表示方式，也是满族许愿时普遍使用的特殊句子。这里的"许愿"包容每年照例行祭，家中有病人许愿或是丰收喜庆之事都包括在内。

（七）祭祀目的。这是神歌中所表现的重要内容，所用词语更是因姓氏、地区不同而异，但目的相同。这是满族萨满祭祀流传久远，至今还残留在个别地区，也是满族久已信仰的核心部分。祭祀的总目的是祈祷太平。如杨姓神歌"众萨满毫不推让，争先恐后，毫不畏惧地将恶鬼、妖魔、野怪统统赶跑了。将妖魔鬼怪之道统统切断，不留后路。为保家宅平安。萨满三角察看。八方搜查，将最凶恶之鬼，最厉害妖魔，赶它们远远离去。使不祥之年、月、日，灾荒、病魔永去千里、万里之外，永世平安"等。乌拉街关姓是另一种意义的内容："乞请神灵保佑，佑我奴才生活到老。百年无戒六十年无疾。无暴劣年景，人无灾难，乞神灵保佑，四十名骑士在上，二十名勇汉随行。抬头吉喜，抬腮欢乐。家家平安，庭院和顺，牛羊满院"等。此处的"四十名骑士在上，二十名勇汉随行"，在石姓和某些姓氏的神歌中，是为赞扬满族历史上的兵营将领，即超哈占爷，也叫白山总兵的威武英姿、行进威严阵式的。这里却是祈祷家族人员为官仕途中的荣华富贵了。满族其他姓氏祭祀目的大都是祈祷"世世代代，永远太平，健康"等之类的吉祥之语。但由于各姓氏历史变迁，地理环境以及文化背景的不同，所表现祭祀目的的侧面、角度、语言方式不同，其目的是一样的。

家神神歌的内容，主要是这七大部分，当然这仅是大概、基本的内容。

二

野神歌内容，除前面家神歌七部分内容全部都有外，还有其独具的野神歌内容。当然，这七部分家神歌内容在野神歌中也有少量变化，如：家神歌中的萨满，虽在野神歌中未表明是大萨满，但他却是让神灵附体的大萨满。还有请神地点不同，家神只在西炕前请神，大神不仅在西炕前，而且还在庭院中临时设立的祭坛，即七星斗前请神，所以，野神歌中常有"萨满跪于七星斗前"，或是"全族"或是"众扎哩"[①] 等聚会于"七星斗前"。还有，家神歌的七部分内容在野神歌中描写、叙述更具体、更详细、更生动。尤其是祭品方面，如杨姓"将神猪弯曲，褪毛，洗涤干净，连同绒毛也脱落除掉等"，其他皆相同了。

野神歌所独具的内容即是神灵特征、神器、神灵住处和送神歌四部分，再加家神歌的七部分，共十一项内容，便是满族野神歌的全部内容了。

（一）神灵特征：也是神灵的个性。此处说明一下，有神灵特征描写的神歌，除了石姓家神歌对"红脸白山玛法"是白山总兵和对"身居兵营，双骥胯下骑。日行千里，夜行八百"的古代女英雄奥都妈妈有描写外，其他家神歌和姓氏很少。但在野神歌中，则为最精彩、丰富并有感染力了。凡有野神歌的姓氏，都是一篇神歌一位野神灵，所以野神歌的篇数很多，最少的是二十几篇，一般是五六十篇，甚至还有一百五十多篇的姓氏。这样的神本是把仪式歌和神灵特征分开记述，所以有多少神灵就有多少野神歌篇。现在，我们仅选几位野神神歌。首先是瞒尼神，也就是英雄神。多活罗瞒尼是一位瘸腿神，所以杨姓神歌描述："拄着金拐棍，银拐棍的多活罗瞒尼神，请避开宽广的田野、躲开高高的大山"，石姓神歌"因害病而残疾，手拄三股马叉，只腿蹦着行进"。玛克鸡瞒尼是位舞蹈神，所一以石姓神歌"手提着神铃，光亮如托立[②]摇晃着，戏耍着金色神灵降临"。杨姓神歌"双手执着金晃子[③]，双手执着银晃子，……在庭院中盘旋着，舞蹈着进屋了"，等等。瞒尼神特征的描述，还有石姓的巴图兽、按木巴、朱录、依兰阿立等，杨姓有那

[①] 扎哩：大萨满助手。
[②] 托力：铜镜。
[③] 晃子：铜铃。

旦朱、乌尖西，也有按木巴和众多的原始祖先神等。第二是动植物神。远古时期以狩猎为生的满族先人，原对动植物的生活习性，就有了如指掌的认识。所以那些引人入胜的精彩描写，更是不胜枚举了。如杨姓的雕神是"展翅遮日月，翘尾捞到九海之物"，另一神歌是"翘尾如遮云"。① 石姓神歌中不仅对动作进行了描写："展翅遮天盖地，翘尾触动星星月亮。"还对外貌进行了刻画："石头脑袋，金嘴、银鼻子，那铜脖子啊！仿佛铁车轮一般。皂青花色羽毛，时而抖动。"石姓的金钱豹神是"火红的金钱豹神，铜钱布满身"，同时对金钱豹神的舞蹈技艺，也进行了生动描述，同样反映此神的特征："善于玩耍，……口含红火炭，四处飞火花。全身火红色，如同大火球。"杨姓的金钱豹神则是另一种个性了，它从千里迢迢之外，"经过芦苇之旁。降临的金钱豹神，伸腰卧地，神通广大"。熊神也是野神歌中被各姓氏所描写的神，杨姓是"肥壮力大，林中之王。切勿在山脚下熟睡，或在密林中穿行游玩"。石姓是"全身毛茸茸，青嘴尖尖，脚腿肥大，如有百绳捆绑"。野神歌还有对母虎、公虎，各类鸟神蟒神等神灵特征的描写。在此不一一列举。总之，野神歌中从瞒尼神和动物神的外貌、动作等，从不同的角度、侧面表现野神特征。其描写生动、详细、真实、丰富、惟妙惟肖。

（二）神器。萨满跳家神时手中只拿手鼓和鼓槌，击鼓而跳，而跳野神时则因野神的不同而手执不同的神器，有的拿刀，有的拿马叉、棍棒、铜铃等。同时又与萨满舞蹈动作的描写相结合，如前面已叙述的杨、石两姓的多活罗瞒尼手拿"拐棍""马叉"和玛克鸡瞒尼手拿铜铃的神器。还有杨姓杀克窝出库是"在喧闹声中，手执着金马叉进来了，肩担着银马叉进来了，双手攥着铁马叉进来了"。石姓野神歌中对神器和萨满舞蹈动作的描绘更为生动、丰富。如按巴瞒尼神歌中"萨满努力舞蹈表演，双手抓托立，上下左右舞

---

① 杨姓野神本有三本，其内容大同小异。

动，……两手明晃晃"，朱录瞒尼是"耍着双花棍"，查憨布库瞒尼是"手执铁榔头，双手抢打着"，沙勒布库瞒尼是"手执金色激达"① 舞蹈。石姓还有一大神是耍火舞蹈：按巴瞒尼"执着火红的长绳"②。在空中轮回转动，等等。从野神歌中对神器的记述，不仅以示神灵的神通广大。同时也是古代满族戎马生涯、尚武精神的真实写照。

（三）神灵住处：白山黑水是满族的发祥地，而长白山更是他们生存、兴旺、发达之处，关系极为密切。所以满族的萨满神歌中的神灵多"住于此山"，而且在神歌中表现较多的是具体江河、山谷、峰峦。石姓的按巴瞒尼"居住在白山山峰上，由高高的天上降临"，巴图曾瞒尼"居住在长白山上，第九层高高峰顶上，石砬子上的金楼中"，多活罗瞒尼"在白山上，冲入云霄的山峰上，高高石砬子的金楼内"，玛克鸡瞒尼是"在白山第九层山峰上银楼中"，朱录瞒尼"在第五层山峰上金楼内、银阁房中"等。动物神灵的居住，野猪神"住在白山上，金色山谷里，银窝中"，飞虎神"在杓中山谷，金沟中"，蟒神在白山上"第九层山峰，石砬子银沟里"，雕神"在白山上天山山峰上，金楼银阁中"，鹰神"在高高的第二层山峰头层顶上，第三层铁楼银阁中"等。总之，石姓野神因神通大小，分别居住在长白山上高低不同的地区。杨姓野神的住地则另是一种景象。天鹅神是居在长白山的"山坡上，用树枝筑的巢穴中"，鹰神是"筑巢在高山的山峰上"，金钱豹神"在耸入青云白云之中的山峰"上，熊神是"在深山密林的洞穴中"，虎神是"在密密花草沟壑"中等。杨姓对于瞒尼神的居住地在神歌中未叙述，从动物神的住地，也可知是在长白山上。

在野神歌中不仅有各位神灵详细住地，而且有的还记述了各位野神降临时的具体路线。如石姓多活罗瞒尼神歌中："经过爱民郭

---

① 激达：长枪和矛。
② 长绳：是烧红的铁链。

洛，沿着讷音郭洛行进，由松花江下来"，查憨布库是"沿着色勒河降临"，蟒神是"从尼西海岸边，腾云驾雾"降临等。杨姓野神歌内容更富有感情色彩，如对多活罗瞒尼让他避开宽广的田野，躲开高高大山，在每篇动物神的后边，几乎都有"要提防不好之人，设下的马尾子"。

从杨、石两姓野神居住之地来看：第一，杨姓神灵住地不分高低层次，神灵神通大小也不明显，更反映了满族的原始生活，而石姓都是有着明显高低之分，有了较强的等级观念。第二，从这些江河、山岭等环境的描绘，对于研究民族史有着重要价值和意义。

（四）送神歌。在满族的原始意识中，认为大神，即野神，只能把他们请下来祭祀一下，纳享供品后即刻回各自住地，不能留在家宅和村屯中。所以送神是野神歌的重要内容。凡有野神歌的姓氏都有送神歌，有的是每篇后面，有的专有送神歌篇章，石姓两者兼有，杨姓专篇而叙。一篇为"送神受香享用"，其内容是"乞请降临的众神灵，纳享了香火后，请众神灵回山去吧！回到各自居住之地吧！望神灵喜乐为好"，另一篇就更简单了，"乞请降临的神灵，回山去吧！回到你常住之地吧"。石姓专篇送神歌较长，仅选录送神内容："各位瞒尼飞速回去吧！从我们这里回去吧！请回到各自的山林，回到各自遥远的山峰，一伙伙回去吧！回到各自楼阁。"石姓每篇后面的送神则较为简单，仅是"回到群山峰，回各自的山林吧！"等等。但有一篇特殊送神歌却很长，即"飞虎神"篇中。送神内容情真意切，感人肺腑。为"飞虎神啊！此时可以下来了，美丽的虎神玛法啊！今日夜晚，此时此刻，已近半夜。在冰天雪地里的冬天，天气寒冷，子孙们跪在冰硬的地上，怕冷，要回家，下来吧！求福人努力祈祷，好言一齐诵唱，好语回答。众侧立[①]的左手抓不住抓鼓了，右手拿不住鼓槌了。口中已没有话说了。萨满身着单衣，天上下露了，地上刮风了。众侧立已无力大声诵唱，无力

---

① 侧立：大萨满的助手，击鼓者。

小声呐喊。请飞虎神,从树枝上下来吧!从树杈上下来吧!……赶紧行动,从树杈上回去吧!飞虎神不能再玩耍了,此时可以下来了,由这里回去吧!"真是如泣如诉地恳求着。

以上是满族萨满野神和家神神歌中的主要内容。除此之外,野神歌中还有描述萨满装束,如石姓"头戴双鸟神帽",杨姓"头戴九鸟神帽"等以及萨满跳神时的场地、队形和摆供方式等。如石姓有一神歌是"带兵千万,八位英雄领队,八队行进出征,驰骋沃野,征讨南北,力量无比",以及摆供"高桌上供献,木盘方桌上排列"等。还有一种神歌内容,也是萨满祭祀常用语,也叫"平常话",是为一些具体事情举行祭祀所用的仪式短语,内容繁多,有为出征人行走兵营求平安,军营晋升,军营人员捎书信回乡,盖新房,寻找丢失的马匹以及修家谱等,祈祷平安和得喜事感谢神灵。此种神歌杨姓神本中有近二十篇的内容,说明萨满文化渗透在满族生活的方方面面。

总之,神歌内容既有一定的规范化内容和固定程式,又有灵活机动的即兴手法,内容可增可减,多寡悬殊不一,这是萨满文化随满族历史发展及各宗族文化背景和社会进度不同所致。

三

以上家神歌有七部分主要内容,野神歌有四部分主要内容。这些内容在顺序上无一定规格,不固定,前后可以互相颠倒,但也有些习惯性的程序。一般来讲,萨满姓氏属相和萨满住地都是神歌的开头部分,结尾大都是求平安和送神内容,其他如供品、虔诚态度、神灵特征等都是中间部分。

从前面我们所列举的简单、少量的部分神歌内容来看,已知满族萨满神歌的基本内容、价值和意义了。这里仅从民间文化来看:它首先是满族早期较长的民间叙事诗歌,有着完整的叙事性,石姓有一篇是"头辈太爷"神歌,全歌共有150句,歌中从头辈太爷起，直到五辈太爷，如何成为石姓的萨满祖先神的经过描述详细而生动。满族各姓氏的每篇神歌，都是完整的叙事诗歌，只是有长有短而已。其次，它有故事、神话和传说性。仅石姓的"头辈太爷"神歌中叙述头辈太爷成神的传说，有的是神歌中的神灵包含了神话和传说。如杨姓的"木立木立干"。是一位骑在马上放牧，后演化为牧马英雄和保护马匹的神灵。还有"乌尖西瞒尼"，他是一位有文化有知识的英雄，是他第一个用猪皮记录了人类所积累的劳动知识的神灵等。最后它具有一定的戏剧性。萨满神歌全部都是在萨满跳神中诵唱并有舞蹈表演，尤其是野神歌更是如此。以石姓"母卧虎神"为例："蜡烛灯照亮了四周，抬头看见，从南山上小房子里赶来，从北山上草棚中赶来，越过山梁，爬过高山，从幽暗中下来了，带着许多小虎仔降临了。"此时的萨满双手着地，爬行着做着爬山越岭的动作，而且还慈爱地抚摸和喂食给虎仔。还有金舌鸟神，银舌鸟神一神歌中所述"全身火红色，深红的双唇，雪白的肚腹"，此时的萨满不仅要模仿展翅飞翔，还要动作，以示"深红的双唇"等神歌内容。总之，神歌如何叙述，萨满就如何表演。各姓皆是如此。

若从神歌全部所含内容来看，它包含着多种人文科学在内，有宗教信仰、民俗、音乐、舞蹈、服装、民族学等。因此，萨满神歌有着多种学科的研究价值，在一定意义上起着百科全书的作用。

原载《满族研究》1995 年第 2 期

十四

萨满神歌满文浅析

满族是中华民族大家庭中的一员，它不仅具有悠久的历史，而且还有着灿烂的文化。在有清一代近300年的历史进程中，随着满族八旗军队进驻中原，各民族历史性的迁徙，满族与汉族及其他民族逐渐杂居，使其在文化等诸方面得以互相交流以至融合，然而也由此削弱了满族民族文化的特点。较比哈萨克族、维吾尔族、柯尔克孜族、藏族、侗族、瑶族、壮族、苗族等民族的文化特点已不甚明显了。但是，近十几年中，热心的致力于满学研究的专家学者们踏遍祖国各地，尤其是东北各满族聚居区，挖掘和整理出了相当部分的具有满族民族文化特色的宝贵资料，其中有代表性的是满族的"萨满神歌"。萨满神歌除大量记载于萨满神歌本以外，还有一部分是凭着民间满族老人的记忆而整理的。

一

那么，什么是萨满神歌本子呢？它的现状如何呢？神本子是满族民间用来记录萨满神歌、神灵、祭祀仪式和神器等内容的手抄本，有的还记录了本氏族、部落的神话、传说等内容。神器是萨满在跳神中所使用的工具。而神歌是萨满跳神时，通过人类交际工具——语言来向诸神灵阐明人们的要求、愿望及神灵的功德等，以沟通人和神灵之间的联系，用歌唱形式表达出来的祝词、祷词等内容。在我国信仰萨满教的民族中，还有赫哲族、鄂伦春族、鄂温克族、达斡尔族、汉族等，所以记录萨满教文化内容的神本也有不同种类，仅满族而言就有清代八旗组织的汉军萨满神本，通称为"汉八旗神本"；也有满族萨满神本子，通称为"萨满神本"，还有清代的"祭天祭神典礼"神本，而且还有些记录在《四库全书》《清史稿》等书中。这里虽叫"典礼"，但也是记录的萨满教文化，这是官方刊印本。本文所要研究的是满族民间的萨满手抄本神本。汉军神本排除在外，因为它们都是用汉文记录的手抄本。

用满文记录的萨满手抄神本有两种情况，一种是用满文记录，另一种是用汉字转写的满文手抄本。在近十几年，所收集的近百种满文手抄本中，大部分是用汉字转写的满文神本，少量是满文本。这些神本子都是从满族老萨满，或是本家族中的木昆达，即族长手中收集到的，还有从墓中挖掘出来的等。其神本的满文名称叫"德勒毕特和"或是"恩都利毕特和"即"神书"或是"神本"。笔者仅从这些汉字转写满文手抄本中探讨其使用满文情况。

二

这里要考察的第一个问题是满族萨满神本产生的年代。萨满教的产生，最早可以追溯到人类社会的母系氏族社会时期。这一点已被大量萨满文化资料充分证明过了，是毫无疑问的。那么用语言向神灵祈祷的神歌最早也不能早于母系氏族社会。最早的神歌内容一定是简单而以口传形式流传，而且人人能为之，后来，神歌随社会历史的发展，出现了专门的司祝人员"萨满"之后，萨满教不仅由此而得名，而且萨满也继承了以面授口教的形式传授神歌和萨满教其他仪式等任务，这时期的萨满文化不可能用文字记录下来，而神本子也无从谈起。当萨满教伴随着人类向文明社会迈进时，萨满教文化在自身规律发展的指导下，逐渐趋于不断完善和规范化，更主要的是由于文字的出现，具体说满族萨满神本，是在满文的创立之后，使得满族萨满神本子才有条件用文字记录下来，并以手抄本形式在民间流传，这便是今天我们所见到的萨满神本子，这是满族萨满教走向规范化和趋于相对稳定发展的重要一步，是萨满文化的重要经典，也是形成满族萨满文化典型化的重要条件，更是满族对祖国原始传统文化的重要贡献。

那么，满族的满文萨满神本子，也就是我们从民间所收集到近百种的满文手抄本，它最早是什么时候用满文记录下来的呢？

据《满洲实录》中记载："满洲未有文字。文移往来必须学习蒙古书，译蒙古语通之。"[①] 这段记载告诉我们满族兴起时是无文字的，而书信往来则使用蒙文。当满族开国元勋努尔哈赤认识到没有本民族文字，行文通信不方便，而且对于发展本民族文化事业都不利时，于是，在明万历二十七年（1599）便命额尔德尼等，"将蒙古字编成国语颁行，创制满洲文字"[②]。所以满族是自太祖努尔哈赤时才有了满文，而满族的萨满神本子只能在1599年以后才有可能用满文记录下来。但是，额尔德尼等所创制的满文，在历史上称之为老满文，由于老满文在使用中很不方便，弊病很多，仅推行了30多年已跟不上满族飞速发展的政治、经济、文化形势的需要了，于是，在天聪六年（1632），皇太极命达海对老满文进行了改进，改进以后的满文称为新满文。这样看来，在满文历史发展中有新老满文之分，因此，为探讨萨满神本的产生年代增加了复杂性，这是我们下面要探讨的主要问题，在此暂且不论。

前面已经说过，我们所收集到的萨满神本多数是用汉字转写的满文手抄本。那么，这些神本是什么时候，把满文神歌用汉字转写的呢？根据我们多次对萨满文化的调查，尤其是对吉林省满族石姓萨满神本的研究，用汉字转写，距今已有一百多年了，即19世纪末期。这是老萨满石青山[③]、老扎哩（助手）石清民、石清泉老人

---

① 《满洲实录》卷三。
② 同上。
③ 1987年去世，享年74岁。

回忆的。他们说：当时懂满文的人越来越少，怕后人把家传的"根基"①忘掉，所以把满文神歌用汉字转写，以使永远流传下去。再联系到满文的兴衰史，汉字转写的满文时间就更明确了。从满文的创立到大量使用，最盛期是清代的"顺、康、雍、乾"四朝。这时期用满文记录和书写了大量的文史资料。其后，由于汉族文化影响的逐渐深入，从清宫到广大满族都接受了汉族文化，学习了汉文。所以满文逐渐被忽视，学习和使用满文的人逐渐少之。清代社会发展到咸丰年间，满文已走向了衰落，从清同治朝之后，满文折已为数不多。在满族民间，包括石姓在内，懂满文的人越来越少，于是，就把大量的满文萨满神本子用汉字转写，使之流传下来。由此看来，用汉字转写的满文神本子的时间，与满文开始衰落即一百多年前的时间基本相符，因此，我们可以断定，用汉字转写成满文的神本是在清代的末期，即在19世纪中末期出现的。

三

那么，这些用汉字转写的满文神本子，所使用满文情况如何？首先，这种汉字转写的满文神本注音不准确或是注错之处是很多的。如汉语"天"一词在吉林省石姓神本子中注有"阿巴""阿巴卡""阿巴恺"等，而该省杨氏又注成"阿不卡"（正确的注音为"阿布卡"）。"祭肉"一词，石姓神本子为"敖莫孙""敖木朱"，杨姓是"敖不子""敖木""敖不孙"等。正确注音为"阿木孙"。"佛"一词，石姓神本子是"付士西""伏士"；杨姓是"佛也"，正确注音是"付齐西"。"神主"一词石姓神本子是"卧本库"、杨姓是"卧出库"（正确为"倭车库"），等等。从中我们可以看出把"天"注为"阿巴"是丢了"卡"的音节，把"祭肉"注为"敖不"和"敖木朱"或是"敖木子"的不仅丢了音节"孙"，同时也

---

① 指萨满祭礼活动。

注错了这个音节等。总之,萨满神本子中既有注音错误、注音不准,也有丢字落字现象,抄录中的笔误更是比比皆是,但是即使从这种用汉字转写的满文中,也可以寻找出萨满神本子中满文音节规律性的变化。

第一是萨满神本子中"博、包、布"不分,如"清洁"一词,正确的识字转写满文应为"包尔国",但在石姓神本子中都注成"博勒浑",在郎姓注的是"博尔滚"。"家"一词,正确汉字转写应为"包",神本子中注的是"博"。"供献"一词应为"多包比",神本子注的是"多布比",赵姓、郎姓和杨姓神本子中都注为"多不比"。从中我们可以得知满文应是"包"的音节注音为"博"或是"布"和"不",可以看出萨满神本子中音节有规律的变化,说明在神本子中这几个音节不分。

第二是"色、赊、沙"不分。汉语的"老师"一词,满文的转写应为"瑟夫",但在石姓、杨姓和郎姓神本子中都注为"赊夫"和"舍夫",在杨姓和郎姓神本子中有时还注为"涉夫",或是"沙夫"等。汉语"说"一词,应为"色木比",而石姓神本子注为"赊莫比"或"沙莫比",杨姓为"赊勒比",关姓为"舍莫比"。在石姓神本子中把"孳生"一词注为"付赊比",应为"夫色比"。"孩"一词注为"朱赊",应为"朱色",几岁的"岁"注为"赊"或是"沙",应为"色"。杨姓神本子中把"知晓"一词注为"萨拉比",应为"色勒比"。更有代表性的是"萨满"一词在各姓氏神本子中的转写有"沙玛""车玛""赊玛"等。总之,从列举的这些汉字转写的满文来看,一个共同的特点是凡是在满文中应出现"色"的音节,在各姓氏神本子中都用"赊、沙、舍"等音节来代替。

第三是"阿、敖"不分。前面列举的汉语中"祭肉"一词,在石姓神本子中注为"敖木朱"或是"敖木孙",在杨姓神本子中同样注为"敖木子"或是"敖木孙"。正确转注应为"阿木孙"。但这两姓神本子中出现其他有"阿"音节的满文转注又很正确:如石姓的"往后"一词注为"阿玛西","没有"注为"阿库","大"注为"阿巴",祭祀时用的"香"注为"阿延先",等等。杨姓把"天"注为"阿不卡","年"注为"阿年","山"注为"阿林"等。为什么只有在"祭肉"这一词中"阿、敖"不分,而其他词中的"阿"全都正确呢?因为"祭肉"是萨满跳神中既严肃又神秘的祭品,与其他词更有相对稳定性的原因,在满文历史发展变化过程中,仍保持了传统性。总之,这两姓萨满祭祀中都保持自己独立性的祭祀,"阿、敖"在其特殊词汇中,有其特殊的作用,所以有其自己的发展规律。

第四是"德、特"不分。汉语"祭坛"一词,满文应注为"朱克腾",除石姓神本子中注为"朱克腾"以外,其他姓氏如杨姓注为"朱克登",郎姓注为"朱克特",还有注为"朱克德""朱克滩""朱克坛"等。"祭坛"是萨满跳神中的重要场地。所以这个词在注音时各姓氏一定认真、严肃,多数姓氏都按自己的当时读音而注。它与"阿、敖"有着相似的情况。

第五是"嘎、哈、赫、克"不分。汉语"拿去"一词,满文转写应为"嘎纳赫",石、杨等姓都注为"哈纳哈";"光亮"一词,满文转写应为"额尔得赫",石姓等姓都注为"额而德克"。其中的"嘎"和"和""赫"都注为"哈"或是"克"。

因此,我们说在满族的萨满神歌本子中,尽管有转写不准、错误和笔误等问题,但是还是发现了满文发展规律性变化。这里我们要说明的一个问题,我们的转写音是根据清代的《钦定清汉对音字式》而注音。这种注音字式由于是清代皇帝"钦定",所以,一定是颁行于全国满族区,并照此而施行。这一点,我们在调查萨满文化时,石姓老萨满已证明。清代所以用"钦定"方式统一规范满文的对音字式,恐怕也是为了迎合当时满族萨满跳神所使用的萨满神歌本用汉字转写这一形势的需要。

那么,究竟为什么在汉字转写的满文萨满神歌本子中,全出现这样有规律性的音节变化呢?

前面我们已经说过，在满文的发展史上有新老满文之分。老满文是"十二字头原无圈点，上下字无别，故塔、达、特、德、扎、雅、叶等雷同不分，皆为一体"①。老满文也称为"无圈点满文"，这种老满文在使用上出现很多错误，所以，达海1632年在十二字头的基础上，"酌加圈点，以分析之，则意义明晓"②，所以，在满文的发展史上，就将达海改进后的满文，称为"有圈点的满文"，也叫"新满文"。

前面我们列举的"博、包、布""色、赊、沙""德、特""嘎、哈、克、赫"等音节不分，其原因就是由于新老满文有无圈点之分所造成的，但是具体到民间萨满神歌本子中所使用汉字转写的满文情况又有所不同。如"供献"一词，根据《清文总汇》正确转写为"多包比"中的"包"，在新满文中的音节应是无点的，但在各姓氏的神本子却都注成有点的"布"或是"不"了。而在杨姓神本子中还把供献一词中的有点的"多"的音节注为无点的"特"的音节了，正是老满文无点而混用所致。再如："老师"之中的"瑟"音节，在新满文中是有点的，但各姓氏却注成无点的"沙"音节。"拿去"一词的汉字注音就把新满文中应为"嘎"的音节，在神歌本子中却注为"哈"，而"赫"也注为"哈"，"光亮"一词中的"赫"音节神本子中注为"克"等，这些音节中汉字转写时，圈点使用却不正确，说明当时推行有圈点的新满文时，人们还没有完全掌握它，应该用圈点的却没有用，不应该用圈点的却用了圈点，而且当时的新满文也不规范，所以才造成萨满歌本子中圈点混用，注音混乱，因此，我们说神歌本中混用了许多老满文的音节。

但是，满族的萨满神歌本又不是完全用老满文所记录，事实上也不可能，只是在满族观念意识中认为较神圣而又严肃的一些满

---

① 季永海、刘景宪、屈六生：《满语语法》，民族出版社1986年版。
② 同上。

语，如"供献""祭坛""祭肉""老师"（这里是指教小萨满的）等重要词汇中，保留了个别的老满文音节，而神本中大量用词还是用新满文转写，如"祭祀"之中有"勒"音节，却注为"倭车勒"，区分很清楚。汉语"压"一词注为"鸡达比"，汉字转写满文很正确，诸如此类的例子不胜枚举。总之，萨满神歌中所使用满文，用汉字转写与《钦定清汉对音字式》基本符合，而且圈点之分很明显，所以萨满神歌本中大量使了新满文。当然，各姓氏神歌本子中保留老满文的成分也不相同，有的多些，如杨、石两姓，有的则少些，如关、郎、赵姓等。一般来说，保留大神祭祀的神歌本子老满文多些，仅有家神祭祀的神歌本子保留少些。清代文献中新老满文的混用，还可以从著名的清代史料《满文老档》中看出来，其中也有"兼用新老满文写成的"[①]这一事实也可以作为满族民间流传的萨满神歌本子中新老满文混用的佐证。

从前面我们分析的满族萨满神歌本所使用满文来看，它是在大量使用新满文的基础上，还保留了不少的老满文音节。当然，关于萨满神歌本所使用满语，也是较复杂的，口语、方言等因素也存在。但是，根据神歌本中新老满文混合使用，我们可以得出，把口耳相传的神歌用满文记录下来，成为萨满文本，这一过程最早发生在老满文刚被改进，而新满文正在推行之中，具体地说，就是1632年前后，15世纪中期，即皇太极时代。这也是满族先人对中华民族传承文化的卓越贡献。

满族萨满神歌本不仅在研究满族文化、宗教信仰等方面是珍贵的资料，还是研究新老满文变化、语音等方面的珍贵资料。

原载《满语研究》1995 年第 2 期

---

① 季永海、刘景宪、屈六生：《满语语法》，民族出版社 1986 年版。

十五

满族传说《尼山萨满》文本比较

传说《尼山萨满》不仅以它悠久历史和丰富的内容吸引着国内外众多满学者的重视，而且还以它诸多版本吸引着学者们。它既有满文版本，也有汉文版本。关于满文本内容的异同，我们另有专文论述。在此，仅将四种汉文本内容的异同加以比较。这四种汉文本有两种已出版，即《一新萨满》[①]和《女丹萨满的故事》[②]。另外两种未出版的汉文本是《阴阳萨满的故事》[③]和《宁三萨满》[④]。为了研究方便，现将海参崴本内容介绍如下。海本分为23个情节，其中含有74个小节：

1. 员外之子病亡（①员外家富豪盛况；②其子病亡。）

2. 员外老年又得一子（①员外行善念佛，上天赐子；②员外五十岁又得一子；③其子五岁习文练武。）

3. 其子十五岁时请求围猎（①围猎理由是试验骑射技术；②父母阻止是因其兄围猎身亡；③其子认为生死由命；④父母同意。）

4. 出发前往贺凉山（①准备围猎物品；②出发时的盛况。）

[①] 凌纯声：《松花江下游的赫哲族》，上海文艺出版社影印本1990年版，第282页。
[②] 金启孮：《满族的历史与生活》，黑龙江人民出版社1981年版。
[③] 傅英仁先生所保存。
[④] 祁学俊于1981年于瑷珲地区搜集。

5. 贺凉山上围猎（①搭置宿营地；②围猎盛况。）

6. 其子围猎身亡（①得病；②烤火出汗；③遗言、身亡；④围轿大哭。）

7. 员外夫妻得知其子身亡昏倒（①家奴飞马回报；②员外得知其子身亡昏倒；③家人大哭。）

8. 准备丧事（①遗体到家；②劝说员外夫妻节哀；③祭品盛况。）

9. 祭奠亡灵（①其父哭诉；②其母哭诉；③其母昏倒。）

10. 仙人点化请尼山萨满（①仙人外貌；②仙人诵歌；③员外请仙人进家；④扶棺大哭；⑤员外赠衣；⑥指点请尼山萨满；⑦仙人登云而去。）

11. 员外请尼山萨满（①一请尼山；②二请尼山；③三请尼山；④尼山的酬劳；⑤占卜；⑥差奴请尼山到员外家。）

12. 请助手（①差奴请助手；②尼山对助手嘱托。）

13. 跳神赴阴（①尼山的装束；②尼山诵唱阴间所用之物；③助手诵唱送神歌。）

14. 尼山阴间渡河［①来西（渡船工）渡尼山过河；②寻魂；③坐鼓过红河。］

15. 尼山阴间闯三关（①第1道关；②第2道关；③第3道关讨要灵魂；④得知员外之子的灵魂在阎王城池中。）

16. 阎王城中得魂（①阎王城外唱神歌；②大鸟抓灵魂。）

17. 鸡犬换魂并给员外之子增寿到九十岁（①阎王差人追赶尼山；②尼山将鸡和犬给了阎王，换回了员外之子的灵魂；③尼山求阎王差来的人给员外之子增加到九十岁的寿限。）

18. 阴间遇夫（①死了三年的丈夫求尼山萨满救他还阳；②因无尸体尼山无法救活还阳；③因尼山之夫纠缠，故扔夫于丰都城；④摆脱了丈夫纠缠，诵唱着自由神歌。）

19. 遇见奥莫西妈妈（①过三道防守之门；②遇见邻居媳妇；③会见奥莫西妈妈；④奥莫西妈妈主宰阳间生命和事物；⑤阴间刑

罚；⑥尼山回到阳间。)

20. 员外之子复活（①尼山苏醒；②尼山诵唱阴间所见所闻；③把灵魂推进员外之子的体内，其子复活。)

21. 酬劳尼山萨满（①宴庆；②员外将家业的一半酬劳尼山；③员外酬劳助手。)

22. 婆婆告状（①尼山的婆婆得知尼山将夫扔进丰都城后，到衙门告状；②太宗皇帝降旨处尼山死刑。)

23. 员外家景繁荣，员外后代敬佛行善，世代繁荣。

现将海参崴本与四种汉文本内容异同比较如下：

《一新萨满》开始时说"当明末清初的时候，松阿里南岸有一个人，名登吉五莫尔根，占据松阿里南岸三姓附近一带，自称本德汗。在三姓东面五六十里，有一个禄禄嘎深。屯中有一个富户，户主名巴尔道巴彦，娶妻贞耶勒氏"。故事把主人公居住的地理位置，论述得详细具体，这是其他《尼山萨满》本中没有的。结束在第㉑情节，也就是当一新萨满救活员外儿子后，就酬劳了萨满和助手，故事结束。这其中的第⑨和第⑲情节没有，也就是没有"祭奠亡灵"和"遇见奥莫西妈妈"的情节，全文共有19个情节。

从该本全部内容来看，描写具体、详细、生动，富有感染力，这是由于经过整理和加工的原因。如员外骑马在十里之外迎接儿子尸体情节："阿哈金看见老主人前来接灵，遂吩咐众人站住，把尸体放在地上，巴尔道走近前来，一看两个儿子的死尸，心中好似钢刀刺心，几乎从马上掉下来。幸好有巴哈金急忙向前扶持，老主人走到两个尸首面前，抱住了两个爱儿放声大哭，众家人也是悲悲切切地哭了一场。"此段文字生动、具体，是别的文本所没有的。除此之外，该文本在情节上具有如下特点：

第一是在众多的《尼山萨满》文本中，员外的两个儿子，都是当第一个儿子围猎身亡后，祈祷上天又赐一子，而第二个儿子再在围猎中身亡，该文本却是"在贞耶勒氏四十五岁的时候，怀孕十月，产生双胎，一对男孩"。当这一对双胎男孩身亡时，因为一子寿期已到，另一子还可寻魂还阳，因此一新萨满只救活一子，在员外之子的宴庆会上，"夫妻二人又喜又悲，喜的是次子复活，悲的是长子长逝，随后一面办理丧事，一面办理还阳的喜事，一连忙了几天，才办理完毕"。该文本的这些内容，是其他《尼山萨满》文本所没有的。

第二是第⑫情节，即"请助手"，与海参崴本内容不尽相同。该文本此情节只有"差奴请助手"一小节，该文本所叙二位家奴"领命飞奔前往，来到竹布根嘎深，看见屯前有一群人正在那里练习弓箭，阿哈金下马来到近前，向那些人施礼，口称：'众位阿哥，借问一声，这个电中有一位那林·福羊古吗？请问他家住哪里'"。从人群中走出一少年，众人告诉家奴这就是你们要请的人。对助手的这种叙述和描写与民族所本和92年本①有相同之处。

第三是第⑬情节，即"跳神赴阴"。该文本描述当一新萨满赴阴后，在阴间看见阳间之事。该文叙述道："一新萨满正在院中跳舞，忽然头昏眼黑，立即不省人事。不多时忽然明白过来，睁眼一看，他所请好的众神，威风凛凛，都在面前围绕着，惟有那林·福羊古在院中看守着一具死尸。近前仔细观看，原来就是自己的身体，这才省悟，自己已经过阴了。"一新萨满在阴间还对助手交代事情，但人们都不理睬她，她的爱米神告诉她，你在阴间，他们在阳世，别说是说话，就是打他们，他们也不会觉得，这种描述是该文本中所独有的。

第四是第⑱情节，即《阴间遇夫》。在海参崴本和其他《尼山萨满》文本中，多为其夫在路边熬着油锅等待着尼山救他回阳间，而该文本则说其夫在阴阳河边居住，打猎捕鱼，时常截路抢财，今日看见一新萨满带着许多东西由此路过，其夫心想："这必定是富人归阴，我何不向前抢劫他的钱财呢？"这一情节与其他文本截然不同。

第五是第⑪情节，即"员外请尼山萨满"。当一新萨满答应为

---

① 1992年由俄罗斯青年满学家K.C.雅洪托夫在俄罗斯出版的《尼山萨满》，被称为92年本。

员外之子赴阴追魂时，一新萨满提出让员外答应一件事。即年年秋后祭祀神灵，文中叙述道："预备肥猪十只，肥羊十只，牛两条，祭祀我所领的众神，其余别的谢礼，一概不收。"一新萨满的这种要求，表现了对祭祀神灵的重视。这是该文本独有情节，对研究萨满祭祀提供了可贵资料。

不同之处，除以上五点之外，还有员外之子的病因不是众多《尼山萨满》文本中所讲的"瘟病"，而是因"旋风"过后，头脑昏迷身亡。还有一新萨满在阴间过阴阳河时，是她娘家的奴仆达哈渡她过河。还有一新萨满是从德那克楚那里得到员外之子的灵魂。德那克楚就是其他文本所讲的"蒙古后代纳克楚"。

该文本既然是"赫哲人看了满文本而口传的"，那么，此传说一定在赫哲族中流传并被他们所接受，因此该文本最大的特点，就是此传说除了大量反映满族社会习俗内容之外，还渗透着赫哲族的社会习俗。故事在讲到为死者准备阴间所骑之马时，说："在马群里挑选红马十匹，白马十匹，青马十匹，……预备作为二位小主人过火之用。""过火"在注解中明文解释为"赫哲人丧礼。人死之后，焚化纸箔，再用活马从东北向西南在火上走过去，便是'过火'。过火以后的马能到阴间，不过火的马不能到阴间"。《尼山萨满》的六种满文本，都是用近百匹马，至少是几十匹马作为员外之子灵魂的引导，并且仅是宰杀而已，无"过火"之说。一新萨满所祭祀的神灵和供品等都是赫哲族语的名称。一新萨满赴阴间时，带领着"爱米"神，"古热"神等。当她要进阎王城池，寻找员外之子灵魂时，她"便摇身一变，变成一个阔里"，飞进城中，找到了员外之子的灵魂。这与众多赫哲族萨满文化传说故事中有神通的女萨满都是变作阔里在空中飞行，实现其意愿的情节是完全相同的。与《尼山萨满》中的满族女萨满驱使鹰神、鸟神等为她服务的含义不同。此外，一新萨满供神时所用的香是"僧其勒"，与满族所用的"年祈香"或是"达子香"在名称上也不尽相同。

此外，一新萨满的装束有"胡也其"（神帽）、"什克"（神衣)、"竹什必廷"(神裙)、"喀钟"(腰铃)、"闻田"(神鼓)等,这些也都是赫哲语,总之,该文本中字里行间都渗透着赫哲族社会生活习俗的内容。

总之,《一新萨满》文本收集整理及出版的时间,是在 21 世纪 30 年代,故事内容完整,描写具体详细,同时,不仅保留了满族文化较原始的内涵,而且在一定程度上也保留了赫哲族的文化要素。是民族学、民俗学、宗教学研究领域不可多得的宝贵资料。

《女丹萨满的故事》是金启孮先生 60 年代初在黑龙江省富裕县三家子屯搜集到的,内容不仅与满文本差异很大,与汉文本的差异也很大。就故事情节来看,全故事仅有几个情节,而且有的情节仅有一句话。更主要的是该文本中主要人物都有改变。员外换成"皇帝",其子变为"太子"。尼山萨满最后被处以死刑,在其他文本中都是因为她在阴间不仅不救自己的丈夫,还将其夫扔于丰都城或是阴山后边,使其永远不能变成人。该文本最后也将女丹萨满处以死刑,但原因是因为她未救活死去三年的皇帝的御妹。该文本最突出的内容,也是一大特点,就是反映了满族历史上萨满与喇嘛斗争的内容,这是其他文本所没有的。

第一是法术方面的斗争。当皇帝准备接女丹萨满来皇宫收魂救太子时,"两个没有治好太子病的喇嘛……又愧又恨。他俩藏在午门洞里准备暗害女丹萨满"。此时女丹萨满已经知道两位喇嘛的阴谋,便坐鼓飞过午门进入皇宫。两个喇嘛的阴谋没有得逞。

第二是政治方面的斗争。女丹萨满无法救活死去三年的皇帝的御妹,还是坐鼓飞过午门进皇宫,皇帝甚为生气。此时两位喇嘛见有机可乘,便对皇帝说:"女丹本可以做到的,她是故意违抗皇帝命令",皇帝听信了两位喇嘛的话,于是将女丹处以死刑,扔于井中。

该文本中还有另一内容,就是它揭示了满族为什么祭祀雕神和萨满的创始人奥秘。当皇帝命人把女丹扔于井中以后,

"皇宫中立刻黑沉沉如暗夜一般，连着三天三夜看不见太阳"。皇帝让"一个善射的将军向空中射了一箭，结果射下一根鹰尾巴上的羽毛。这只羽毛非常大，用一辆大车才拉得动"。皇帝知道女丹死得冤，于是便说："让你永远随着佛满洲祭祀时受祭。"从此以后，佛满洲祭祀祖先时，同时还要祭祀雕神。女丹也成为萨满的创始人。

佛满洲的祭祀祖先，在满族萨满教历史发展中称为家祭。这是与满族野祭不同的一种特殊的萨满教祭祀仪式。在众多的满族姓氏家祭中，也就是祭祖仪式中，确实有雕神祭祀，有的叫鹰神祭祀。在满族人意识中，鹰与雕的含义是相同的。据介绍，在满族萨满文化中，只有野神祭祀中才有动物鹰、雕之类神灵，而家祭中则少有这类神灵。那么，家神祭祀中为什么会保留雕神，或是鹰神祭祀呢？原因我们并不很清楚，现在看来，恐与"皇帝"答应女丹萨满可随佛满洲祭祀时受祭的民间信仰有关。女丹为雕的化身，所以在满族家祭中，也就有了雕神祭祀。

总之，《女丹萨满的故事》虽然内容比海参崴本简单，但仍有研究价值。

《阴阳萨满的故事》，是祁先生于21世纪80年代初在瑷珲地区搜集到的。该文本共有13个情节。从内容来看，与海参崴本相同，可以说它是海参崴本的内容概要。前面我们已经说过，《尼山萨满》传说的主题思想是尼山赴阴寻魂并从阴间取回灵魂，救活员外之子。该文本仍是以救活员外之子，赴阴寻魂为线索。因此可以看出《尼山萨满》传说在人类历史发展过程中内容逐渐被淘汰，但先被淘汰的是其枝节内容，主干仍保留着，只有在故事产生背景完全消失之后，这些故事情节的主干才会渐渐消失。该文本所保留下来的内容概括性很强，如："从前有一个员外，家里很富裕，到了五十岁才生了一个儿子，老两口待这儿子如掌上明珠。孩子长到十五岁，一天出去打围，突然得重病死了。老两口伤心得要死。正在哭哭喊喊的时候，外边来了一个老头，说：'怎么不请萨满救救你这个孩子呀！'员外说：'我们屯的萨满都是混饭吃的，不但救不了别人，就是连自己什么时候死，他们也不知道。'老头说：'你怎么不知道，在离这不远的地方，有个阴阳萨满，能起死回生，为什么不去找她呀！'说完这老头就不见了。员外认为这是神灵指示他，非常高兴，带着家人，按着老头指引的方向去找这个女萨满。"短短的一段文字，就把员外之子得病身亡，仙人点化员外去请萨满救活儿子的全部过程叙述完了。在海参崴本中用了十个情节，而在《阴阳萨满的故事》中仅用了五个情节。因此我们说，该文本是海参崴本的概要本。

《宁三萨满》本是一残本，共有11个情节，与海参崴本的内容基本相同，也就是从叙述员外家境富裕情况开始，到仙人点化员外请萨满止，共有四千多字。它是以汉文手抄本形式流传于满族民间的。众所周知，《尼山萨满》是说唱文学，《宁三萨满》中表现最突出的是说书形式。传说开头：

狍皮鼓，柳木圈。
鼓鞭一打上通天，
安息香，走万字，
腰铃摆动哗楞楞。
不唱乌林斗里斤，
不唱呼尔哈各路神仙，
得鲁特，得鲁特。

这一段内容是传说的开场白，是正文的序。这正是说书诵唱的规范化格式。安息香就是满族萨满祭祀时所用年祈香，或称达子香。从供香来看，宁三萨满在当地满族中备受尊敬。传说的正文是这样的：

萨克河霍罗有个嘎山。嘎山住着巴尔都巴颜。巴尔都本是贝勒军，牛成甸子马成山。阿哈珠申无其数哟！金银大库四十八间。

巴尔都猪年生了个小阿哥。聪明玲利（伶俐——笔者注），非等间（闲——笔者注），得鲁特，得鲁特，聪明玲利（伶俐——笔者注）非等闲哪！一岁两岁怀里抱着，三岁四岁闯五关了，七岁八岁把书念啦，九岁十岁炼（练——笔者注）弓箭了，小阿哥十五岁啰，出围打猎横狼山啰。得鲁特，得鲁特，打猎行围九天正，身得暴命（病——笔者注）赴黄泉啰。得鲁特，得鲁特。身得暴病赴黄泉啰。

这段文字叙述的是员外第一个儿子身亡的经过。下面再让我们来看一下上天赐员外第二个儿子的故事情节："巴尔都夫妇眼看爱子暴病身亡。哭得死去活来。哭得天昏地暗。嘎山百姓议论纷纷，都说巴尔都待人狠毒，罪有应得。这话传到巴尔都耳朵以后，老贝勒感到羞愧难当。打那以后，冬舍棉衣三千六，夏舍单衣六千三。东西配房一日三餐，招待无家可归孤身要饭之人。老贝勒一晃施善十年。嘎山百姓齐声赞扬。好心惊动天和地，就在五十岁那年，巴尔都贝勒福晋又生一个男孩，老两口子大宴乡亲，烧香祭祀神灵。并起个名字叫色尔代。"当员外第二个儿子提出要去横狼山打猎时，员外哭诉着说："德什库，查尔浑。叫声孩子你要听真，上东上西随你便呀！跑马射箭我都依呀！横狼山，横狼山，悲痛往事记心间，你哥哥也是十五岁呀！一心打猎横狼山呀！去了九天和九夜，一命呜呼染黄泉。"

以上这几段文字可以清楚地看出《宁三萨满》文本的说唱特征，也就是说它既有说也有唱。前面开场白的节奏感很强，一定是唱，还有"巴尔都猪年生了个小阿哥，……身得暴病赴黄泉啰"和"德什库，查尔浑一命呜呼染黄泉"的节奏感也很强，也一定是唱。而"巴尔都夫妇眼看爱子暴病身亡……起名叫色尔代"则一定是说。总之，从我们手头所掌握的这11个情节来看，该文本的说唱特点是很明显的，即抒情部分一般是唱。用唱腔来抒发情感；叙事和说明事情的经过时，一般用说的方式。该文本是有说有唱，说唱结合，恰到好处。

总之，由于故事产生、传播的文化背景不尽相同，讲述、演唱者表演习惯的不尽相同，《尼山萨满》传说的四种汉文文本在情节结构、词语表达、故事情节等方面也都不尽相同，抓住这种差异点进行深入探讨，对于我们了解满族不同时代、不同社区的文化差异，无疑是大有益处的。

原载《民族文学研究》1996 年第 1 期

十六

《尼山萨满》与满族灵魂观念

人类总是充满了多欲和好奇的心理，多欲促使人向社会和自然索取；好奇则促使人探寻天地人类的生命根源，解释人的生与死的问题。满族也像其他民族一样，从原始时代就试图解释人的生死问题，认为一个人的肉体之所以能呼吸、有活力，有生命，是因为在肉体内有一个看不见、摸不着的物体，这个物体在人的肉体内，人就有生命；若它暂时离去，人就做梦或是精神失常了；如果永远离去，人就失去生命，也就死了。这种物体满族先人叫它灵魂。恩格斯在《路德维希·费尔巴哈和德国古典哲学的终结》这部著作中精辟地写道："在远古时代，人们还完全不知道自己身体的构造，并且受梦中景象的影响，于是就产生了一种观念：他们的思维和感觉不是他们身体的活动，而是一种独特的、寓于这个身体之中而在人死之时就离开身体的灵魂的活动。从这个时候起，人们就不得不思考这种灵魂与外部世界的关系。"灵魂观念也像人类社会的其他文化现象一样，有着明显的民族属性。我们仅从《尼山萨满》传说所反映的满族灵魂观念探讨其性质、形态、名称等问题。

一

　　灵魂在各民族中有不同的称呼，如哈萨克族称灵魂为"扎纳"[①]，蒙古族叫"乌麦"或是"乌米"，赫哲族叫"哈尼"和"费雅库"[②]，鄂温克族叫"马因"，小孩灵魂叫"乌麦"，等等。满族在历史上有自己的语言和文字，灵魂一词也应有满文名称。

　　满族及其先人，不仅在中国封建社会早期建立过两次地方政权，即渤海王朝和金王朝，与汉族有着历史悠久的文化交往，而且中国最后一个封建王朝，也是满族建立的，并统治中国近三百年之久。所以，它的语言文字、文化几乎都与汉族文化融合了，与新疆、西藏、南方等少数民族文化相比较，几乎失去了本民族的特点，其语言文字也随历史的发展而被淘汰了。现存满文资料除历史上遗留下来的满文档案和其他满文资料外，有关文学艺术方面的记载几乎没有。但在满族民间还能搜集到少量的满文文化资料。

　　这一用满文书写的，到目前为止，仍是唯一的满族民间传说，便是《尼山萨满》。笔者以此传说的各种文本为据，探讨满族的灵魂观念。

　　第一是海参崴本，灵魂一词在该文本中出现过十几次，共有三种不同的书写形式。在尼山萨满为员外之子的灵魂占卜去往何处时的神词中，就出现了两种不同的书写形式：一是"法英古"（fainggu），二是"法扬古"（fayanggu），三是在尼山萨满回到阳间时，有一大段唱词，我们称它为"叙事歌"，即《尼山萨满》曲调一统表中的第13段中为"法扬阿"（fayangga）。所以该文本共是法英古（fainggu）、法扬古（fayanggu）和法扬阿（fayangga）三种形式。其实这三种称呼差别很小，只是个别音节不同罢了。

[①] 秋浦主编：《萨满教研究》，上海人民出版社1985年版，第45—46页。
[②] 同上。

第二是齐齐哈尔本，该文本只出现过一种按音节书写的形式，即"法勇阿"（fayungga）。

第三是瑷珲甲本，有两种书写形式："法扬阿"（fayangga）和"法扬古"（fayanggu）。

第四是瑷珲乙本，仅用了"法扬阿"（fayangga）一词。

第五是民族所本，该文本因为经过译者对"错误""笔误"[①]的改正和使词汇的"书面化"[②]，所以虽然多次出现灵魂一词，但都是统一的，很规范地用了"法扬阿"（fayangga）一词。

第六是 92 年本，以很清楚的书写形式，使用了"法扬阿"（fayangga）一词。

综上所述：灵魂一词在六种满文文本的《尼山萨满》中，共有四种书写形式，即法扬古（fayanggu）、法英古（fainggu）、法扬阿（fayangga）和法勇阿（fayungga）。传说中出现最多的为法扬古和法扬阿，其他两种笔误的可能性最大。灵魂一词出现多种书写形式原因是多方面的。从属于民间文学的《尼山萨满》，除了我们前面所指出的在传抄中的笔误以及流传中渗入的方言口语之外，还有满文历史发展的原因。灵魂一词在《尼山萨满》传说中出现多种书写形式，也有新老满文的原因。老满文的发展规律，尤其是民间的音节变法，各满族聚居区的发展情况，已无史可考。目前只能依据现有的满文工具书来确定灵魂一词，哪种名称书写形式是规范化的书面语。

这四种满文灵魂名称书写形式，在清代满文工具书中只出现了一种，即法扬阿（fayangga）。《清文总汇》中解释为"殃神之殃，魂灵之魂"。《大清全书》中清楚地解释为"魂灵和神"之意。《五体清文鉴》中没有单词的解释，但有两个词汇，就是"叫魂"和"取魂"，其中都有灵魂一词，是"法扬阿"（fayangga）。各类工具

---

① 季永海等撰：《尼山萨满》，《满语研究》1988 年第 2 期，"前言"。

② 同上。

书中对"法扬阿"一词的解释，与我们说的"灵魂"之意是相同的。因此，我们说，在《尼山萨满》的六种满文文本中，虽然灵魂一词出现了四种不同的书写形式，但正确的、规范化了的书面语只是"法扬阿"（fayangga），而其他三种形式的书写方式或是满语的方言口语，或是老满文的音节，都有可能。

再者，我们看一下满族萨满文化的资料，十几年来，笔者在广大满族聚居区进行调查，从未从会讲满语的老人口中得知满语"灵魂"名称，说明此词汇已被人们忘记。同时，笔者在满族民间也发现大量的萨满神本，其中有汉字转写满文和满文神本，只有一本关姓神本中有一"瞒尼神"，其功能是赴阴抓魂为人增寿，这里清清楚楚地用满文记载"灵魂"一词为"法扬阿"（fayangga），为我们确认"法扬阿"是规范化的书面语形式做一个很好的证明。

二

灵魂观念在世界民族的原始文化中普遍存在，而且每个民族都有其灵魂的分类和数量。如，我国的赫哲族认为人有三个灵魂，第一个灵魂叫"干荣"，人和动物都有，这个灵魂如果离开人的躯体，人的生命就会终结，这是生命魂。第二个灵魂叫"哈尼"（有的地方称"艾尔盖尼"），人在睡觉时，它能暂时离开人的身体，在外界游离并与别的灵魂打交道，这是游离魂。第三个灵魂叫"费雅库"，是专管转生投胎的魂，[①] 这是转生魂。鄂温克族也认为人有"'哈年康'（影子魂）、'伯恩'（身体魂）、'马因'（命运魂）等几个灵魂"[②]。蒙古族称生命魂为"苏格顺"[③]，游离魂为"苏格"[④]

---

① 秋浦主编：《萨满教研究》，上海人民出版社1985年版，第45、46页。
② 同上。
③ 乌丙安：《神秘的萨满世界》，上海三联书店1989年版，第109、118页。
④ 同上。

（有的地方叫"斯乃"）。游离魂在"突厥语族人大多称'苏尔''苏那''尤拉''鸠拉'。这些称呼都含有'具有外在影像的魂'之义"①等。那么，在满族的原始文化中，灵魂观念如何？有几个灵魂？其民族语名称又是如何呢？

前面所分析的《尼山萨满》中，灵魂一词的满语规范化书面语为"法扬阿"（fayangga）。那么，它在萨满教文化灵魂观念中的三魂之说，应属哪一种？其作用如何呢？它的作用在《尼山萨满》的各文本中都有详细、具体的反映。如海参崴本记述占卜神词中：因为员外之子在"南山上打死了许多野兽，伊尔蒙汗②听说后，派了一个恶鬼，抓走了他的灵魂把他带走了"。于是员外之子就死亡了。齐齐哈尔本所记述，当员外的家奴请尼山时，尼山占卜中说："是呼木鲁鬼抓走了你们主人的灵魂。"瑷珲甲本与海参崴本相同。92年本同齐齐哈尔本相同，也是"呼木鲁的鬼"抓走了员外之子的灵魂。这说明"法扬阿"离开了色尔古岱·费扬古的躯体，而去了另一个世界。这个"法扬阿"是使一个人的肉体有活力，能呼吸，关系到一个人生命的灵魂，所以它应是生命魂。

从传说记述的"法扬阿"使色尔古岱·费扬古死而复生的作用来看，更能证明"法扬阿"是满族人民思想观念中的生命魂。尼山萨满在阎王殿中找到了色尔古岱·费扬古的灵魂，并将它带回了阳间，"把法扬阿放回到原身上"推到色尔古岱·费扬古的体内，随后员外之子便如做长梦而醒来，马上"要水喝"，他复活了。汉文本《一新萨满》中也这样写道："一新萨满领着斯尔胡德·福羊古（员外之子——笔者注）的真魂和众神，欢欢喜喜地奔往阳间去了。不多时，来到禄禄嘎深巴尔道（传说中人物，名叫员外——笔者注）的院内，将斯尔胡德·福羊古的真魂推进他的死尸里面，使他附入本体"③，于是，员外之子身体发热，有了呼吸，便复活了。因

---

① 乌丙安：《神秘的萨满世界》，上海三联书店1989年版，第109、118页。
② 伊尔蒙汗，即阎王。
③ 凌纯声：《松花江下游的赫哲族》，上海文艺出版社影印本1990年版。

为是汉文版,所以没有出现满文灵魂一词,但这里使员外之子复活的"真魂"就应该是"生命魂"了。

因此,我们说从使员外之子死而复活的法雅额的作用来看,它是给人以呼吸和活力的灵魂,其性质是生命魂。

传说中还出现了另外一种性质的灵魂,那就是尼山萨满赴阴时,昏迷后灵魂离去的内容。在海参崴本中是这样记述的:当尼山萨满唱着神歌要去阴间寻魂时,她突然昏倒了,同时"尼山萨满领着鸡牵着狗,背着面酱和纸箔,在众神灵的保护之下前往阴间去了",她走过了遥远的路途,经过种种困难,找到了员外之子的法扬阿,尼山萨满在阴间里所干的一切都是她的灵魂干的,与她的躯体毫无关系。这一内容在汉文本《一新萨满》中也有详细记述:"一新萨满正在院中跳舞,忽然头昏眼黑,立即不省人事。不多时忽然明白过来,睁眼一看,她所请的众神,威风凛凛都在面前围绕着。"她还看见自己的助手守着一具死尸,"仔细观看,原来是自己的身体"。这时一新萨满才知道自己是过阴了。于是,一新萨满叮嘱她的助手,"小心看守我的身体"但她的助手毫无反应,她领的神灵告诉她:"阴阳相隔,别说说话听不到,就是打他也是不会觉到的。"这一段描写告诉我们,一新萨满的灵魂离开自己的身体了,其肉身已失去知觉。这时萨满昏迷后灵魂离身是暂时离去,当灵魂完成任务后,如果没有什么特殊障碍和遇到什么特殊情况时,它会自动地又回到自己体内,这种灵魂如同睡梦中的灵魂暂时离去游历他乡一样,可以叫它为"游离魂"。在《尼山萨满》的各种本子中,都详细记述了尼山萨满的"游离魂"的作用,与海参崴本相同。

传说中又反映了满族的另一种灵魂,就是尼山萨满的丈夫的灵魂。海参崴本中记述:当尼山萨满在回阳间的路上,看见丈夫熬着油锅等着她,她丈夫声称:"你(指尼山萨满——笔者注)如果不救活我,这个油锅就是你的归宿。"尼山萨满为摆脱丈夫的纠缠,让神灵把他"扔进了丰都城",并让他"永远不能转生为人了"。

在瑷珲甲本民族所本和92年本中都记述了尼山萨满遇见丈夫的灵魂并将它扔进丰都城,永不能转生为人的内容。在汉文本《一新萨满》中,一新萨满在阴阳河岸边遇见了她死去多年的丈夫的"真魂",同样为摆脱丈夫的纠缠而把丈夫的灵魂扔到阴山后面去了。这种扔到阴山后面的真魂就是指人的转生魂,传说已清楚地告诉我们,一新萨满的丈夫的"真魂",因无尸体而不能救回阳间了,已与人的生命无关系,它不是生命魂,同时,也不是暂时离身的游离魂,尼山萨满丈夫的"真魂"只能是准备再投胎转生的"转生魂"。

综前所述,满族历史上的原始思想意识中曾存在过"生命魂""游离魂""转生魂"的概念。而传说《尼山萨满》中只在员外之子的灵魂情节中用了满文名称"法扬阿"(fayangga),它是满族的"生命魂",其他"游离魂"和"转生魂",传说中无满文记载,所以也无从考究,很可能是被满族历史淘汰了。这三者之间的关系如何?能否互相转化?这是有待于对满族思想文化进一步深入探讨研究的问题,但从传说《尼山萨满》所反映的灵魂在人的生命中的作用来看,这三种类型的灵魂在满族原始思想意识中是存在的。

三

原始人不仅认为人有灵魂,而且认为灵魂不死和万物皆有之。这种灵魂不死的思想观念,也就是当人死后,灵魂要前往灵魂归宿处——阴间,所以,人们要为他举行送魂仪式,并按死者生前生活中所使用的和食用的一切物品的模样,准备各种物品,以备灵魂在阴间使用等,这样便形成了每个民族与本民族观念形态相适应的各种丧葬习俗。传说《尼山萨满》丧葬中的各种祭品及仪式证明了这一点,从中我们可以看出,灵魂具有与其生前生活相同的特点。

除此之外,还有以下特点:

第一,在面貌和能力方面都与人活着时相同。从众多的《尼山萨满》文本中可以看出，正是因为尼山萨满在阴间认出了员外之子的灵魂，才把他带回到阳间，使之复活。同时，她还在阴间认出了自己死去多年的丈夫，还认出了刚结婚两天就病故的邻居妇女等。在汉文本《一新萨满》中，她认出了娘家的"心腹家人"。在员外之子复活以后，因为在阴间他见过尼山萨满，所以马上就认出了"她是领自己回阳间的妇人"①，等等。这些都有力地说明灵魂与活人的面貌相同。

员外之子色尔古岱·费扬古生前是一个好猎手，出外狩猎"凡见到的猎物没有一个能逃脱的"，所以死后仍是百发百中的神箭手，他射中了高杆上悬挂的金钱孔，又是个大力士，善于摔跤等。

总之，灵魂的面貌与技能均同人生前一样。不仅满族人具有这样的灵魂观念，而且其他民族的灵魂观念也具有这一特点，如《松花江下游的赫哲族》② 一书中记载着一个名为《杜步秀》的故事：杜步秀的未婚妻运用萨满神术赴阴间为别人送魂，途中遇到被杀害的未婚夫杜步秀的灵魂，便乘机搭救了他，回到阳间并使之复活。同时，杜步秀也认出了自己的未婚妻。在达斡尔族的《德洪莫日根和齐尼花哈托》③ 中，也有萨满赴阴间寻找自己未婚夫灵魂的记载。这些都充分说明了灵魂与人生前的相貌是完全相同的。

第二，灵魂的形体大小有很大程度的可缩性。海参崴本民族所本中的《尼山萨满》和瑷珲甲本中，员外之子的灵魂在阎王殿里与其他小孩玩耍金银嘎拉哈，这时员外之子的灵魂形体大小与他活着时相同，而在尼山萨满将他的灵魂放在香炉中带回阳间时，这时的灵魂就非常小了，仅在香炉中放下。另外，尼山萨满在阴间遇到自己的丈夫和过河的船工以及在奥莫西妈妈（满族萨满女神——笔者注）殿内见到的其他妇女的灵魂等都与他们生前的形体大小相同。

---

① 凌纯声：《松花江下游的赫哲族》，上海文艺出版社影印本1990年版。
② 同上。
③ 呼思乐等编：《达斡尔族民间故事集》，内蒙古人民出版社1981年版。

满族民间还流传着《核桃仁》的故事，讲的是有一个小孩死后，他的灵魂就生活在一个小小的核桃之中，可见其灵魂是很小很小的。

其他民族的灵魂观念中，同样有关于灵魂形体大小变化的记载。如《松花江下游的赫哲族》一书中的《什尔大如》故事里有一个死去的人，他的灵魂在他的头骨中生活了360年，能言能行还能打仗。同书中《杜步秀》故事，杜步秀用"收魂帕"将对方许多战将的灵魂收在手帕中，杀死了他们，这里的灵魂就更小了。

原始人视灵魂比自己的肉体还珍贵，认为只要灵魂存在，即使是死了还有复活的可能。就是在人活着的时候，有的人唯恐自己的灵魂丢失或被杀害，所以总是把灵魂放在一个认为保险可靠的地方。如达斡尔族民间故事《德洪莫日根》中的国王就把灵魂放在一棵桦树上的鹰巢里，是一个红蛋；国王的儿子则把灵魂放在坐骑的马尾里，变为一根白马尾。[①] 赫哲族民间故事《什尔大如》中有关于萨满灵魂放在大龟肚子中的记载，这种灵魂同样是非常小并有特殊保护方法的。

这种灵魂形体大小的变化，其限度最大不能超过活人的形体，最小是人用肉眼可以分辨。当灵魂需要活动并与其他灵魂打交道时，它会像活着时的人一样大小，进行活动、生活；当需安置带走时，它还会变小。

第三，灵魂的重量轻如羽毛，有迅速飞行能力，这是万物有灵与人的灵魂互相沟通并互相转化的思想。汉文本《一新萨满》中的员外之子的灵魂，就是一新萨满变作阔里背回阳间的，不仅说明员外之子的灵魂非常轻，而且尼山萨满的灵魂在阴间里变作阔里飞来飞去。《尼山萨满》的其他文本中，灵魂都是像羽毛一样在阴间里游来游去，速度飞快。

---

① 凌纯声：《松花江下游的赫哲族》，上海文艺出版社影印本1990年版。

其他民族的民间故事中也有许多例证。达斡尔族的《德洪莫日根》[①] 中，有两个年轻的女萨满都把真身留在阳间，让灵魂在虚无缥缈的世界里挥剑交锋。赫哲族的《阿格第莫日根》中阿格第的灵魂附在一簇蒿草上，"浮浮摇摇，飘飘荡荡地坐在那里"[②]。《武步奇五》中主人公的灵魂"飘飘荡荡地往西南方走去"[③] 等，其灵魂都非常轻。

在原始人的灵魂观念中，人死后灵魂离身去阴间世界了，但有的是变为飞禽飞走了。这种变化一般都是萨满或妇女，如满族《白鹰的故事》中，萨满死后变作白鹰飞走了。达斡尔族的《威兰德都和威尔迪莫日根》中，有一妇女死后变作小鸟在林中飞翔。鄂温克族小孩的灵魂都是变作小鸟。更应提到的是，赫哲族莫日根故事中写道，在氏族和部落战争中，妇女和男人都变作阔里，尤其妇女，她们忽而飞东，忽而飞西，忽而从空中猛击对方，忽而从地下钻出来，帮助丈夫战斗。这种变成阔里的现象，我们从《一新萨满》中主人公的灵魂在阴间变作阔里的情节中得到启示，在赫哲族的思想观念中，妇女的灵魂都变作阔里。

总之，从原始人的灵魂观念来看，灵魂不仅有与活人面貌、形态、能力相同的特点，而且也有与活人形体大小、重量和速度等方面不同的特点。

四

前面已经说过，灵魂观念是在自然条件极其恶劣，生产力很低的情况下，原始人解释人类死亡、产生强烈的求生欲望而产生的，像其他事物一样，也有它发生和发展的规律。从人类文化史来看，灵魂观念的产生不会早于图腾观念，与祖先观念的产生有直接关

---

① 《达斡尔族民间故事选》，上海文艺出版社1979年版。
② 中国民间文艺研究会黑龙江分会，1981年，哈尔滨。
③ 《黑龙江民间文学》第2期。

系，所以它应是在新石器时期氏族社会时代产生的。

原始人既然用幻想的方法创造了一个灵魂世界，那么他们必然相信它与人的生命有着密切关系。许多民族的民间文化反映了这方面的内容。前面引用的赫哲族故事中用"收魂帕"收走了对方的灵魂后，对方的肉体便随之死亡。蒙古族的《喜热图莫尔根汗》①中，喜热图英雄击毙了"魔王的八大灵魂"后，魔王的肉体才彻底灭亡。鄂伦春族的《阿勒塔聂》②中，因父母不慎，把阿勒塔聂的灵魂丢失了，落到了魔鬼手中，差点儿被它捏死了，阿勒塔聂千方百计地寻找到自己灵魂，才保证了自己生命的安全。这一切都说明原始人重视灵魂在人的生命中的作用。

原始人认为灵魂既然能离开躯体，也能回到躯体内，人即可复活了。所以在原始人看来，只要有灵魂，人死了也可以复活。各民族的民间文学中，有许多反映人死而复生的故事。

人类最早死而复生的方式，像满族的《核桃仁》的故事，小孩死后放在核桃树下，第三天从树上取下一个核桃，妈妈一阵哭泣，便从核桃内跳出一个小孩来。达斡尔族《威兰德都和威尔迪莫日根》中威尔德都的灵魂变作小鸟，在弟弟哭泣的感动下，小鸟变作姐姐，复活了。这两个故事中的复活方式的共同特点是灵魂先变作一种物体或飞禽，在亲人的哭泣中，经过灵魂的变化而复生，其思维简单、离奇，幻化性很强。这时的灵魂无一定的去处，飘向大自然中去是一种很原始的灵魂变化的复活方式。

随着人类社会的进一步发展，人们灵魂的归宿处——阴间产生了，这时便采用阴间取魂而使人死而复生的方式。满族传说《尼山萨满》是较为典型的例证。尼山萨满赴阴找回员外之子色尔古岱·费扬古的灵魂后，"把他的灵魂往体内一推"，这时助手唱催醒神歌，一会儿员外之子便复活了。汉文本《一新萨满》中，一新萨满

---

① 《中国少数民族文学》，湖南人民出版社1983年版。

② 同上。

前往阴间取回灵魂,并围着色尔古岱·费扬古的尸首跳神,他便复活了。赫哲族的《木杜里》《阿格弟》都记载着类似的故事。

这种死而复生的方式,需要有神通广大的萨满神术,从阴间取魂放入体内,萨满再跳神,人便可以复活。较之前一种方式,复活条件要困难得多,复杂得多了。

当人们对自然和自身有了进一步认识后,人死而复生的方式也有了新的发展,即采取服用"仙丹""神药"等方式。如赫哲族的《阿格弟莫日根》中,阿格弟的未婚妻将他的灵魂从阴间取回来,又将"三丸仙丹"[①]含在他嘴里,他才复活。这里起作用的是"仙丹"。有的只用仙丹就能救活人,如《杜步秀》中的主人公因吸了毒烟被毒死,是他的高祖母用"妙药仙丹"救了他性命。《葛门主格》中的女主人公用"七粒红色灵丹"救活了她的丈夫。鄂伦春族《喜勒特很》中主人公的未婚妻"将仙丹放进他嘴里,末后向他嘴里吹送了她那富有生命力的气息"[②],他便复活了。《白衣仙姑》[③]中的仙女用"仙水"救活了三个人等。这种死而复生的方式的特点是用"仙丹""神药"使人复活,这里已显示出药物的作用。

原始人在不断的社会实践和与自然斗争及自身的经验中,逐渐认识到人死后是不能复活的,但他们还是以自己的思维和认识能力,探索如何长寿、不死或死而复生的途径。如满族民间故事《他拉伊罕妈妈》中的女主人公临死前告诉部落人:"我死后,千万把我用桦皮包好,挂在东山口大松树上。"[④] 有一天,当狼精率领狼群向部落袭击时,恰好经过东山口,他拉伊罕妈妈的桦皮棺材突然裂开,她手持宝刀杀向狼群,保护了部落的人们,并带领他们过上了

---

① 《阿格弟莫日根》,《黑龙江民间文学》,中国民间文艺研究会黑龙江分会,1981年,哈尔滨,第2期。
② 《鄂伦春民间故事集》,内蒙古人民出版社1981年版,第7页。
③ 《鄂伦春民间故事集》,中国民间文艺出版社1984年版,第32页。
④ 傅英仁:《满族神话故事》,北方文艺出版社1985年版。

好日子。因为灵魂上长白山修炼了，所以她有这一身好武艺并又复活了。过了许多年，当她年老时，又被白山主召回长白山继续修炼去了。满族萨满文化中，石姓有一位五辈太爷，死后棺材放在村边一棵大树下，三天后人们发现棺盖打开，内有满文纸条，而尸体却不见了。三年后他出现在一药铺里，声称未死，是上长白山修炼去了，现在回来当了石姓大萨满并给人们治病，几年后又上了长白山。据说石姓的大萨满头辈太爷和三辈太爷都是如此。

其他民间文学中也有类似这种死而复生的故事，如赫哲族的《葛门主格格》中有一位卓禄妈妈，"是早年成道的萨满，现已变作石头的仙体"，而葛门主格格和丈夫"对坐而死"，① 虽被人们用棺材埋葬，后开棺不见尸体，据说上山修炼成仙了。《土如高》中有一萨满"将凡胎的身体脱留在山顶上，变作石身"② 而上山修炼成神。

这种死而复生的特点是，第一步是假托死去，尸体升飞与灵魂一起上山修炼，有的几年后再回到人间；第二步是他们复生几年或几十年后，再被召回到山上修炼成神，后来成为本氏族或部落的祖先神。这种死而复生的方式，主要突出了灵魂修炼的特点，显然受到中国道教文化的影响，但又有所不同。道教是人活着的时候，就修炼成仙，而满族和其他民族是人死后灵魂修炼成神。即成为本民族所祭祀的祖先神了。其二是尸解的内容不同。什么是尸解？"尸解即假托死去而成仙"，"一般所谓尸解，留下的尸体并不是真的肉体，而是某一物变化的假尸体"，③ 如造剑尸解法。满族的五辈太爷是尸化为"满文字条"，赫哲族的卓禄妈妈是尸化为"石头身"，《土如高》中的萨满也是尸化为"石身"等。当然也有尸化升飞，没有留下任何物体的情况。

从前面所列举的满族等民族死而复生的类型来看，共有四种方

---

① 凌纯声：《松花江下游的赫哲族》，上海文艺出版社影印本1990年版。
② 同上。
③ 朱越利：《道教答问》，华夏出版社1989年版。

式：一是灵魂直接变化复生；二是阴间取魂复生；三是服用"仙丹""妙药"复生；四是灵魂修炼复生。前两种是原始形态，后两种则受道教文化影响，人为的因素逐渐增加，是近代人类思想观念形态。

我们从满族人死而复生的方式中得到启示，即灵魂观念的产生，必然导致神灵、祖先神的出现，这也是萨满教文化中神灵崇拜的主要内容。

前面的分析，主要依据《尼山萨满》传说，为我们提供了一些满族原始灵魂观念的信息。我们的结论是，满族的满文灵魂名称在历史上曾叫"法扬阿"（fayangga），是"生命魂"。并且出现过"转生魂"和"游离魂"的灵魂观念，但无满语名称可考。从人死而复生方式来看，《尼山萨满》中的灵魂观念是较原始的，是阴间取魂而使人复活。满族灵魂观念中除阴间取魂外，还有灵魂修炼较为突出，修炼的地方是长白山，这是满族灵魂观念的主要特征，形成了满族文化中长白山文化的独特内容。

原载《黑龙江民族丛刊》1998年第1期

十七

满族女神佛哩佛多卧莫西妈妈论析

满族萨满教祭祀中，有一位始祖母女神，叫"佛多妈妈"，即"柳枝祖母"。在平常日子里，它的神位是在西墙祖宗龛的北侧，有一上窄下宽的、一尺左右长的黄布口袋，叫子孙口袋，或妈妈口袋；或是在住房的东南角上，插一柳枝；还有的在庭院中竖着一柱柳杆等，都是它神位神灵的象征。这一佛多妈妈的祭祀仪式叫换锁。锁者，即是放在子孙口袋中的子孙绳上，在祭祀时重新系上的蓝、白、黑（或是五彩）线绳、布、绸条，这些线绳和布、绸条，叫"锁"，民间称为"神锁"。经过跳神仪式后，满族人认为这些线绳、布、绸条有了保护子孙的神力，即刻从子孙绳上取下戴在子孙们的脖子上，或是手腕上，三天后取下挂在自己的西墙上，或保存起来。待下一次再祭祀佛多妈妈时，同样在子孙绳系上新的线绳或布、绸条，萨满跳神以后，将从前曾戴于脖子上或是手腕上的线绳或布、绸条拿来，换一新的神锁戴在脖子上或手腕上，旧锁系在子孙绳上。三天以后，仍照前处之，这就叫"换锁"。

这一换锁仪式一般是在春秋两季，而且多在秋天。其所需神器除有一黄布口袋，即子孙口袋外，还需从山林中择选一清洁茂盛的柳枝栽于庭院中的偏东南处。当然还需要供香、饽饽和献牲等。献牲多为猪，也有用鸭、鸡、鱼等。

关于制作神锁和选择柳枝的经过，在满族各姓氏的萨满神歌中，都有详细、具体的反映。如石姓"取来了茂盛柳枝，敬栽在庭院中。从大城市中，取来白绫彩绸，巧手剪成银钱、彩条挂在柳枝上。取来洁净彩线、制作了神锁。……乞请卧莫西妈妈。"① 有野神祭祀的杨姓神歌，竟有三篇专为佛多妈妈的祝文。其中在佛多妈妈的第二篇祝文中，也就是神歌，详细叙述了如何选择柳枝的内容，如："前往茂密的森林中，在柳树的丛林园子里，取来茂盛柳枝，……乞请卧莫西妈妈。"并取下"陈的佛多活妈妈，敬栽了新柳枝"。此处的"陈"是指从前举行"换锁"仪式时所栽柳枝，即往年庭院中的柳枝，满族习惯，也是禁忌的原因，表示"旧"内容用"陈"一词。关姓神歌中是"乞请佛哩佛多卧莫西妈妈神，取来佛多活，敬栽于房门近处"。在署名为"光绪十八年十一月"的关姓神歌，和"咸丰十年十月十一日"的关姓神歌中，都是"从柳树上取来柳枝，敬栽在房门近处，乞请佛哩佛多卧莫西妈妈神"等。总之，充分表现了祭祀人的虔诚态度。同时，神歌中又出现了佛多妈妈的其他称谓。

综观在满族民间和清宫中的祭祀，对于佛多妈妈的称谓，共有：①卧莫西妈妈（omosimama），即子孙们的祖母。②佛多妈妈（fodo mama），即柳枝祖母。③佛多活妈妈（fodohomama），即柳树祖母。④佛哩佛多卧莫西妈妈［furi（或 fere）fodo omosi mama］即柳枝子孙们的祖母。这些称谓都有其历史、地域和姓氏的一定内容和含义。笔者先探讨佛多妈妈的神职作用，这是满族各姓氏神本中，神歌所必有的内容部分。如：

石姓神歌："子孙戴锁保平安，以口袋所生，袋大子孙多。为石姓繁荣昌盛，乞求佛多妈妈，枝大叶多，繁茂壮大，繁衍无穷。如木之茂盛，如木之繁荣。"②

杨姓神歌："准备了子孙绳，系上索利条、线绳……乞请卧莫

---

① 宋和平：《满族萨满神歌译注》，社会科学文献出版社1993年版。

② 同上。

西妈妈，照看着这里的人们，保佑着杨氏家族。百年无戒，六十年无疾。外出之人所到之处吉顺，来往之地平安，外出时二十名壮士在前，四十名骑士随后。两军相战，不陷沟壑。"此神歌里并未指出保护和繁生子孙们，而是祈祷着全族人员以及外出、参战、官差人员的富贵平安。

关姓在"乞求佛里佛多卧莫西妈妈神"中记述："弓箭系在子孙绳上，口袋无大，子孙无多，孽生繁茂，合族兴旺。"希林赵姓神歌中所述："乞请卧莫西妈妈施恩，子孙口袋里装上九个灵魂，八个灵魂。望我家生养八个男孩，九个男孩，祈祷保佑。"郎姓神歌所述："满族郎姓，原为由根所生，由叶所长，子孙口袋所繁荣。"舒穆鲁氏神歌中："敬神的祭肉是吉祥的，请布施喜肉，赤光祥气，叶大根茂，繁衍茂盛。"等等。这些姓氏的"换锁"神歌中，除了是主管子孙繁荣和保护神外，还有的指出在子孙口袋里装有灵魂，这是人类生命的源泉。

我们再录述清宫中"柳树枝求福祝辞"，为"聚九家之彩线，树柳枝以牵绳……如叶之茂兮，如本之荣兮。食则体腴兮，饮则滋营兮。甘旨其鲜兮，朱颜其鲜兮。岁其增而根其固兮，年其永而寿其延兮"。此段神歌，虽然带有文言性很强的文字，但其内容仍然说明佛多妈妈是主管子孙繁荣和平安之神。同时，清宫与民间祭祀是相统一的。

满族人家祭祀，都是佛多妈妈的祭祀内容，有的有专项祭祀，即换锁祭；有的无专项祭祀，但在祭祖神歌中，必有佛多妈妈的祭祀内容，如郎姓。再者，从前面引用满族在换锁仪式中的虔诚态度，足以证明与佛多妈妈的密切关系，即兴衰的、发达的、繁荣的、极为重要的、不可分割的关系。同时，又反映出满族各姓氏的神歌内容不是处于同一历史层次的，也就是有历史先后之别，所以，反映佛多妈妈的神职作用，也有着明显的不同历史层次。

综观佛多妈妈的神职作用，即乞求子孙繁荣、平安、枝大叶多，根荣繁茂，口袋大子孙繁多，等等，以及"由根所生，由叶所长",这其中就已含有柳枝生育人类的意思了。而且在杨姓神歌中明确提出乞请"佛多活妈妈"(fodoho mama),即柳树祖母,所以,在满族历史上,萨满教祭祀中不仅仅是柳枝被祭祀,应是柳树。而且柳树祭祀是原始形态,插柳枝或柳杆于庭院或房屋中而祭,应是定居,从事农业经济之后的行为。在这之前,在到处游猎,随猎物而逐居的狩猎生活中,只能是在祭祀之际,或是想而祭祀之时,见丛林择柳树而祭之。因为那时,在江河、湖沼之地,习以为湿地,以足够的水分和阳光为生活条件的柳树,多生活于这些地方。正与人类生活条件基本相符合。这也正是生活于白山黑水中的满族与柳树关系密切的原因。因此柳树祭早于柳枝祭,同时,在满族原始观念中,柳树同样具有生育人类的作用。神歌中,所提及的"口袋大子孙多",是因为每逢祭祀时,不仅需要制作许多新锁绳系在子孙绳上,而且还有前一次子孙们带过的旧锁,也要重新系在子孙绳上,还有系上当年之内生育的子孙,即以小弓箭和嘎拉哈或彩条为代表,这样年复一年,世世代代,子孙绳上的物件必然越来越多,口袋也必然增大。所以,许多满学家皆称子孙口袋和子孙绳为"满族无文字的家谱"是有道理的。

希林赵姓神歌中指出口袋中装有"九个灵魂,八个灵魂",是指的男性灵魂,此处的"九个、八个"之数,不是具体数字,是表示无定量的多数,因为"九"是单位效中最高数字。再者,子孙绳上的小弓箭是代表男性子孙,民间也是这样认定并流传的。

这一柳枝或柳树生育人类的内容,在满族神话、传说等民间文化中也有大量反映。

这在被译为俄文、英文、日文、德文、韩国文等多种文字的、流传于我国东、西北各民族中,如满族、赫哲族、鄂温克族、锡伯族等民族的,具有史诗性的传说《尼山萨满》中,有详细、具体的叙述:

大殿中间坐着一位头发雪白的老妈妈,她长着长形脸,眼球突出，噘着下巴，牙齿血红，样子真可怕。她两边站着十余个女人，有的背着小孩，有的抱着小孩，还有用针线缝制小孩的，有的把小孩排成一排排，有的把小孩装进口袋里，带走了。她们都忙个不停。①

卧莫西妈妈又对尼山萨满说：

我赋予你生命，赐予你萨满神帽，让你身系腰铃，手执抓鼓，跳着大神，闹着玩似的降生到世上。……世上的那些萨满、学者、主人、奴仆、高贵者和卑贱者、穷人和富人、骗子手、权势、酗酒、狂热、嫖者，一切善与恶都由这里确定，然后赐于阳间的人。②

这里清楚地告诉我们，佛多妈妈虽然住在高贵的宫殿中，但她仍然"长着长形"的、像柳叶一样的脸。"眼珠突出、噘着下巴，牙齿血红"，像鱼一样的形象。所以祭祀佛多妈妈时，清宫和有的满族姓氏用鱼祭祀，其原因可能是因为此神与鱼有关系。这里又告诉我们，佛多妈妈还主管人类命运、生育。当然传说中佛教中的缘生法也得到了充分反映。同时，传说中的子孙，在《尼山萨满》中不管用什么原料，都是造人之说。

《尼山萨满》的另一文本中所叙：尼山对佛多妈妈说："我是从您的叶子上发芽，从根上生长出来的子孙呀！"又述："柳树长得又绿又好"，象征着世间人们的"日子过得好，子孙满堂"。"柳树干枯了"，是因为"阳间人生活富裕了，就随便地将牛马赶进林子中践踏，同时把柳木作柴火烧"③，等等。其他《尼山萨满》文本

---

① 请参见宋和平著《尼山萨满研究》中的"附录"，海参崴本《尼山萨满》译文，社会科学文献出版社1998年版。

② 同上。

③ 《满语研究》1988年第2期。

中，除了瑷珲乙本中佛多妈妈与玉皇大帝等神，给尼山所救的孩子增寿外，其他都是生育和富贵保护之神。

宋和平的《满族萨满神歌译注》①中，有两篇关于佛多妈妈的完整神话，其中都是说佛多妈妈与乌克伸神结为夫妻或是在柳树叶子上滴水而繁衍了满族。这里更明确地告诉我们满族是由柳树所生，柳树所长。这是柳树生人之说。在佛多妈妈的两篇神话中，都提到一位名叫乌克伸的神灵。"乌克伸"（uksin）是满语，为盔甲之甲，是古代战争中，士兵作战时穿戴的战服。看来"乌克伸"也像子孙绳上系的小弓箭一样，象征着男性。与神话的内容相联系，"乌克伸"是象征男性生育力量，是男性生育神的崇拜。

在《萨满教女神》中所述："在天连水，水连天，遍地大水的时候，人们啊，无法生活了，是阿布卡赫赫给人世万物扔下了柳枝，拯救了生灵。"②这是柳枝救人之说。

同书又述："白亮亮的大水淹没了万物生灵。天神用身上搓落的泥做成的人只剩下一个，他在水中随波漂流，眼看就要被淹没。后来，柳枝载着他漂进了一个半淹在水里的石洞，化成了一个美丽的女人，和他媾和，生下了后代。"这是柳枝变美女，生育满族之说。

同书中又叙述："当阿布卡赫赫与恶魔耶鲁里鏖战时，善神们死得太多了，阿布卡赫赫只好往天上飞去，耶鲁里紧追不放，一爪子把她的下胯抓住，抓下来的是一把披身柳叶，柳叶飘落人间，这才生育了人类万物。"这是柳叶变人之说。

综上所述，满族与佛多妈妈的渊源关系有：①缝制小孩的造人，②柳树生人，③柳叶生人，④柳枝变美女生人，⑤柳枝救人五种形态之说。这五种形态不在满族同一历史层次中，最原始的是柳树生人，也就是此作中的两篇神话中的内容。其次是柳叶生人，柳

---

① 宋和平：《满族萨满神歌译注》，社会科学文献出版社1993年版。
② 富育光、王宏刚：《萨满教女神》，辽宁人民出版社1995年版。

枝变美女和救人,最后是缝制人。

笔者在萨满文化调查中,曾收集到一子孙娘娘庙中,有一穿着道衣,挽着高发,身背装有小孩大口袋的女菩萨。[①] 还有武艺高强的白发老太太[②]等。这里的佛多妈妈是满族历史上更晚时期的产物了。

关于佛多妈妈的偶像,有木刻型、布制型、画像和泥塑型,最原始应算是柳枝型和柳杆型。有的房屋东南角插一柳枝,有的祖宗匣内放一柳枝等。

总之,无论从神歌中所反映的内容,还是从民间所流传的神话传说中,都充分说明佛多妈妈与满族的关系非同小可,是生育、养育、保护满族的重要始祖女神。她伴随着满族先人,从远古时期的柳树崇拜,到近代衍化为如同汉族中所供奉的送子娘娘和子孙娘娘形象,她经历了不同历史时期的演变和不同姓氏形态的发展,誉享于满族神坛中的祭祀。而且以崇柳祭柳为中心,又形成了满族生活中方方面面的柳习俗。如满族坟墓上插柳,以示祭祀祖先。满族以送柳枝,表示送痘神娘娘出走,让病着的小孩痊愈等习俗。满族的这些崇柳、祭柳等行为,它的实质、原始的深刻含义又是什么呢?

首先看佛多妈妈祭祀仪式中所用神物,除了供鸡、鱼、猪、香等供品外,平时主要有挂于西墙北侧的子孙口袋和柳枝。在祭祀的时候,将子孙口袋中的、挂有神锁的子孙绳取出,一头系在原神位上,即挂子孙口袋的西墙北侧处,另一头挂于从野外山林中取来洁净的、茂盛的、栽于庭院中的柳枝上。经过萨满跳神活动后,满族认为此时的柳枝已具备神录作用,而子孙绳上的神镇和口袋也更有保护子孙们平安、健康和繁生的神力。

柳枝取之于柳树或是柳丛。柳树的特性是枝叶茂盛,有强大的

---

① 宋和平:《满族萨满神歌译注》,社会科学文献出版社1993年版。
② 傅英仁搜集整理:《满族神话故事》中的《朱拉贝子》《沙克沙恩都哩》等,北方文艺出版社1985年版。

生命力和繁殖力，可以说众树之中，唯柳树容易栽培，它的成活率最高。满族的先人，就取之柳树的强大生命力、繁殖力和茂盛之特征，寓意于人类生命和生育。满族先人认为萨满的跳神，就具有这种能力，将柳树或柳枝的茂盛、强壮、繁殖力和强大的生命力的能量和信息，通过子孙绳传导于子孙口袋中。于是满族各姓氏的神歌中，便有"从口袋所生，袋大子孙多"和"由根所生，由叶所长"等，表现了人类的生育方式。

满族的"换锁"仪式，也就是祭祀佛多妈妈，它的含义应是崇拜并祭祀妇女的生育力量，并乞求子孙繁荣、平安健康成长。它的神偶是众多物件的集合体、有子孙口袋，柳枝（或柳树、柳杆）以及袋中所包之物，即子孙绳、神锁等，是女性生育神崇拜。

前文已述，在子孙口袋和柳枝之间，必定有子孙绳连接。满族各姓神歌中，常用满语是"西林付他"或是"西勒付他"。西林付他（siren futa）是"线绳"，西勒付他（sira futa）是"令连接的绳"，不管是哪一组满语词汇，都是"绳"把子孙口袋和柳枝连接起来之意。有人认为这是蛇崇拜[1]称为"付他妈妈"（futamama）有其道理。因为"蛇在萨满教中视为太阳神，送来温暖，生育需要阳光的温暖与照耀，才能繁育兴旺，所以多以蛇为守护神。有的姓氏所供奉的'绰阔瞒尼'便是一个柱形神偶，外面围有一条翘首的小蛇"[2]，此处的蛇神能守护男性神，自然也能守护女性的生育神了。所以换锁祭祀中的子孙绳，即西林付他，是蛇神的象征，起着连接子孙口袋和柳枝的作用，是满族蛇神崇拜的变形。但它在换锁中只能是保护神，成不了满族萨满教中的"蛇祖母"（futa mama）崇拜神。

前面已叙述了关于佛多妈妈的四种称谓，前三种称谓意义很明

---

[1] 塔娜：《"佛托妈妈"新探》，载《中国民俗学研究》，中央民族出版社1994年版。
[2] 富育光：《萨满教与神话》，辽宁大学出版社1990年版，第75页。

确，只有第四种称谓，"佛哩佛多卧莫西妈妈"中，也只有"佛哩"一词意义未明确，其他意义全都了知。

"佛哩"一词，在神歌中的表现：清宫中的《树柳枝求福祝词》中，称"佛立佛多鄂谟锡玛玛之神位"①。这里首先指出了"佛立"不是"神位"，因为原神灵词句中已有"神位"了。在各姓满文神歌中，②除有一姓氏中误写为"fori"，其他姓氏都是"furi fodo omosi mama enduri"③，即佛哩佛多卧莫西妈妈神。汉字转写的满文神歌中，关姓神本称"伕力伕多沃莫西妈妈神"④ 等。无论是清宫，还是满族民间中，称"佛哩佛多卧莫西妈妈"是很普遍的，"佛哩"一词也是被满族先人所认定，只是使用汉字转写的不同罢了。"佛哩"一词，是"佛哩毕"的命令式。"佛哩毕"在《清文总汇》中解释为"水底，钻水，水中扎猛子"，"佛哩毕"与它的命令式"佛哩"的意义应是相统一的，都是"进入之内"的意思了。"佛哩的进入之内"自然是进入柳叶之内，也就是柳叶的孕妇之象了。"佛哩佛多卧莫西妈妈"应直译为"进入柳叶内（或是柳枝内）的子孙祖母"，或是"进入柳内子孙祖母"。关于佛多妈妈的四种称谓，真正有意义、有古老含义的应是"佛哩佛多卧西妈妈"。此外尚有二说，从略。

真正体现了满族先人以崇柳为象征女性生育神的内容。人类社会的发展和生存，无非要解决两大问题，一是人类繁衍，二是人类生存，就是人类要活下去的求生欲望。这第二大问题，人类的祖先采取向大自然祈祷的形式并进行索取。当然主要靠经济、技术的发展，才能使人类更好地生存。第一大问题，即人类的繁衍昌盛，更是祖先们企图解释和探讨的重大问题。所以满族萨满教中崇柳、祭柳的地域之广，历史之久远，形式的繁多和隆重程度，都说明满族

---

① 康德二年九月，姜园精舍刊行，《重订满洲祭神祭天典礼》（一），第12页。
② 宋和平保存满文神本。
③ 标有"咸丰十年十月十一日"的神本和吉林省乌拉街韩屯关柏榕等神本。
④ 乌拉街关裕峰神本。

先人与柳的密切关系，其实质是先人用以解释人类繁衍和发展的重大问题，乞望人类繁荣富强的美好愿望。

综上所述，满族的生育神的崇拜，内容丰富。佛哩佛多卧莫西妈妈是一位以子孙口袋和柳叶为象征的女性生育神，在人类的传统文化和生殖崇拜中，占有重要地位。

原载《满族研究》1998年第1期

十八

《尼山萨满》传说中
人物论析

具有史诗性和神话色彩的，以前往阴间寻魂救人为主要内容的满族传说《尼山萨满》，它不仅有几百年的悠久历史，而且广泛流传于我国西起伊犁河，东至松花江，白山黑水之间的锡伯族、鄂温克族、鄂伦春族、达斡尔族、赫哲族等民族中，形成流传于不同民族、不同地区的各种文本。传说无论是表现人类文学艺术、语言成就、历史经济、民俗等内容，都有它独到之处和卓越的价值。笔者仅以手中所掌握的6种满文本和4种汉文本，就主要流传于满族地区的《尼山萨满》传说的人物形象，性格和功能等进行论析，观察其诸多表现。

一

首先谈传说中的主人翁尼山萨满。"尼山"（nišan）一词的含义，在满语词汇中没有完全合适的词汇相对应，但有一词"尼沙"（niša），其含义可与传说中的内容相符合。尤其是与尼山萨满在传说中所表现的精神面貌和功能，即机智、英勇顽强、神术高超等相符合。"尼沙"（niša）在《满文总汇》中解释为"重多意、着实、结实"之意。其中的"重多意"，在传说中应为"聚所有萨满神术为一身"，有具足的萨满神通。"着实、结实"是"英勇顽强、牢不可破"之意。所以，"尼山"应是"尼沙"一词的语音变化而来，只在"尼沙"（niša）的词尾上加"n"音节，即可变为"尼山"（nišan）词汇了。这是语音和谐律的作用。因此。在各民族和地区流传的《尼山萨满》，有不同的称谓：满族有"尼山""宁三""女丹""阴姜""阴阳"等。鄂温克族的《尼桑萨满》、赫哲族的《一新萨满》、鄂伦春族的《尼顺萨满》和《尼海萨满》等。无论是哪个民族和地区的称谓，第一个字都是"尼、一、女、宁"等，第二个字都是"山、三、桑、顺"等，其发音部位相同和相似，这是由于传说《尼山萨满》共同流传于满—通古斯语族中的原因。"尼山"一词也正像"萨满"一词，在人类文化发展史中，都是由于不同民族、不同地区转写汉字时的不同，或是语音的变化而已。那么，"尼山"（nišan）应是"尼沙"（niša）词尾加"n"音节变化而来，其含义是"聚萨满所有神术为一身的神通、英勇顽强、牢不可破"之意。传说《尼山萨满》中的尼山，在诸篇文本中，充分表现了这种精神和功能。

第一，尼山萨满是一位跳大神的神通大萨满。大萨满也叫野萨满。是与满族历史上萨满文化中的家萨满相对而言。大萨满与家萨满的神通，主要区别于大萨满跳神中要进入昏迷状态，即有萨满昏迷术、舞蹈表演动作和使用法器、穿戴的不同。传说通过尼山的跳神活动，充分表现了她的大萨满的能力和神通。如海参崴本记述："她脸色一变就昏倒了。"民族所本记述更加详细："只见她浑身颤动，腰铃哗哗作响，手鼓响声很高，祈祷声如哨箭发射。"[①]《一新萨满》中描写：尼山"忽然头昏眼黑，立即不省人事"了，等等，都表现了尼山萨满具有昏迷术的能力。

传说还详细描述了尼山萨满所从事跳神的舞蹈动作，民族所本描述：尼山萨满"九十个骨节变成弓形，八十个骨节连接一起"，

---

① 季永海、赵志忠译注：《尼山萨满》，《满语研究》1988年第2期（以下引用皆出自本文，不另注）。

这里清楚地描写了尼山跳神舞蹈动作的体态舞姿。海参崴本中所述："她那苗条的身子犹如随风摇摆的柳枝，扭动起来"，等等，都详细表现尼山所从事的跳神是大萨满舞蹈。

大萨满与家萨满舞蹈动作的不同，还在于大萨满舞蹈有模拟式、表演式和混合式①，家萨满的舞蹈仅仅是原地转圈、走棱字形的跳动。因此，我们说尼山萨满的舞蹈应是表演式的大萨满跳神。

尼山所使用的法器，主要表现于她的穿戴，这也是满族大萨满和家萨满的区别之一，即观其戴什么样的萨满神帽。家萨满跳神时不戴神帽，或是神帽上无动物标记，如，没有鹰、喜鹊等鸟类。大萨满所戴神帽有鸟类等动物标记。传说《尼山萨满》中尼山所戴神帽，海参崴本中记述："身穿神衣……头戴九只鸟的萨满神帽。"民族所本是"身穿八宝神衣，头戴神帽"，等等。充分表现尼山所戴神帽是有鸟类标记，而且是巫术很高的萨满才能戴九只鸟的神帽。因为满族萨满文化历史上，老萨满最高神术才戴13只鸟神帽。

总之，传说通过对尼山行为动作的描述，也就是跳神活动的记叙，充分表现了她是一位满族文化史上的大萨满，而且巫术高强，神通广大。

第二，尼山是一位熟悉祭祀仪规和神术高超的萨满。尼山先为寻找员外之子的灵魂进行占卜。这一情节，在众多满文文本中都有详细记述，如海参崴本中，尼山先把占卜物"木环浸入水中"，她左手拿抓鼓，右手拿榆木鼓鞭，口中念念有词地行巫作术了。尼山准确地占卜出员外的两个儿子，都在行猎中被恶鬼抓走了灵魂而死亡，并将第二个儿子的灵魂去往何处，如何救活他等占卜得清清楚楚，为尼山顺利赴阴取魂打下了良好基础，表现了尼山神术高超。

在尼山跳神之前，传说记述她洗脸洗手、上香、摆供品以及她的行礼拜神等动作，刻画出尼山重视而且熟悉祭祀仪规。

《尼山萨满》传说是通过尼山的跳神活动，赴阴寻魂救人的记

---

① 参见宋和平《满族神歌译注》的"前言"部分，社会科学文献出版社1993年版。

述，全面、深刻地刻画出尼山的性格和功能。首先，在选择她跳神中的助手时，她辞退了员外为她请来的四五个助手，只选定了以往与她配合默契的，"赋予神主以力量的"（海参崴本）"给天出力……给神出力"（民族所本）的著名助手。因此，衬托出尼山的神通非一般萨满所能比拟。

其次，当尼山进入阴间世界，机智勇敢地闯过伊尔蒙汗（即阎王）的听差蒙古尔岱·纳克楚的三道关口后，来到听差者蒙古尔岱·纳克楚的城池时，她"抖动神帽和腰铃，大声诵唱"着神歌。迫使听差者详细、具体告诉她，员外之子的灵魂已送往阎王城了。于是尼山又前往阎王城池，毫无惧色地自变鹰神①，或差使鹰、雕神前往，抓来了员外之子的灵魂。这一寻魂抓魂的情节，传说《尼山萨满》的诸类文本中都有记述，只是有详有略而已。但尼山神术的高超非凡，机智勇敢精神，都表现得充分尽至。

最后，表现尼山善变的神术和伶牙俐齿的机智能力。还有为员外之子增寿和扔丈夫于丰都城的情节中，如海参崴本中记述：

> 蒙古尔岱说："萨满格格，……给他延长到20年寿命吧！"而女萨满却说，"那他还是乳臭未干的孩子呢？我带他回去，有什么用处"。"如果是这样的话，我给他延长到30年寿命吧！""在这个年纪，他的思想还未定型啊！我带他回去。没有什么用处。""既然这样，我给他延长到40年寿命吧！""这个年纪，他还不能学会优雅的风度和稳重的作风，不能承担大业，我带他回去，没有什么用处。"

就这样，每当蒙古尔岱为员外之子增寿10岁时，尼山都以没有熟练掌握弯弓射箭的本领，没有学会精巧活计，没有对本族情况了解透彻等理由一一驳回。直至为员外之子增寿到90岁时，才满

---

① 《一新萨满》，载凌纯声《松花江下游赫哲族》，上海文艺出版社影印本1990年版。

意并送给蒙古尔岱礼物。扔夫的情节中，尼山巧妙地摆脱丈夫油锅的煎熬，驱使众神灵将三年前去世的"筋骨已断，血肉已烂"已无法救活的丈夫，扔于永远不能变成人的丰都城。传说的这一切记述，充分表现了尼山萨满神术的高超和机智顽强的性格。

传说《尼山萨满》，对于萨满人物行为动作的表现，不同于其他民间文学作品，如：跳神驱邪、治病救人、求太平庆丰收等一般活动。而尼山萨满的跳神，则是人类文化史上难度最大、巫术最高的赴阴寻魂，使人复活，通过特定的行巫作术的环境，从而表现尼山的行为动作。因此，尼山的使人复活的行为，已经造就了她的崇高地位和特殊性格。如传说详细叙述员外三请尼山的不寻常举动：一请，因为员外的不恭，被她指点到别处去了。二请，错认尼山婆婆为萨满。三请，才请到了尼山，同时，她还再三推辞，直至员外跪于她脚下，并分一半财产予她，她才勉强答应员外的要求。表现了尼山身价高贵和神术的高超，这一突出形象给读者或听众留下深刻印象。

《尼山萨满》传说，还通过尼山的语言刻画了她的形象、性格、神术等，其内容的展现，主要是通过特殊内容，即萨满跳神中的神歌体现。神歌最多的为海参崴本，共13段，尼山所诵唱的就有10段，有的长达50多句一篇，最短的也十几句一篇。如该文本的"劝夫歌"：

　　海拉木比舒拉木比，亲爱的男人，
　　海拉木比舒拉木比，快听我说，
　　……
　　海拉木比舒拉木比，今后我在你的坟上，
　　海拉木比舒拉木比，焚烧很多，
　　海拉木林舒拉木比，纸钱。
　　海拉木林舒拉木比，将供献，
　　海拉木林舒拉木比，许多供品。

海拉木林舒拉木比，我恭恭敬敬服侍，
海拉木林舒拉木比，你的额娘。

尼山萨满虽然是当时名扬百里的大萨满，她仍具有遵守妇道、孝敬婆母和年轻守寡、不别嫁他人的封建道德观念和性格。再如"自由歌"中所述："当你没有丈夫的时候（省略词曲），随心所欲的生活吧！当没有男人的时候，你要勇敢地生活。……当不属于哪个家族时，你就自由地生活。要珍惜青年时代，要幸福地生活。"此处更能表现尼山的英勇不屈和追求幸福、自由生活的美好理想的性格。

神歌却有固定的形式、内容，更有随时、随事即兴的内容，只观其萨满智慧能力如何，便很能表现一个萨满的才华和神术神通的程度。尼山萨满通过诵唱神歌，如占卜歌、赴阴歌、招神渡河歌、坐鼓渡河歌、叙事歌等，充分刻画出她的神术功能和机智勇敢精神。

通过语言刻画尼山性格、神术和形象的内容，还有对话的记述，海参崴本中，员外见到尼山时，她说："巴颜阿公，我不想欺骗你。我不久前才学过一点，要是现在就去看这种瘟病的话，可能看不准，……你还是另请高明吧。"这种推辞之语，显然表现了尼山高傲的性格和与众不同的能力，其形象鲜明。《一新萨满》中，对于同一种情节的记述是：我的"法术也很平常，没有什么大的本领"。这里与海参崴本的形象和性格有所不同，仅表现尼山的谦虚态度。在《宁三萨满》的同一情节里，与前两种文本有着截然不同的性格、形象，所述："不是我推辞，无奈丈夫死了不到二年，婆母不许我外出治病。"这里是地道的遵守封建社会道德的女性形象。

尼山选择助手的情节里的对话，同样表现她与众不同的神术、高傲和聪明。海参崴本所叙："赋予神主以力量的阿公来了。"接着又指着助手说，你如果不好好模仿我和帮助我，"那我就要用皮鞭打你的大腿，如果在作法时，出现不巧合的情况，那我就要用湿树枝打你的屁股"。民族所本对于此情节内容叙述大同小异，所述："高贵的纳里（即助手之名——笔者注）快来好好的打鼓吧"，否则"就用灰鼠皮鼓槌打你的头，用皮鼓槌打你的腿"，等等。

还有阎王听差蒙古尔岱追赶尼山时，尼山说："要是你好好求我，我还是会给你报酬的，你怎么用你们汗的威力来吓唬我呢？那有谁怕你？"等，此种内容在许多文本中，都有详细、具体的记述，表现尼山天不怕、地不怕的大无畏精神和勇往直前的性格。

通过语言表现尼山性格和形象的内容，还有海参崴本中在庆贺员外之子复活的宴会上。尼山举杯敬贺助手说："三分的萨满，没有七分的好扎哩（即助手——笔者注），那将一事无成。"这里不仅又一次表现尼山谦虚态度，而且对助手在萨满跳神中的作用，也给以充分肯定。总之，传说通过记述尼山的语言，突出了她的人物个性和形象，收到了良好的艺术效果。

对于尼山的外貌描写，在诸多文本中都没有涉及，只有92年本中有所记述："员外来到了尼西海河岸边，看见有两间小房。房前有一个俊秀的格格洗衣服，……员外仔细观看那格格，有二十岁左右，生长得真像是盘安公女儿在世。眼睛如秋水一样明亮，双目如明月，其动作犹如春柳随风摇摆。"这段描写，除了有与海参崴本等文本里描写尼山舞蹈动作的"如柳枝随风摇摆"相同外，其余的都是外貌描写，是传说表现尼山俊秀女子的唯一文本。

总之，传说详细、具体刻画了我国北方民族，尤其是满族历史上萨满教文化中一位天不怕、地不怕，能使人死而复活，有着大无畏精神、机智勇敢、神术超群的女萨满英雄形象，并久已在我国北方民族历史上被流传歌颂和赞扬。

二

传说《尼山萨满》除了成功地刻画了主人公尼山个性突出外，

形象鲜明的人物还有尼山萨满的助手纳哩·费扬古、员外、员外之子、她的婆婆及丈夫等。

尼山跳神时需要有人帮她击鼓、安排祭品、上香等事项，起帮助和辅助作用的人，称为助手，满族称为二神，有的也叫家萨满。传说《尼山萨满》中的纳哩·费扬古不仅是击鼓能手，而且熟习萨满祭祀仪规，是尼山的得力助手。对他性格、形象的描写、刻画，在诸多文本中详略、具体程度有所不同，但都有助手的记述。如海参崴本中记述：尼山对员外说："我们村有一个70岁的纳哩·费扬古，这人是敲鼓能手。"这里的纳哩虽是击鼓能手，但是70岁的老者。有的文本中纳哩·费扬古是一位阿哥，是猎手。如民族所本中记述：员外的家奴是从立靶子射箭玩的人群中找到了纳哩·费扬古，并受到他家家奴的斥责说："你们怎么敢叫我们家主子阿哥的名字？"这里说明尼山的助手还是一位有钱人的阿哥，是家奴之主人。

《一新萨满》中员外见到尼山的助手时说："有劳莫尔根阿哥，不避辛苦，远道而来"等，这里对纳哩·费扬古有更高评价，即是莫尔根，是英雄猎手之意。更多的是尼山对助手的赞扬：如海参崴本和民族所本记述："给天出力"，"给神出力高贵的纳哩·费扬古"，又说"善于打鼓，祭神的事全知道"等。

还有，纳哩·费扬古同尼山萨满一样，也是能歌善舞的人物。这一内容的记述，只有在92年本中有记述，是唯一表现助手这一技能的文本。同样是在员外之子的婚宴上，纳哩·费扬古同尼山一样，边舞边唱着"空齐"喜歌。文本记述：

> 请长辈们听着，
> ……
> 他们如同鸳鸯一样，
> 成双成对，白头偕老，
> 子孙满堂，吉祥平安。

总之，尼山的助手纳哩不仅是击鼓能手，熟习祭祀仪规，而且还是善猎的莫尔根，是英雄人物。

员外，在传说中除了主人公尼山萨满外，就应数他重要了，应为第二号主人公，传说对他的描写也仅次于尼山萨满。

第一，他是有钱有势的员外。海参崴本中所述："很早以前，还是明朝的时候，有一个罗洛村。村里住着一个名叫巴尔杜·巴彦的员外。他有万贯家产，家奴、差役、骡马等不计其数。"这是传说的开始，也是对员外家产富足的叙述。诸多文本中都有如此内容的叙述。仅《宁三萨满》中的内容有所不同，文本叙述："萨克沙霍罗有个嘎山（即村屯——笔者注），嘎山住着巴尔都巴彦。巴尔都原是贝勒汗，牛成甸子马成山，阿哈（即家奴）珠申（即自由民或差人）无其数哟，金银大库四十八间。"此段的记叙不仅表现员外的丰富财宝，而且还说明，他至少是此地的管辖官员。

第二，由于特殊事件突然出现，即老年丧子，使得员外不得不求神拜佛。这一情节，也是诸多文本中所要表现的主要内容。有两种情况，一种是员外夫妻原本就信仰神佛；另一种是员外的第一个儿子病亡后，迫使他信仰神佛。前一种情况只有《一新萨满》中出现，传说所述："夫妻都是性情温和。生平乐善好施，信神敬仙，二人年近四十，膝下缺儿女……因此更加虔诚行善常祝祷天地神明，求赐一子。"夫妻便得双胞胎儿子，合家欢喜，后一种情况有海参崴本、民族所本、宁三萨满等文本。如海参崴本中所述："员外夫妻为失去儿子而万分忧伤。从此，他们便开始了行善积德，一方面修建庙宇，求神拜佛，烧香焚纸；另一方面又资助穷人和孤儿寡母"，以求天神赐子。民族所本中仅是"拜神求佛"。《宁三萨满》中却是另一种情景，所述："嘎山百姓议论纷纷，都说巴尔都待人狠毒，罪有应得（指员外第一个儿子病亡——笔者注）这话传到巴尔都耳朵以后，老贝勒感到羞愧难当。打那以后，冬舍棉衣三千三，夏舍单衣六千三，东西配房一日三餐招待无家可归的孤身要饭之人。"所以，50岁时又得一子。传说的这些记叙，都表现了员外信佛求神和行善布施，有被迫的因素。传说又记叙了员外由于长期的行善，已成为本村的大善人，以致当神仙客人出现时，员外将神仙的破衣烂衫脱下，给他换上了绸缎衣服。此处已形成员外行善布施的品质了。

第三，当员外第二个儿子，也就是求神拜佛求来之子病亡后，员外不惜一切财物和人力，为儿子办理丧宴。他命令所有的家奴和村中之人，都来宰杀家禽牧畜，制作麦食饽饽和酿酒等，堆在院中成为肉山酒海，饽饽成堆。诸多文本中都详细记述了成百上千的牲畜被宰杀，麦食饽饽几百桌。如民族所本所记："烧了五十万个金银锞子。杀了五百头牲畜，准备了一百桌麦子饽饽，一百桌黄米饽饽，一百桌豆泥饽饽，酿制一百瓶酒……"，也正像诸多文本所叙，员外认为已后继无人，大有将家产挥霍而尽的势头。这里显示出员外家破灭的景象。

第四，当员外得知尼山萨满能赴阴寻魂使人复活时，他便跪在尼山的脚下，显示出年老丧子的可怜。员外这种形象的表现，是诸多文本的重要内容。《宁三萨满》所叙：员外"双膝跪倒苦苦哀求"。《一新萨满》所叙：员外"双膝跪下，眼中落泪"，说道："萨满格格，可怜我年老丧子"，乞求救活他儿子。海参崴本记述得更加详细具体，所叙：员外"跪在那个少妇跟前"，乞求着救活他儿子。当尼山萨满为他儿子占卜后，又是连忙叩头，跪在地上，一面哭，一面请求尼山救活"如狗一样的可怜孩子"等。又不惜以失掉一半的家产作为尼山的酬劳费用。由此可见，充分表现传说中的员外，是一位家有万贯家产的富人，身着绫罗绸缎的阔老爷，而为救活儿子，又变成三请尼山萨满并跪于她脚下的可怜之人，同样性格突出，形象鲜明。

传说中还有员外的众家奴，但心腹之人只有两位，名叫阿哈尔济和巴哈尔济。传说对两位家奴虽无语言的记叙、外貌的刻画，仅通过行为动作的描写，其性格、形象已很突出了。

海参崴本记述：当员外的儿子在狩猎中突然得病，员外之子首先叫来了阿哈尔济和巴哈尔济，让他们迅速求医并嘱咐他们许多事项。于是这两位家奴让员外的儿子烤火出汗，为他治病，又迅速做好担架抬着员外之子。当员外之子病亡后，二位家奴和"其他家奴围着担架，放声大哭，哭声震荡着山谷"。还是这二位家奴，让大家止住了哭声，急速将员外之子的尸体送回家。这里充分表现了两位家奴的忠心。

狩猎情节中，同样充分表现两位家奴的忠心。《宁三萨满》中所叙："两个阿哈拉住色尔代的马头，苦劝道：'这山是恶山，这水是恶水。请阿哥赶快回家。'"民族所本同样是当员外的儿子病亡后，两位家奴放声大哭等。

传说又描写了两位家奴飞马回家，报告员外夫妻，其子病亡，体现了家奴的忠心耿耿。如海参崴本中所叙：二位家奴跪在员外面前，哭着说不出话来，只是哭，致使员外骂道："你们这些没有用的奴才"后，才说出其子病亡的事情。这里表现了家奴伤心至极的情形。《一新萨满》中，是当员外夫妻"忽然看见心腹家奴"时，急忙询问其子情况，得知病亡。这里清楚说明是"心腹"家奴，即忠实的奴仆等。

员外之子是一位英俊少年，是员外夫妻的掌上明珠。海参崴本所叙：员外"视如掌上明珠，寸步不离他"。其子五岁时，"已显得与众不同，聪明伶俐，出口成章"。《宁三萨满》中所叙"一岁两岁怀里抱着，三岁四岁闯五关喽，七岁八岁把书念哪，九岁十岁练弓箭啦，……"这里表现了员外之子不仅聪明，而且从小就练习弓箭。《一新萨满》中，员外之子是双胞胎，所以文中所叙："兄弟二人，从小聪明，长得眉清目秀，面貌相似，真是一对英俊人物。到七八岁的时候，就学习弓箭刀枪，到了十五岁，箭法已很纯熟，百步之内百发百中"等。总之，诸多文本中除了记述员外之子是英俊少年、聪明伶俐之外，再就是表现了他是使用弓箭的能手，是一名优秀猎手。

表现员外之子善箭射有尚武精神的内容，还包含在阎王城比武的情节中。民族所本中记述："阎王让他（员外之子——笔者注）和拉玛、阿尔苏兰这两个摔跤手摔跤。结果这两个人全被摔倒了。因此，我们的阎王把他当成亲生儿子一样养着。"这里又表现了满族历史上又一尚武活动的内容，即摔跤，员外之子又是一位摔跤能手。另一满族历史上的尚武活动在海参崴本、瑷珲甲本和92年本中也有全面、详细、具体记述。如海参崴本所叙："我们在高高的桅杆上挂上几枚金币，让他对准金币的窟窿射去，他接连三次射中金币窟窿。"

员外之子还是个狩猎能手，在《尼山萨满》的诸多文本中，都有详细、具体的描写。如海参崴本记述：员外之子"骑上一匹骏马，让雄鹰蹲在肩上，牵着猎犬"。这种原始行装出猎的姿态，已使人感到满族历史上的一种英雄气概了。接着，狩猎队伍来到了山下，员外之子立刻命令把山围起来进行围猎，捕获野兽众多。民族所本中，员外之子自称说："在这个世上得了'莫尔根'，这个名称是很相当的。"此处的"莫尔根"同样是"英雄猎手"之意。

尼山萨满的婆婆，在诸多文本中笔墨很少。在海参崴本、瑷珲甲本、92年本、民族所本和宁三萨满中都有记述，大都是"大炕上坐着一个老太太"而已。只有《宁三萨满》中，对其有形象和性格的描写。该文本中记述了东北三大怪之一，即妇女叼着大烟袋之俗。尼山的婆婆表现了这一突出特点。文中所述："一位白发老太太，坐在西屋、叼着烟袋坐在炕头。"当员外请宁三萨满时，她说："寡妇门前是非多，你还是另请高明吧。"表现了宁三婆婆反对她出门。当员外把白银黄金拿在她面前时，她"眼睛眯成一条缝"，并"扯着鸭子嗓喊道：'媳妇呀！你收拾收拾去吧！'"又说："哪有见死不救的道理。"寥寥数语，就把宁三萨满婆婆嫌贫爱富、见钱眼开的势利相入木三分地刻画出来。

综前所述：传说《尼山萨满》就刻画人物性格、形象方面而言，已取得了成功的效果，尼山、员外、助手等人物性格都是活泼泼、惟妙惟肖、栩栩如生，今天读诵时，人物音容历历再现。所以，传说《尼山萨满》才能从古代流传到今，仍有人会讲述它的内容概要。群众的喜闻乐见，自然与其原始信仰有着密切的关系，更主要是因为人物性格突出，形象鲜明的艺术魅力所致。

原载《民族文学研究》1998年第2期

十九

满族萨满跳神的表演艺术

从远古时代就开始流传，被世界许多民族信仰的萨满教，至今还能在个别的后进民族或偏僻的少数民族聚居区，收集到它的活态资料，它是人类社会中具有综合性的原始文化。从萨满的服饰可以研究其民族的审美观念；从祭祀仪式和祭品，可以研究其生活方式和社会习俗，从萨满手中所执的武器（神器或法器），可以研究其生产力及经济方式；从萨满跳神和所使用的腰铃、神鼓等，可以研究其原始舞蹈、文学艺术和音乐，等等。仅从萨满跳神的内容来看，已是歌、舞、乐三位一体的综合性艺术。本文所要阐述的就是满族萨满跳神中的舞蹈艺术。为了说明问题，还需引用少量神歌。神歌是萨满及其助手唱给神灵和相互对唱的歌词，有的称为神谕、神词、祝词、祷词等。

满族名称出现在明代末叶（17世纪初叶）。但是，它却有着悠久的历史渊源。中国历史古籍中记载的肃慎、挹娄、勿吉、靺鞨、女真人都是满族的先人，在不同历史时期的不同名称。他们长期生活在中国东北地区的长白山、黑龙江、松花江等广袤的土地上，其经济在满族未进入辽沈地区之前，主要是渔猎，并以骑射著称于世。

满族在入关以前，主要信仰萨满教。"萨满"一词源于满—通古斯语。12世纪中叶，南京学者徐梦莘的《三朝北盟会编》（卷三）中写道："珊蛮者，女真语巫妪也。以其变通如神，粘罕以下皆莫能及。"这里所指的"珊蛮"就是"萨满"。这是萨满一词在中国古代文献中的最早记载。随后在西清的《黑龙江外纪》，姚元之的《竹叶亭杂记》，吴振臣的《宁古塔纪略》，方式济的《龙沙纪略》，索礼安的《满洲四礼集》，《清史稿·礼志》等文献中分别记录为"萨玛""叉玛""萨麻""萨莫""沙曼""撒牟"等。《大清会典事例》中最先写作"萨玛"。因此，我们说萨满教是满族及其先人在远古时代就信仰的宗教。

信仰萨满教的各民族，其萨满跳神各有不同的内容和仪式，萨满的舞蹈在不同民族中，也各有独特的内容和表现形式，这种差异体现了人类原始社会时期的氏族（部落）性。十多年来，笔者在田间作业中，收集到大量的满族各姓氏萨满教活态资料。从这些资料来看，满族萨满跳神的形态有三种：第一种是大神跳神；第二种是家神祭祀；第三种是只叩头、烧香，不跳神不诵唱神歌的哑巴头祭祀。这三种形态存在于中国东北地区的满族聚居区的不同乡屯和姓氏中。

第一种形态，也叫野祭，凡天上飞行的、地上爬行的以及江河山川等，都是大神崇拜的对象。所以大神崇拜的神灵数目很多，多的一百多位，少的也有几十位。有在经济生活中与其有着密切关系的动植物神，也有满族历史上在民族形成及经济生活中起过重要作用的英雄人物，即英雄神，满族称为"瞒尼"。大神祭祀时，萨满跳神有两个突出的特点：第一是表演性和模拟性舞蹈，不仅表演英雄神灵的英雄行为，还要模拟狼嗥虎吼、鹰飞翔、蛇爬行、兽跳跃等。第二是萨满跳神时到一定程度，必须进入神魂颠倒的状态，这是神灵附体，也是萨满的昏迷术。这时的萨满已不能表现自我，而是代表神灵的意志了。

第二种形态，也叫家祭。其祭祀的神灵主要是祖先神，即使是原为动植物的神灵，在家神祭祀中也是作为祖先崇拜的内容。家神跳神也有两个特点：第一，萨满只是按一定的步法，手执抓鼓，击鼓而跳，或是跳动着转几个圈而已，满族萨满称为"旋迷勒"。第二，家神神灵不附体，所以萨满的精神状态始终是清醒的。总之，大神与家神在崇拜内容、萨满跳神的表现形式和精神状态等方面都截然不同。此外，在程序上也不一样。大神是一神一请，家神则是众神合请，满族称为"大神是单神单祭，家神是众神合祭"。总之，满族的大神与家神祭祀有着严格的区分。

第三种形态，萨满教的祭祀内容几乎没有了，严格来说已不属于萨满教的祭祀范畴。但是笔者调查时发现满族仍把它作为萨满教祭祀来看待，并认为这是他们的"根基"。从这一角度来说，即从满族心理状态来看，也可以算作是满族萨满教余波，但这种祭祀活动与汉族祭祖没有什么两样。

从以上三种萨满跳神形态来看，内容原始古朴、舞蹈表现丰富多彩的，应是第一种形态的大神祭祀活动。本文要论述的萨满舞蹈艺术，就是这一类的跳神活动。所用活态资料主要是吉林省九台县石姓的萨满舞蹈，并兼用其他姓氏的资料。大神祭祀时，萨满所表现的舞蹈形式，不外乎三种类型。一是模拟式舞蹈，二是表演式舞蹈，三是混合式舞蹈，即模拟加表演式。这三种舞蹈类型，在满族萨满教中普遍存在着。

第一类模拟式舞蹈。就是前面已经指出的模拟狼嗥虎吼、鹰飞翔、蛇爬行、兽跳跃等动物的动作。从石姓萨满所模拟的动物对象来看，又分为飞禽类、爬行类和走兽类。

飞禽类主要是模仿鸟类如鹰飞翔和其他动作。在石姓神本中[①]记载有水鸟神、旷野鸟神、金银鸟舌神、雕神等。但被萨满经常模拟的是雕神和鹰神。

以鹰神为例，石姓萨满模仿鹰神的舞蹈是：萨满头戴饰有三只鸟的神帽，帽上有十多条拖到地上的红、绿彩带；身穿白布衫，腰间系上腰铃和神裙。当抓鼓、抬鼓[②]一起敲响，鹰神附体，萨满即刻进入昏迷状态，身边的助手接过他手中的抓鼓，把神帽上的飘带

---

① 神本是满族记载萨教中祭礼仪式、崇拜神灵、祭品及所诵唱的神词的书，都是用满文或汉字注音的满文记录而成。

② 抬鼓，两面都用皮制物包着，比抓鼓大。抓鼓是单面皮，鼓的中心部分安有抓手。

系在他两手中，于是他便踏着助手们敲响的鼓点，扭腰摆动着腰铃、翩翩起舞。他张开双臂扇动着，好像一只大鹰从天上俯冲下来，又不时地展臂旋转，像是在空中盘旋。当萨满模仿飞翔，进屋以后，就爬到两张摞起来的高桌上，仍扇动双臂模仿飞翔，真像是一只矫健的雄鹰，站在一棵大树上，扇动着翅膀准备飞翔。此时众助手唱："石头脑袋，金嘴银鼻子，铜脖子的鹰神，展翅遮天盖地，翘尾触动月亮星星。"这时萨满要表现出更得意和骄傲的神态。

与石姓乡屯不远的杨姓萨满，除了模拟鹰飞翔以外，还有猎人用生肉喂它的动作。关姓的鹰神舞蹈中，还有猎人逗耍鹰，牵着它行走的动作。

爬行类。主要是模拟蛇和蟒的爬行。石姓的蛇神舞蹈是：萨满既不戴神帽，也不系腰铃，就把神裙系在腰间，上身穿白布衫，再套一件用红、黄、黑三色方块布缝制的背心，看上去很像布满花纹的蛇皮。当蛇神附体后，萨满立刻仰面倒下，用两肩和脚后跟做支撑点，向前蠕动着，看上去很像蛇在爬行。这时，众助手诵唱："居住在白山山峰，第九层峰顶上的石砬子的金沟里的八尺蟒神、九尺蛇神啊！从尼西海河岸边，越过山岭，腾云驾雾地降临了。"同地区的杨姓蟒神，同样是仰面躺下，只在地上翻滚，不蠕动。

走兽类：狼、虎、野猪、熊等动物，都是满族萨满模拟的对象。如熊神扛大车盘，野猪神在墙上蹭着走等。笔者现场观看的是"母卧虎神"的模拟舞蹈。虎神附体后，萨满立刻双手着地，号叫着模仿虎走路，同时它还东张西望地寻找，当它找到两个小孩时（事先布置好充当小虎仔的两个小孩），便双手各抓一个虎仔放倒在地上，亲切地用头、嘴在虎仔身上亲吻着，有时用屁股轻轻地在虎仔身上坐几下，以示爱抚，并用嘴含着馒头慈祥地喂虎仔。此时，把母虎对小虎的疼爱，通过萨满的模拟舞蹈，尽情地表现出来了，这也是人世间伟大母爱的充分体现。

第二类表演式舞蹈，就是萨满通过各种舞蹈，表现英雄神灵的英雄行为和个别动物神灵的技巧。根据石姓萨满在舞蹈中所表现的不同技能，可分为武功、魔术、技艺和技巧四种类型。

武功类：这是石姓萨满跳神时充分表现的主要内容，也是满族历史上以骑射著称于世，并自有清代以来念念不忘和要保持的尚武精神在原始宗教文化中的具体体现，是满族各姓氏萨满文化中的普遍内容。

满族表现武功的神灵很多，如被许多姓氏所祭祀的家神神灵"奥杜妈妈"和"超和占爷"，仅从它们的名称来看，就是武功出众的神灵。"奥杜"（adun）是"akdun"的变音，《清文总汇》解释为"坚固、结实"，即"坚硬"或"英勇"；"妈妈"是"祖母"之意，直译为"坚硬（或英勇）的祖母"，神词中记述她为跨双骑的女英雄。"超和"（cooha）是"兵"，"占爷"即汉语的"太爷"，译为"兵太爷"，更是一位战场上的勇士。大神神灵有黑龙江省何姓的"破头先锋""不库瞒尼"；吉林省石姓有使用三股马叉的呼延其瞒尼、使用双腰刀的舒鲁瞒尼、使用七节鞭的色尔泰瞒尼和手持铁棒的查汗布库瞒尼及头辈太爷、五辈太爷等，都是以武功为主要内容的表演式舞蹈。

这里以石姓头辈太爷的"跑火池"为例。用几千斤木炭搭成一个长10米、宽5米的长方形木炭池子，然后点火，使木炭燃烧起来，火光冲天。待烧到一定程度，助手就用木棒把火池砸平坦、结实，还保持一定的火焰。这时萨满便手执"激达枪"（激达枪是像矛一样的萨满神器，枪头是铁制的，呈尖形），带着高举着腰刀、铁锤、马叉的十来个助手，全部赤着脚奔驰在熊熊燃烧的火池里。有时助手们在萨满的带领之下，踏着鼓点，围着火池舞蹈，萨满手中的激达枪还不时地向前刺去，像是刺向敌人，又像是刺向妖魔鬼怪，真有战胜一切的气概。有时他们又一起冲向火海，跑几个来回。民间流传着头辈太爷跑火池的传说：传说在古代，石姓的大萨满与敖姓的大萨满比武。石姓大萨满说："我能变作鱼过江。"① 敖

---

① 指松花江。

姓大萨满说："我能坐神鼓过江。"比赛时，敖姓大萨满坐在神鼓上很得意地行至松花江的江中心，突然出现一条大鱼，几乎使他从神鼓上翻下来。此时，敖姓大萨满知道是石姓大萨满作怪，便用三股马叉，朝着鱼背扎去，扎伤了石姓大萨满。几天后，石姓大萨满死了，棺椁放在松花江岸边，未埋。敖姓大萨满知道石姓大萨满神术很高，于是便放火烧了石姓大萨满的棺椁，烧了三天三夜。第三天晚上，只见一道红光飞上了长白山，后修炼成神，成为石姓头辈太爷，他的跳神舞蹈即是"跑火池"。

头辈太爷跑火池，是石姓闻名于吉林省的常常举行的萨满跳神活动。据调查，过去火池中有一尺多高的火苗，火势很凶。笔者1987年现场观看的火池，火苗较前小一些，因为萨满和助手多年不跑了，技术有些生疏。

魔术类：这一类萨满表现形式，在原始古老的大神祭祀中不多，笔者仅观看了石姓的水鸟神表演，过程是：屋内灯火熄灭，一片漆黑，萨满手执激达枪，和着鼓点跳动着，在水缸中用力搅拌，即刻飞水走石，鹅卵石打得满屋墙壁噼啪作响，像鸟乱飞乱扑的声音，又像站在河滩上被一群飞鸟围绕一样。灯光亮了以后，屋内到处是鹅卵石和水迹，此时众人蜂拥而上，抢萨满手中的石子，据说此石能镇妖治病，是一吉祥之物。

在石姓神本中，水鸟神的满文记载为"山眼木克戏思哈恩杜立"。"山眼"（sanyan）为"白"，"木克"（muke）为"水"，"哈"（gasha）为"鸟"，"恩杜立"（enduri）为"神"，译为"白水鸟神"。此鸟正是在水面飞来飞去的白色鸟类。石姓神本中的神词告诉我们，此鸟生活在"长白山山峰的风水龙脉之地"，它经过松花江而降临到神坛，附萨满之身，并从松花江中带来许多沙石。据说，从前此神降临时，还带来半斤重的小活鱼，在水缸中游来游去。

技艺类：萨满教中所有的神灵和仪式，都是通过萨满的舞蹈，表现人类的原始艺术。但这里仅指专门善于舞蹈的神灵所表现的艺术形式，如被吉林省杨、石两姓都祭祀的"玛克西瞒尼"和专为石姓所祭祀的"金花火神"。"玛克西瞒尼"中的"玛克西"（maksi）是满语动词"玛克西木比"（rnaksimbi 即"舞蹈"）的命令式，是"令舞"之意。此神正是被满族民间称为"舞蹈神"。它的舞蹈动作是：萨满一手抓鼓，一手抓着神帽上的飘带，与两位手中摇晃着铜铃的助手对舞，三人踏着鼓点跳动，他们有时一手举过头，一手反于背；有时他们走着同一个"8"字或"十"字，有时则盘旋着，此时抓鼓声、腰铃声、铜铃声组成非常和谐而又美妙的原始乐曲，同时助手唱着："居住在白山第九层山峰上银楼中的玛克西瞒尼，跳着舞蹈降临了。"

此处的萨满是与两位助手一起对舞。从前是萨满与三位或五位助手，组成四人或六人（也可再多一点，但一定成双）表演。这种独具民族风格的萨满表演舞蹈，不正是与清代许多古籍中所记载并盛行于宫中的"举一袖于额，反一袖于背，盘旋作势"的蟒式舞蹈，有着渊源关系吗？

石姓的"金花火神"满文为"爱心（瓦秃）叶哈恩杜立"，"爱心"（aisin）为"金"，"瓦秃"（tuwa）为"火"，"叶哈"（ilha）为"花"，即"金花火神"。它的舞蹈动作是：萨满和一个助手的双手指缝中都夹着燃烧的汉香，巧妙地组成若干个"十"字形。准备好了以后，将全部灯火熄灭，院内一片漆黑，此时抓鼓声也停止，只见四个火球在空中飞舞，伴有萨满腰铃的哐哐响声，火球时高时低，时而聚一起，时而又散开，是别具一格的民间舞蹈表演。

从金花火神的名称来看，它原来应是生长在长白山中的一种美丽鲜花，后被满族由爱慕而崇拜为神灵，是一种植物神。

技巧类：这一类萨满舞蹈技能较多，如"挂夹""上刀山""撸火链"等。这里仅介绍石姓的"金钱豹神"，满语为"硗牙拉哈咭哈那"，"牙哈拉"（yarha）是"豹"，"吉哈那"（Jihana）由"Jiha"变化而来，是"钱币"，即"金钱"。这位神灵虽然也模仿豹行走，但它主要表演的绝技是口技。首先把萨满的腰铃用裙子裹起来，当豹神附体后，他立刻双手着地爬行，有时双手扶膝环视四周，并吼叫着。当助手托着早已准备好的火炭放到萨满嘴边时，他将火炭吸入口中，此时所有的灯光都熄灭了，只见萨满的两腮通红，不时从口中吐出一米多远的火花，并可听见呼哧呼哧声，如同豹呼吸一样，就这样踏着鼓点旋转起舞，喷出的火星向四周溅去，真是惊心动魄。

第三类混合式舞蹈：原始古朴的萨满教，迄今还残留于个别民族或地区，它的表演艺术已发生了许多变化，所以模拟式和表演式舞蹈是互相渗透、互相混合的，也就是说模拟中有表演，表演中有模拟，如模拟神灵中鹰神的飞翔，蛇神的爬行，母虎神的慈爱等，都含有表演的成分。再如表演神灵中水鸟神的飞撒石子，金钱豹神爬行，金花火神夹香火等，又包含着模拟式的因素。所以，我们所指的模拟与表演，也仅是神灵主要表现的舞蹈形式而已。混合式也是如此。以石姓"巴图鲁瞒尼"为例。"巴图鲁"（baturu）为"英勇、勇敢"。此神的萨满跳神称为"跑法丹"。"跑"是汉语，"法丹"（faldan）是满语，意思为"仪仗，队形"。"跑法丹"为满汉兼用词汇，直译为"跑队形"。萨满头戴神帽，手持三股马叉，首当其冲地挥动着马叉，踏着鼓点舞蹈着，后面紧跟着各举大黄旗的九位助手，其中一面更大一些，上画有一只长着翅膀的飞虎，其他八面旗上分别画有狼、虎、豺、豹、蛇、蟒、鹰、雕八种动物。萨满在前面威风凛凛地冲杀着，高呼"杀，杀，杀！"助手们也紧跟着萨满喊杀着。他们有时快步走"8"字，响起急促的鼓声；有时围一大圈旋转；有时把几面黄旗交叉搭成"八"字，萨满在下边冲杀一阵后，又呼啦散开。萨满与助手就这样在一个近百米见方的平地上，变换着队形舞蹈，其声势活泼、热烈、浩浩荡荡、威风凛凛，既像是模拟操练一支英勇善战的队伍，又像是古代战斗中千军万马厮杀的再现，萨满和助手踏着鼓点变换队形，又是一种舞蹈艺术的表演。

以上这三种舞蹈表现形式，虽然所用资料大都引自满族石姓，少量来自其他姓氏，但满族萨满所表演的艺术，也就是这三种类型，只是具体舞蹈不同罢了。概括满族萨满在舞蹈中所使用的乐器，就是神鼓、腰铃和铜铃。演奏神鼓的节奏是：萨满前进时是老三点和老五点，后退是单点，盘旋是碎点。此时的腰铃总是随着不同的舞步而摇摆着，发出清脆的声音，与鼓声相协调。跳神时有时背火（灯火都熄灭了，都是与火有关的神灵），有时开着灯，利用灯光调节气氛，再加上萨满与助手有时合唱，有时对唱的洪亮、高昂的歌声，即组成一幕简单而又生动的独具民族风格的原始舞蹈。

前面已经说过，大神神灵很多，而请大神都是单神单请，也就是请哪位大神，就表现哪位大神的舞蹈。那么，当萨满在神坛前请大神时，神灵附体后，怎么知道是哪位神灵呢？有两种辨别方法：第一种是问此神住在什么地方（当然神灵是萨满充当的），第二看它使用什么武器（法器），如鹰神是从"白山上，高高的天空降临，居住在头层山峰上的金楼中"，不需要什么武器，而且还将手中的抓鼓扔掉。居住在"长白山上头层山砬子的金楼中，沿松花江而降临的"使用马叉的是"巴图曾瞒尼"。居住在白山上，"沿尼西海河降临的"是蛇神，"沿红河而降临的"是金花火神等。这些问话有时是萨满（神灵附体后的萨满，代表神灵意志）报明自己从何而来，要什么武器，或是萨满进入昏迷状态后，助手问他以上问题。总之，萨满昏迷后，必须首先知道什么神灵附萨满之体。如果助手递给萨满的武器不是他需要的，则丢在地上；如果武器符合他的要求，萨满则立即随鼓点舞蹈起来。萨满舞蹈的过程中，一切诵唱都是用满语，据说是因为满族的神灵只能听懂满语。这也说明满族信仰萨满教由来已久。

从上文可以看出，石姓和其他姓氏的神灵住处和来往路线，都离不开长白山的山山水水，沟沟壑壑，这是因为满族及其先人长期生息于长白山一带的缘故。所以，在满族萨满教文化中，神灵带有地方色彩，形成了突出的文化特点，即长白山文化。

上面谈到的三种萨满跳神舞蹈,已于1987年被中国有关学者录像保存起来了,共录了21位神灵。笔者曾在现场观看。充当大萨满的是吉林省九台县东阿屯的石宗轩,当年64岁。他从十多岁就当了萨满,绰号叫"小迷糊",因为他当时得了迷糊症,许愿当萨满后才清醒了,而绰号却一直跟随他至死(1990年去世)。新中国成立后,他是一位国家干部,曾多次表演萨满舞蹈,是一位技术熟练的老萨满。石姓家族中,还有熟悉全部萨满祭祀仪式和讲解石姓神本的石清民、石清泉、石文才、石殿发等助手,所以那次萨满跳神进行得很顺利。关于萨满与助手在跳神中的作用,满族民间流传着这样一句话:"三分萨满,七分助手。"可见助手的作用多么重要。

石姓家族分别居住在吉林省九台县的东阿屯和小韩屯,均沿松花江而居。其祖先原居长白山、辉岭等地,后随努尔哈赤南下,于清代顺治元年奉旨前往"乌拉等处,采珠、捉貂等",[①] 随即赴打牲乌拉总管衙门当差,是正黄旗。石姓萨满舞蹈保留原始古朴的内容较多,因为他们的居住地区偏僻,交通很不方便,与外界很少来往。

总之,满族的萨满舞蹈,可谓我们提供研究人类原始艺术的活教材。

原载《黑龙江社会科学》1998年第2期

[①] 参见石姓家谱。

二十

《尼山萨满》语言艺术论析

遐迩闻名的满族传说《尼山萨满》，越来越多地被中外学者专家们重视。其原因不仅是它广泛深入地反映了满族历史生活、文化、宗教信仰、民俗等内容，而且还由于它在满族，或者说在中华民族的百花园中是文学艺术珍品。它在刻画人物、叙述故事情节等方面，都艺术、真实地再现了满族原始文化艺术的内涵和特点等。总之，它是满族唯一用自己文字——满文所记述的民间文学佳作，而且还在用词造句的语言方面，有它的突出之处。

本文仅从传说的语言特点进行论析，观其如何展现它成功的艺术效果。

一

传说《尼山萨满》主要是通过尼山萨满赴阴寻魂，使人复活为内容，以我国北方原始生活为背景，表现满族历史上所信仰的萨满教、萨满跳神的画卷。

它的语言特点首先是群众性的、朴素优美的语言。

前面已指出，《尼山萨满》是满族唯一用满文记录的民间文学作品，这与单一口头形式流传的民间文学有所区别。如流传于赫哲族的《一新萨满》就是看了"满文手抄本"①而口译的。尤其是海参崴本②的文本,是瑷珲地区满族人、民间故事家吴德子玉③用满文记录的,有着更明显的文学加工成分,但它仍未脱离民间文学的范畴。

朴素优美大众化的语言特点。如民族所本④中,被尼山萨满从阴间取魂,员外哭诉儿子的词语(其中哭诉曲调词语全部省去,以下文中凡有曲调,同样省去,不另注释):

> 因为没有自己的儿子,
> 求天得了个壮实的阿哥,
> 求佛得了个倜傥的阿哥。
> 因为父亲没有自己的儿子,
> 祭神得了个可爱的阿哥。
> 我虽然有这些金银财宝,
> 由哪个阿哥来使用。
> 父亲虽然有十群马匹,
> 由哪个阿哥来乘骑。
> 父亲虽然有虎斑狗,
> 由哪个阿哥来牵引呀!

孩子的母亲哭诉词语,更是大众化语言。如:

---

① 凌纯声:《松花江下游的赫哲族》,上海文艺出版社影印本1990年版,第28页。
② 海参崴本是指20世纪初,苏联满学家在海参崴地区所搜集到的《尼山萨满》手稿,并于1961年于莫斯科出版。本文中后面还会出现民族所本、瑷珲甲本、宁三萨满本、92年本等,即指搜集地区、保存者和出版时间等而言。详情请参见宋和平著《尼山萨满研究》,社会科学文献出版社1997年版。
③ 关于吴德子玉的详细调查资料,请参见宋和平著《尼山萨满研究》,社会科学文献出版社1997年版。
④ 季永海、赵志忠译:《尼山萨满》,《满语研究》1988年第2期。

> 母亲我五十岁时生下的色尔古岱·费扬古①,
> 怀胎十月生下的,东珠一样的宝贵,
> 有吃有穿很快长成了有德性的阿哥。

如此这般哭诉着抚养儿子的艰辛和赞美儿子的美德以及悲伤至极的心情,其语言都是大众化朴素的语言。

《尼山萨满》的珍贵性不仅在于它的内涵广泛和历史久远,而且还在于流传不同民族和地区的不同众多文本,都从不同内容、不同侧面,不同历史层次中反映了同一主题,其内容变化多样。但对于同一故事情节的具体描写和叙述,还有各自的侧重面和特点,自然所使用语言也各有其特点,其语言同样变化多样。如孩子的母亲哭诉内容中,如前所述,民族所本的内容多侧重于赞美其子的美德,在其母同一哭诉词语中,还有"像松米子一样生得俊美的阿哥""双手敏捷捕兽好手""走起来像雄鹰""山谷里跑起来似神铃",等等。在齐齐哈尔本中,同样是其母哭诉内容,则多侧重于家产无继承人的内容,像"雄鹰蹲在谁肩上呀!""猎犬由哪个阿哥使唤呀!""圈养的马,哪个阿哥来骑用呀!"等等。

在使用朴素语言和群众性的口语化方面,莫过于以汉语流传于黑龙江省宁安地区的《宁三萨满》②,更具有民族和地方语言特色。员外夫妻哭诉其子的内容,其父哭诉如下:

> 我五十岁那年,阿不卡恩都立③赐了阿哥,
> 生下来就那么可爱、聪明又伶俐。
> 长到十五岁,像一只山鹰似的。
> ……
> 满山牛羊谁来掌管,

---

① 色尔古岱·费扬古:尼山萨满救活小孩的姓名,员外之子。
② 1985年,笔者从满族故事家傅英仁先生处,搜集到的残本。
③ 阿不卡恩都立:满语,即天神。

肥壮的骏马谁来乘坐，
满库金银谁来继承。
虎头猎犬、海东青谁来驾驭。

其母哭诉更是土话连篇，录述如下：

额娘的心肝，色尔岱阿哥，
为了有你呀！额娘我呀，
东烧香呀！西许愿呀！
广行布施祷告天呀！
五十岁那年，总算生了你。
……
能骑马啦。能拉弓啦，
使鹰驾犬样样通啦。

从以上所述员外夫妻哭诉的内容来看，除了充分表现民族和我国北方地区的历史生活，如东珠、山鹰、虎斑狗、牛羊、海东青等内容外，是常见用语。还有使用大众化的语言，像"怀胎十月""心肝""烧香许愿""祷告天神""金银财宝"等都是民间所用语汇。

传说使用群众性朴素优美语言，在《尼山萨满》的通篇内容和各种文本中都有充分表现，除前面引用哭诉词语外，还有：第一，表现在《尼山萨满》故事环境的描写中，这一内容主要表现于传说中对狩猎山林的描写。在众多的《尼山萨满》文本中，大都是寥寥几句，如《一新萨满》[①]，对于赫连山的叙述，仅是"在正南百里外，有一座大山，名叫赫连山，周围有二三百里，山中野兽很多"；海参崴本也只是"到了有名的狩猎大山"而已。只有《宁三萨满》

---

① 凌纯声：《松花江下游的赫哲族》，上海文艺出版社影印本1990年版，第28页。

中有较详细的叙述，如下：

> 大队来到横狼山，一看好凶险。
> 黑乎乎的山怪石，像魔鬼一样，蹲在山腰。
> 阴森森的风，像刀刮似的，扑向人脸。
> 山前山后野兽成群，
> 山上山下乱枝子闹瞎塘，
> 使人看了心胆寒。

这是唯一对于狩猎场地详细、具体描写的文本。其中"黑乎乎""怪石""阴森林""闹瞎塘"等都是大众化或是地方语言，具有朴素优美的艺术效果。

其他环境的描写，如满族的福神奶奶——奥莫西妈妈，是住"宝楼"，或是"塔楼"，坐于"大炕"上，阎王住在有高高城墙内的"城池"中等。总之，虽是环境描写，但无华丽词语。

第二，表现在传说的故事情节中所使用语言，这一内容丰富多彩，独到之处更是随处可见。

众所周知，满族历史上以狩猎箭射著称于世，所以传说《尼山萨满》，在众多文本中，对于此内容都有详略不等的叙述，传说中具体是对员外之子出外狩猎队伍的描述，民族所本[①]仅是"挑选了五千名兵丁，当天，由阿哈尔基和巴哈尔基二人伴随，架鹰、牵狗，骑上骏马。如疾风骤雨般地出发了"简单几句。《一新萨满》[②]和《宁三萨满》[③]中更是简单，带着"弓箭武器，……各上坐骑，带了五十余名家人，直奔正南而去"。和员外之子"骑上枣红大马，虎头犬紧紧跟随，两个阿哈[④]前后护卫。众家丁架鹰引犬，直奔横

[①] 季永海、赵志忠译：《尼山萨满》，《满语研究》1988年第2期。
[②] 凌纯声：《松花江下游的赫哲族》，上海文艺出版社影印本1990年版，第28页。
[③] 1985年，笔者从满族故事家傅英仁先生处，搜集到的残本。
[④] 阿哈：满语，即奴才。

狼山走去"而已。只有在海参崴本中有详细叙述：第二天，色尔古岱·费扬古向阿玛额娘①行礼告别。骑上一匹马，让雄鹰蹲在肩上，带着猎犬，阿哈尔济和巴哈尔济等家奴紧紧跟在后面，那些背着弓囊箭袋的家奴，排着长长队伍，前后簇拥着色尔古岱·费扬古，车队人马川流不息，那场面既热闹又壮观，庄上男女老少都出来观看，等等。

传说对于这一壮观宏伟的场面，无论记述是详是略，都无修饰形容语句，同样采用了"雄鹰、猎犬、簇拥"等大众化语言，具有朴素、优美、真实的感染力。

传说中神仙客人的出现是尼山萨满出现的关键性人物，各种文本中都有详细、具体的记述，如海参崴本，神仙客人诵唱着对员外家奴说，"守门的兄弟们，去告诉你们的主人，说门口来了一个年老体弱的老头儿"，想见到员外，并向他推荐了尼山萨满，才能救活自己儿子等，其中的语言无华丽词语。表现这一特点的《宁三萨满》尤为突出，所叙：

> 你家死了独根苗，
> 应该想法急救才好，
> 为什么只是傻哭，
> 哭能救活阿哥吗？
> 咱们就哭。

这一段真是绝妙大众化的口语，其中"独根苗、傻哭、想法急救"等语言，都是毫无修饰、拿来就用的民间土疙瘩乡土语言。

传说中还有一情节，就是讲述尼山萨满婆婆的故事。她是直接影响到员外能否请到尼山前往他家为儿子招魂救活儿子的又一关键性人物，这一情节在诸类文本中都有具体描写，所用语言都不能与

---

① 阿玛额娘：父亲母亲。

《宁三萨满》中描写其婆婆行为的语言相比拟。文本所述：

宁三萨满叹口气说："不是我推辞，无奈丈夫死了不到二年，婆母不许我外出治病"，巴尔都[①]又进到屋里，果然一位白发老太太坐在西屋，叼着烟袋坐在炕头。巴尔都二番跪倒，口尊老妈妈行个方便罢。老太太翻着白眼说："寡妇门前是非多，你还是另请高明吧。"巴尔都忙令家人拿出礼品，黄金二十两，白银一百两。用托盘送到老太太面前说："这一点小礼品给老太太买包茶喝，买袋烟抽。"老太太一见黄澄澄金子，白花花银子，眼睛眯成一条缝说："哪有见死不救的道理，何必费这么大的心。"说完，扯着鸭子嗓喊道："媳妇呀！你收拾收拾去吧！要尽一切办法把小阿哥救过来。"

这一段精彩记述，在刻画人物性格，表现故事情节等方面都有独到之处，运用方言土语，更增强了作品的表现力。

第三，传说的神歌中，同样是朴素、优美的大众化语言。神歌是萨满在祭祀仪式过程中，所特有的祈神、降神、送神、祷告、求福等跳神活动中的诵唱，是按照本民族、本地区的传统曲调所唱的歌词。其目的是沟通人神之间的信息，诵唱于神灵所听，所以叫神歌。传说《尼山萨满》中的尼山，主要靠她的随机应变、即兴优美动听的神歌，完成她前往阴间寻魂救人的任务，所以传说中的神歌篇目众多，仅笔者所掌握的文本中，仅仅两万字左右的海参崴本就有13段，最少者为《瑷珲乙本》，也有3段神歌，传说的7种文本中竟有53篇长短不等的神歌，其内容可谓丰富、广泛，是许多北方民族民间文学中所不能比拟的。如海参崴本的"劝夫歌"，这一神歌是尼山萨满得到员外之子的灵魂后，正高高兴兴地往阳间路上走着，突然遇见她去世三年的丈夫，在路边熬着油锅等着救活他，此时尼山唱诵道：

亲爱的男人，快听我说，

[①] 巴尔都，即员外名字。

> 请张开你那只薄耳朵，听着，
> ……
> 你身上的关节已断，
> 血肉已烂。
> 骨架已碎。
> 你全身都烂透了。

这样如泣如诉地诵唱着不能救活他的理由，并又诵唱着今后"我在你坟前多烧纸钱，多供供品""恭恭敬敬服侍你的额娘"，乞求丈夫放她过去等。此段神歌的曲调是用"寡妇思夫"①的悲悲切切之调，其语言不仅是大众化的语言，朴实、语句优美动人，而且表现情感深刻，内容丰富，字里行间都透露着那柔情、温和、孝敬的思想感情。但在"自由歌"中，尼山却是另一种精神面貌。"自由歌"是尼山萨满劝夫不成，施法术将其夫扔于丰都城后，以悲喜交集的心情诵唱，内容所叙：

> 当你没有丈夫的时候，
> 随心所欲地生活吧！
> 当你没有男人的时候，
> 挺着胸膛生活吧！

还有当"有母亲""没有孩子"和"家庭"时，就要"亲亲热热地生活""自由地生活"和"幸福生活"等。其语言朴素、优美，表现出尼山萨满傲视一切的勇敢精神。

传说的神歌，多数为请神佑护和帮助尼山萨满赴阴寻魂的内容。在海参崴本中，尼山萨满唱诵着"招神渡河歌"招来了"独

---

① 关于"寡妇思夫"曲调的详情，请参看宋和平著《尼山萨满研究》，社会科学文献出版社1997年版。

眼、歪鼻、单耳、秃头、跛腿、独臂"的来希，为尼山"引路"，并说"我要去见一位阿玛勇敢的儿子，我要去见额娘勇敢的儿子，要去远方祖父家，远方祖母家……"渡船工将尼山渡过了河。尼山又诵唱着神歌"坐神鼓渡河"等，都是家常话的语言。

还有尼山在阎王听差蒙古尔岱·纳克楚门前诵唱的"寻魂歌"说："你把幸福降生的人，这样过早的抓来，死者还很年轻……请你痛痛快快地把他还给我，自愿地把他还给我，迅速地把他还给我……"在阎王城门前唱诵的"抓魂歌"里，请来了"石洞里的九尺蛇神""八尺蟒神"、熊神、虎神、金银色鹤鸰鸟神、群鹰、雕神等。让它们"围成九层，排成十二行……飞进城里，降落到地上，抓住他"。尼山差使鹰神得到了员外之子的灵魂，并救活了他，等等。如此众多的语言，都是民间群众喜闻乐见的白话语，犹如了知自己手掌般熟习的内容和语言，朴实而优美动人。这种微妙的神歌语言，给传说增添了无限的艺术魅力和价值，实不可低估其作用。

传说《尼山萨满》的各类文本所叙内容的语言，通篇都是朴素、优美的，不加修饰的，无华丽词语的大众化语言。当然，由于翻译汉文的原因，和记录者的加工，少量修饰语也是有的，但这是个别现象。

二

传说《尼山萨满》语言中还有省略得当和简明的特点。

民间文学作品在用词造句、叙述故事情节等方面，都有传统的方式方法，并不亚于作家文学作品的创作和用词技巧，有些地方它还是作家文学内容、艺术的源泉呢。

传说《尼山萨满》，有的也叫《尼山萨满传》，所谓"传"，就是将某人一生中所作所为的事迹详细记叙下来。传说《尼山萨满》也确实把尼山的一生主要事迹记叙下来了，但仅仅侧重于尼山萨满跳神，赴阴寻魂，并使人复活的事迹而已。这一事迹就可以是洋洋十几万言的长篇大作，而传说仅仅用了两万字左右，抓住了几个关键性的情节：第一，为表现尼山萨满的巫术高强，请她是不容易的，所以，传说有三请尼山萨满的情节。每一请都有详细叙述，内容丰富。第二，传说更多的表现内容是尼山赴阴寻魂和得到灵魂情节中艰辛困难。虽不是《三国演义》关羽行程中的过五关、斩六将的困境，但尼山萨满在赴阴间的途中，也是坐神鼓、请船工过河，而且在阎王和差使门前，都使用很高的法术才找到员外之子的灵魂，又与阎王的差使经过法术和口舌的较量，才得到了员外之子的灵魂，途中又遇死去多年丈夫的纠缠等重重困难，表现尼山的大无畏和勇敢精神。这些情节的描写，叙述详细、具体、生动、内容丰富。但对于那些与此内容无关系，或关系很小的情节，则采取了省略的方法。如被尼山萨满所救活的员外之子，传说中是有两个儿子，仅较详细、具体地叙述了一子的成长、病亡经过，另一子的成长无记述，病亡经过在众多文本中，也仅是狩猎途中"暴病身亡"一句简单记述而已，其内容省略得当。

  传说中神仙客人的出现是诵唱着简单诵词。祭奠亡者，又指明员外请尼山萨满救活儿子。它的出现不仅神秘突然，给传说增添了出其不意的艺术魅力，而且也表现了民间艺术家的创作技巧，即省略了神仙客人来自何处和身份的内容。

  还有传说中员外之子"准备丧宴"情节中，祭品真是"肉山酒海"，饽饽、供果一排排、一桌桌。传说仅详细、具体叙述了员外盼咐家奴的情况。员外指责家奴们说："你们只会张着大嘴哭，快去为阿哥准备祭品和引马等物。需要什么尽管从库里拿。"于是奴才们忙为阿哥准备了"十匹杂色骟马，十匹棕色骟马……"共60匹引马备用。还有祭品，从畜群中挑选了"十头牛、六十只羊、七十头猪"，还有几百只鸡、鹅、鸭和各种面食饽饽、水果等，所叙真谓详细、具体，物品丰富。但对这些祭品和引马的一一挑选、宰杀、制作过程等，却只字未提。全部省去，省略得恰到好处。其原因是传说只表现员外因失子无后继业，而兴起的破灭情绪，挥霍一切家业的毁灭思想，与那些挑选、制作过程无关，所以省略。

还有"婆婆告状"情节。传说只写了尼山萨满婆婆从"本村人们的议论中，知道尼山萨满这次阴间途中，曾遇见自己的丈夫"，又与尼山萨满核实了情况后，就告到了"京城衙门，衙门立刻传萨满入京，审讯了她，所得供词与状纸相同。于是，衙门将供词案情写成了奏本，呈报太宗皇帝。皇上降旨：'朕大怒，交刑部审理此案，照例治其相应之罪'"。于是将尼山萨满治其死罪。这一段记叙，仅仅连用了几个动词，即"告到、传、审讯、写成、降旨、审理、治"，就把一个人命关天的大案，自始至终叙述得清清楚楚。用词简练、明白、集中。而且在这一"婆婆告状"的情节中，有许多内容，如婆婆如何知道人们的议论，刑部的审理等都省略了。

传说除了运用简明及省略得当的语言技巧之外，还采用了民间习惯性常用套语和顺口溜式的句子。如传说记叙员外之子成长过程，仅用了"光阴似箭，日月如梭"的习惯套语，就把员外之子十五年的成长叙述了。还有形容员外之子聪明，仅用"出口成章"。记叙员外之子是文武双全的优秀少年，仅用"习文练武，骑马射箭"等语句。

《尼山萨满》中的顺口溜语言，《宁三萨满》文本尤为突出，在"富豪盛况"情节中所叙：

牛成甸子马成山，阿哈珠申无其数哟，金银大库四十八间。

记述员外之子成长过程，如下：

巴尔都猪年生了个小阿哥，聪明伶俐非等闲。一岁两岁怀里抱，三岁四岁闯五关了，七岁八岁把书念啦，九岁十岁练弓箭，小阿哥十五岁啰，出围打猎横狼山哟，打猎行围九天整，身得暴病赴黄泉啰。

这两段记述内容，所用语言不仅朴素优美，而且还是民间常用套语和顺口溜，同时近似快板书格式、民歌形式。

总之，传说《尼山萨满》把尼山毕生的主要活动、经历，即跳神行巫，仅用两万左右的文字就完成了，其中必有省略部分和运用语言的技巧之处。如前所叙，传说正是运用省略得当，语言朴素、简明，巧妙地将民族语和地方语相结合，收到了良好的艺术效果。

三

传说的又一修辞特点是语言的含蓄、幽默感。主要表现于尼山萨满在阴间里，送礼品给阎王的听差蒙古尔岱·纳克楚的"鸡犬换魂"情节中。传说所叙尼山萨满送鸡犬时，告诉蒙古尔岱·纳克楚的不是呼唤向身边来的语句，而是赶走鸡犬的话。尼山对他说，呼唤他们时，就叫"阿失！阿失！"和"嗾！嗾"。于是蒙古尔岱·纳克楚就这样呼唤着鸡犬。可是鸡犬马上跑向了尼山萨满的身边。鸡犬的这一举动非同小可，吓得蒙古尔岱·纳克楚急忙追赶尼山，"气喘吁吁地说，'这是怎么回事？'"此时的尼山萨满声称与他开个小小的玩笑，又正式告诉他，唤鸡是"咕咕咕"，唤犬是"厄里厄里"。这一幽默风趣的语言内容，在传说的众多文本中，都有详细、具体描述，给传说增添了新的风采和艺术魅力。

其次表现于传说的"尼山阴间渡河"的情节中。在《瑷珲乙本》中的阎王听差、亲信蒙古尔岱·纳克楚，不像在海参崴本等文本中那样神气、有权势了，而仅仅是名渡船工。他与尼山为渡河的一段对话，其语言很有风趣。他首先对尼山说："我认识你，多年未见面了，不在阳间，来这里干什么？"于是尼山诵唱：

> 我若是没有原因，
> 就不会来这里了。
> 你问来这里为什么？
> 你不是不知道。
> 为了事情来这里。

这种明知故问的语言形式，不需要尼山回答，很有风趣和幽默感。

四

传说中再一修辞特点是形象、自然贴切的比喻手法。

这一特点在《尼山萨满》的各种文本中都有，如前文所列举的海参崴本中，形容岁月很快过去的"光阴似箭，日月如梭"。当员外之子病亡后，员外夫妻悲恸欲绝的哭泣，"眼泪像雅拉河①的水一样。滔滔不绝地流着"。当衣衫褴褛、弯腰驼背的神仙客人来到员外家门口时，员外以为是讨饭吃的人，于是便说："不幸的人儿，快让他进来吧！请他去吃丧宴上堆积如山的饽饽和肉，喝一点像汪洋大海一样的酒吧。"这里把肉和饽饽比作"山"，把酒比作"汪洋大海"，形容丧宴祭品的丰富，形象逼真。该文本还形容尼山萨满优美舞姿像随风摇摆的"柳枝"，形容她诵唱声的洪亮"像钟声"，形容她急快行走和愉快心情像"轻风那样愉快地疾驰，又像浮云那样飘飘如飞"，等等。

民族所本中，当员外夫妻知道儿子突然病亡的消息，那种惊愕和震动，如"春雷贯耳"。还有前文所引用被救活孩子其母的哭诉

---

① 雅拉河：满语，为大河。

词，有"东珠、心肝、松籽、雄鹰、神铃"等，以形容其子的俊美、英勇和聪明。该文本形容尼山萨满诵唱祈祷的急快，如"哨箭发射"。还有员外之子婚姻情节中，这是除92年本外，其他《尼山萨满》文本中所没有的情节，该本形容员外之子夫妻和美"犹如太阳一样光彩照人"等。

在《宁三萨满》中，前文引用的形容员外之子前往狩猎的围场，即横狼山，山石凶险，黑乎乎的"像魔鬼"一样，蹲在山腰。那风又像"刀"刮人脸一样。还有前文引用的宁三萨满的婆婆见钱眼开的丑相，将眼睛眯成像"一条缝"，将粗大嗓门儿比作"鸭子嗓"，等等。

以上所列举传说中的真切、形象、生动的比喻，都使传说的艺术内容更加生辉。

同时，传说中所比喻的内容，所采用的事物，都具有突出的地方性和民族特色，都是我国北方民族，东北地区生态环境中所有之物，如松籽、东珠、柳枝、雄鹰、山石等，都与我国北方民族生活有着密切关系。所以，使传说《尼山萨满》更加亲切、富有真实感，增添了艺术的感染力。

五

传说的又一修辞特点是排比句式。这一句式多出现在《尼山萨满》各种文本神歌和哭诉词语中，尤其海参崴本较为突出。该本13段神歌词语中，几乎每段都有数量不等的排比句式。当然其他文本神歌也是如此。随意列举海参崴本一段尼山萨满赴阴时，叮嘱助手"赴阴歌"的诵唱：

为首的扎哩[①]，请站在我身旁。

[①] 扎哩：满语，意为助手，即指跳大神时，大萨满的助手。

> 得力的扎哩，请陪我站着。
> 灵活的扎哩，请站得近一些。
> 聪明的扎哩，请站在我周围。

这里的"扎哩、站、请、我"都是排比句式。"劝夫歌"中还有：

> 请你张开那只薄耳朵听着，
> 请你捂住那只厚耳朵听着。

这里的"请你、那只、耳朵、听着"都是排比句式。还有"自由歌""寻魂歌"等都有排比句式。

《宁三萨满》中，前文所引用员外之子成长内容的"岁"，还有描写狩猎场地的"山"等都是排比句式。

民族所本中，同样是尼山萨满赴阴时，叮嘱助手的"赴阴歌"诵唱，其情节相同，但内容的表现和修辞上，差异很大。如下：

> 我到黑暗的地方去取灵魂，
> 到丑恶的地方去取生命，
> 到阴间去取身体。
> ……
> 在鼻子周围洒二十桶水，
> 在脸周围洒四十桶水。

其中的"到、地方、去取、在、周围、洒"等都是排比句式。

传说《尼山萨满》中的哭诉词语中，排比句式，则是另一种内容，多为"阿哥"的排比，如前文引用的"壮实的阿哥""倜傥的阿哥""可爱的阿哥"等。还有值得注意的是满族哭诉格式，在它的后边都有"阿拉"，或是"阿拉科罗"等词语，也起到排比句式的作用。

　　总之，传说中的排比句式，使传说内容层层深入，起到加强和强调语气的作用。又使传说句型及全篇内容的结构紧凑，层层分明、深入，读起来朗朗上口，引人入胜，同样给传说增添了艺术魅力。

　　综上所述：流传几百年的满族传说《尼山萨满》，被我国多民族接受，在多处地区流传的原因，除了由于宗教信仰的原因之外，主要是传说本身所具有的优越、超群的内容和艺术魅力，而这种内容和艺术，不仅来源于历代民间艺术家、故事家对其情节的不断提炼加工，而且源于他们对语言不断地提炼加工。所以传说在用语修辞方面，同样显示出很高的水平，语言简明、朴素、自然、优美、生动、形象，突出表现了地方文化的语言特色。

原载《民族文学研究》1999年第1期

二十一

由满族耶鲁里神观其萨满教三界之说

满族萨满教的众多神灵中，有耶鲁里一神。在早期的萨满教里，它是主要神灵，内容丰富，流传于满—通古斯语族中的其他民族中，只是名称有些变化，如"勒鲁里—耶勒斯—莽斯—莽古斯……玛琥里—玛琥兹等等"①。由此可知，此神灵的历史悠久，流传民族、地域广泛。笔者仅从满族萨满教文化和满语分析其含义、神职以及与萨满教三界的形成、关系和作用。

一

"耶鲁里"（iruli）一词含义。前文已说明"耶鲁里"是历史悠久，流传民族、地域广泛的神灵。考其语音，"耶鲁里"应是由满语动词"依鲁毕"（irumbi）变化而来。"依"（i）与"耶"（ye）的发音部位相同，只是送气的方式不同。何况由于地区、口语、语音的发展，历史的变化，"依"演变为"耶"是不足为奇的，所以，我们将"依鲁毕"中的"依"，也写作"耶鲁毕"。其意在《清文总汇》中解释为"沉于水底之沉，沦、溺"，是"往下沉"之意。"耶鲁"（iru）是"耶鲁毕"的词干，也是命令式。在满语

---

① 富育光：《萨满教与神话》，辽宁大学出版社1990年版，第224页。

词法中有一满语名词的派生法,即在"动词词干分别缀以附加成分cun、si、li等构成名词"。① 在词干"耶鲁"(iru)上缀以"li",即可成为名词"耶鲁里"(iruli)神灵一词汇了。所以"耶鲁里"是由满语动词"依鲁毕"派生出来的名词形式,其意是"下沉"。"耶鲁里"也可能由"叶鲁"(yeru)一词变化而来,"里"是由于人类历史的发展,在演唱过程中(因为"耶鲁里"词汇常出现在演唱的《天宫大战》中)附加上去的。满族历史上确有"挹娄"(yeru)名称,居住在"长方形半地穴的房子"②,即"穴居之人"。"叶鲁"(yeru)在《清文总汇》中同样解释为"岩穴"之意。因此,我们说"耶鲁里"与"叶鲁",即满族先人"挹娄"的居住方式有些关系。无论如何,"耶鲁里"是由满语动词"依鲁毕"词干的变化而形成,其意是"下沉"。

二

那么,"耶鲁里"之神是否有"下沉"行为,它的神性又是如何呢?此问题需从满族的创世神话《天宫大战》中寻求答案。《天宫大战》告诉我们,创世三女神阿布卡赫赫(天神)、巴那姆赫赫(地神)和卧勒多赫赫(光明神)是三位不同性格的女神,③ 但她们共同创造了人与宇宙万物。由于"巴那姆赫赫性酣",又"嗜睡不醒",④ 巴那姆不履行共同造人的约定,于是阿布卡赫赫便从自己身上"揪块肉做个敖钦女神,生有九个头,有的头睡觉,有的头不睡觉。阿布卡赫赫还从卧勒多女神身上要块肉,给敖钦女神做了八

---

① 季水海、刘景宪、屈六生:《满语语法》,民族出版社1986年版,第110页。
② 《女真史》,吉林文史出版社1987年版。
③ 阿布卡赫赫,"阿布卡"为"天",赫赫为"女人,妇人",直译为"天女",引申为"天神";巴那姆赫赫,巴那姆为"地母",直译为"地母女",引申为"地神";卧勒多赫赫,卧勒多为"光亮",直译为"光亮女",引申为"光明神"。
④ 富育光、王宏刚:《萨满教女神》,辽宁人民出版1995年版。以下凡未注明出处者,均引自此书。

个臂、八只手轮番歇息和劳碌"。这一段记述告诉我们,天神——阿布卡赫赫为了使地母女神参加创造宇宙万物和人的工作,又造了一位敖钦女神,摇动着巴那姆赫赫,使它不能入睡并参与造物、造人的神圣使命。《天宫大战》又告诉我们敖钦女神是神力盖世的九头八臂的宇宙大神,她很不甘心自己仅仅是驮着他人的工具,总想设法冲出阿布卡赫赫为它设置的神门,逃出都凯①女神的管辖,有那么一天,敖钦女神设巧计,终于逃出了天门,便成了神威无比的耶鲁里。再者,由于耶鲁里的任务是摇动地母女神,使其不能酣睡,由此引起地母女神的厌恶,即将"两大块山碴子"打在耶鲁里身上,一块山碴子成了耶鲁里的一只角,另一块山碴子形成了耶鲁里的生殖器,它不仅是九头八臂,还有独角直插天穹,而且是自生自育的两性怪神,又一次给它增加了无比神威。还有,敖钦女神中的"敖钦",是由满语动词"阿钦毕"(aeimbi)变化而来。"敖"与"阿"是语音变化所致,即"阿"变化为"敖"。"阿钦毕"在《清文总汇》中解释为"驮着"。"敖钦"(aci)是"阿钦毕"的命令式,自然也是"驮着"之意了,也正符合天神命令敖钦女神驮地母女神的意思。所以,由天神所创造的敖钦女神,其神职仅仅是"驮着"并摇动地母女神的神灵,它原是与阿布卡赫赫、巴那姆赫赫、卧勒多赫赫三女神为一体的"气生万物、光生万物、身化万物",共同创造人类与宇宙的善神。当敖钦女神冲出天门而转化为耶鲁里时,其原始神性应仍与敖钦女神相同,但事实不是如此。那么,耶鲁里是怎样形成满族的恶魔神了呢?

在太阳系中,没有永恒不变的物质和事物。原初混沌为一体的宇宙,由于善恶的分离,便有升与降的变化,善者上升,恶者下降。满族原为创世之神的敖钦,转化为耶鲁里后,在创世过程中,其恶性越来越显露、发展与变化。正像《天宫大战》中所叙:它的"利角可刺破天穹大地"。又用"触角把阿布卡赫赫搅得飞星落地,

---

① 都凯(duka),城门、大门。

白云不生，七彩神光被九头遮盖"。又用一座座"大雪山压到阿布卡赫赫身上"等。对于地母女神更是尽力伤害，它"刺伤巴那姆赫赫，一直钻进巴那姆赫赫的肚子里"。闻得她"地动山摇，肌残肤破，地水横溢，闹得风雷四震，日月无光、飞星（流星）满天，万物惨亡"。又把卧勒多赫赫囚在地下。同时，耶鲁里又残害宇宙生灵，它让"九个头变成九个亮星，像太阳一样，天上像有了十个太阳"。使人类万物无法生存，这是远古时期十日并出的大灾难。耶鲁里又给人类带来冰雪灾难，它让"自生自育的无数耶鲁里，到遥远的白海把冰山搬来，处处是冷森森，凉瓦瓦，白茫茫的"。它又让"眼睛生恶魔、耳朵生恶魔、汗毛孔里都钻出小小的恶魔"。它率领着成千上万个"恶魔"，吞噬万物，喷吐黑风恶水，天石颓塌、地陷泉涌等的一切行为，都是与天神争夺宇宙"额真达爷"，[①] 即宇宙的统治权力。它的恶劣神性得到滋生、发展，也暴露无遗，成为一切恶劣行为、恶劣势力、黑暗集聚于一身的代表。

　　由于耶鲁里在浩浩的宇宙间干尽了坏恶之事，引起了众神灵的共愤。西斯林女神以她的巨大神风"用飞沙走石驱赶魔迹"。又"搬运巴那姆赫赫肤体上的巨石，追打魔群"，使它无处藏身。多喀霍女神用光明和火，烤化了阿布卡赫赫身上的雪山，使她"重新撞开层层雪海冰山，冲上穹宇"，恢复了战斗力。宇宙间的众女神齐心努力，各显神威，由者固鲁女神幻变的洁白的芍药花，光芒四射"射中耶鲁里的眼睛"，使它疼痛难忍，难以支持，在疲惫不堪之际，便学阿布卡赫赫也"站在星星上歇口气"，谁知那不是星体，是德登女神头部所变化，也正准备骗住耶鲁里。当它"双脚刚一踏上，德登女神将头身猛倾，耶鲁里踩空"，便掉进地心之中，即"巴那姆身上的肚脐眼"。从此，这一神力无比，难以制服的耶鲁里也便永远"下沉"在地心中了。这一"下沉"的地心便是满族先人幻想中的阴间世界，耶鲁里也成了阴间世界的主宰者，也"化成

[①] 额真达爷，即主人头领，意为宇宙主宰者。

了山岚恶瘴、疫病,从此留到了世间,贻害无穷",成了恶势力和黑暗的代表。

再者,从耶鲁里的神系来看,同样是包容了丑恶、鬼魔的内容。"他统辖都托、毫托、托欧、多威、曾吉、角亢、安俄、德林、卡妞、胡突、沙林、玛呼、喝荣、博诺、窝浑、苏楼等91位神灵。"耶鲁里所管辖的这些神灵,笔者在《清文总汇》中查找,都是些不祥之物。"都托"(tuta)是"令人留后、令人落后",或是(dutu)"聋子"。毫托(hetu)是"横竖之横、粗大",或是(hedu)"疥疮"。托欧(dogo)是"瞎子",或是(doho)"石灰",或是(doko)"小路,衣服里儿"。胡突(hutu)是"鬼、丑"。玛呼(rnahū)是"鬼脸、皮马虎"。喝荣(hele)是"哑巴"。窝浑(wahūm)是"臭"。博诺(boso)是"山阴之处",或是(boso)"令催、追赶"。苏搂(suilan)是"大玛蜂"。所以,它是恶劣势力,鬼魔的代表,是阴间的主宰者是毫无疑问的。

耶鲁里恶神在满族民间文学中,同样表现了它在地下恶劣、疾病的神性。有一则民间传说:因为耶鲁里怨恨天神的第一大弟子(它的师兄)的能耐超过于它,"它便偷偷跑到世间残害人们,天神知道后,就来到世间,把它切成碎片,扔在原是平原的大地上,其骨化为高山峻岭,其肉化为森林树木、草甸子、池塘等"[①]。另一则神话说:"很早以前,有一座直接通天地的天桥,人们每年都在萨满带领之下给天神进贡。有一年,耶鲁里也混进去上了天。他不仅抢吃抢喝,还抢着往自己口袋中装寿桃鲜果等。"[②] 还有一则传说是:耶鲁里撒在世间的疾病,都让药神纳丹恩都立用草药治愈了。耶鲁里又撒下了七种毒草。纳丹恩都立"找到了六种毒草,尝了六种毒草。他的肝、胆、脾、心、胃、肾都被毒草破坏了"[③]。传说又告诉我们,耶鲁里死后,他的灵魂不死,无处可去,便"造了一个

---

① 1980年满族故事家傅英仁先生讲述。

② 同上。

③ 《满族民间放事选》,上海文艺出版社1983年版。

地狱——八层地下国"①。以上所述清楚说明耶鲁里不仅广泛流传于民间，更是疾病、恶势力的代表，还是个贪得无厌的贪婪者，是阴间黑暗的主宰者。

耶鲁里是阴间主宰者，在满族民间文学中，有一"依尔蒙汗"，同样是阴间主宰者，二者不仅某些音节相同，神职、神性也基本相同。二者之间，很可能在历史的发展变化中，有着互为衍化的关系。耶鲁里是阴间主宰者，从19世纪中叶的萨满资料中，也得到充分证明：有一位英雄被九头怪割下头带到冥国去了。其妹前往阴间寻魂灵头，救他复生。其妹走到了通向冥国的地穴，途中，她看见许多灵魂、水草、沙漠、河流、高山等，在"山上有耶鲁里汗住的40个角的石殿。门前有从同一根上生出的9株落叶松，上边拴着9个冥王的马"②。此段明明白白记述了耶鲁里是阴间的"汗"，即主宰者，同时他手下还有9个冥王分头管理阴间事务。

综上所述，仅为"驮着"地母之神的敖钦，并由她变化而来的耶鲁里是由满语动词"依鲁毕"（irumbi）变化而来，是"下沉"之意。在远古时期的宇宙大战中，它为争霸宇宙主宰者，即"额真达爷"与天神们展开了争夺，而"下沉"在地心中，成为黑暗、疾病、一切恶势力的代表，这是满族阴间世界的形成。这种善恶分离，阴阳升降的原始观念，是中国原始古老的，凡事物是一分为二的朴素哲学观念。

三

前面已述，满族阴间世界是由于宇宙万物的善恶分离，升降所致，即耶鲁里的"下沉"而形成，"下界"为恶魔所居。升者为"上界"，即天界，为天神们所居。上下两界中间为中界，为人、神

---

① 《满族民间放事选》，上海文艺出版社1983年版。
② 乌丙安：《神秘的萨满世界》，上海三联书店1989年版，第131页。

所居。

上界是如何形成的呢？《天宫大战》中所叙："世上最古最古时候是不分天不分地的水泡泡。水泡渐长，水泡渐渐多，水泡里生出阿布卡赫赫。"这水泡泡便是宇宙万物的发生渊源之处，是最早的宇宙生命之始，由这水泡泡的生存、发展、变化而出现了天神、地神、人类，一切有无生命等万物。满族先人认为，由水泡泡里生出的阿布卡赫赫，即天神"无处不在，无处不有，无处不生。她的体魄谁也看不清，只有在小水珠里才能看清她的七彩神光，自亮湛蓝"。天神很具体，而又是无形体，具有七彩神光的物质。满族先人不仅认识了物质的宇宙世界，而且更清楚地认识到发生、变化是宇宙永恒的规律。创世神话《天宫大战》就是基于这种朴素唯物主义理论而产生的。它说"空宇中万物愈多，便分出清浊，清清上升，浊浊下降，光亮上升，雾气下降，上清下浊"。耶鲁里一词的含义是"下沉"，或是"下降"，即是形成了阴间，是"浊浊"和"雾气"，便是满族历史上的最大恶神的形成原因。也正是由于这种清浊升降变化，善恶的相对分离，表现为耶鲁里与天神们争夺宇宙的主宰者。它的破坏行为正如《天宫大战》中所叙，它"把阿布卡赫赫骗进了冰天雪海里"，又压上"一座座大雪山"，是光明和火的女神——多喀霍烤化了雪山。同时，突姆女神和白腹号鸟女神又让天神多吃石火，多吃从江海采来的"九纹石"，就能"壮力生骨，吃彩石可以身长坚甲，热照天地"。尽管如此，阿布卡赫赫再次与耶鲁里进行战斗时，仍是"耶鲁里把迎面冲来的阿布卡赫赫身上的九座石山、九座柳林、九座溪流、九座兽骨编成的战裙扯了下来"，天神们又一次战败了，是神树上的九彩神鸟，叫昆哲勒，用自己"身上羽毛，……用九彩神光编织护腰战裙，又衔来金色的太阳河水，为阿布卡赫赫冲洗伤口"。地母神又把"虎、豹、熊……"各种动物身上各摄取一分魂骨、神魂献给天神，于是天神的威力又一次大增，无敌于宇宙间，自然也战胜了耶鲁里，她"成为一位永远不死，不可战胜的穹宇母神，维护着大地"。天神胜利了，成了宇宙的主宰，上界也形成了。

　　上界的星星如何形成？《天宫大战》中所叙耶鲁里的"九个头变成了九个亮星，天上像有十个太阳"。于是阿布卡赫赫就让同根生同根长的妹妹卧勒多女神，用"桦皮兜去装九个亮星"时，耶鲁里把卧勒多同桦皮兜一起囚入地下。原以光和热为神性的卧勒多女神光芒四射，能使耶鲁里双眼失明，它急忙将抓在手上的桦皮布星神兜抛出来，正巧是从东往西扔出的，布星女神卧勒多赫赫便从东往西追赶，得到了布星袋。从此，星星总是从东方升起，向西方移动。这是星星的产生和行进的路线。天上的太阳和月亮是阿布卡赫赫的眼睛变化而来。满族观念意识中的"上界"已形成。满族的上界不仅有天神、日、月、星星等自然体，还有大萨满和英雄神。

　　满族观念意识中的"上界"是分层次的。《天官大战》中所叙，当天神被耶鲁里打败后，"在众星神的保护下，逃回九层天上"。这是最高天层了，这种对天的层次性划分是中华民族的普遍观念，如有13层、17层、33层等。满族的天层之说多为九层，在萨满神歌中有明确描述。希林赵姓神歌中所叙："高天听着，……九重天听见了吗？"[①] 石姓神歌中所叙："重天明亮，分有九层"[②]，等等。"九重"即"九层"，是不定量的多数。因为在原始人的观念中，"九"是单位数字中最高数字，因此以"九"示多数，这是先民们常用的表示法。所以"上界"是多层的很高境界。不仅如此，这一天界"九层"之说和高层之说，在满族萨满教文化发展史中，不处于同一历史时期。应是"高层"先于"九层"，因为原始人的观念思维是粗浅的，使他们感受到的仅仅是高高在上的天空。满族是生活于白山黑水之间，这白山是指满族长期生活的长白山，

---

①　宋和平、孟慧英：《满族萨满文本研究》，台湾：五南图书出版公司1997年版，第149—150、225页。

②　宋和平：《满族萨满神歌译注》，社会科学文献出版社1993年版。

他们叫"老白山"。满族民间文学中的《天女浴躬池》①，就是记叙了满族的祖先是长白山天池中天女所生，可见与天的关系之密切。因此，长白山不仅被满族历代先人所崇敬、封神等，如封"长白山神为兴国灵应王……开天宏圣帝"。康熙时又册封为"长白山之神"等。② 同时又被民间长期普遍祭祀，称为"白山主"，或是"超哈占爷"之神，又把它分为"3、5、7、9"层次。这种观念在石姓神歌中表现最为突出。③ 此姓氏的瞒尼神、动植物神以及萨满神，都是在以神通的大小而定居于长白山的各层次中，如巴图鲁瞒尼、胡牙乞瞒尼、依兰阿立瞒尼、白水鸟神、火炼金神等都是在"第九层高高峰顶上"。朱录瞒尼，金、银舌鸟神、金炼火龙神等都在"五层山峰"上。查憨布库瞒尼、沙勒布库满尼等都在"三层山峰"，以及石姓的萨满神，都在长白山中的各层次进行修炼成神。满族先民久居长白山。他们幻想着长白山上分有高低不等的各类层次，这种观念，随满族古代历史的发展变化，便将长白山层次之说衍化推广为天界的层次之说，最高之层为天界第九层次。但是，居住于长白山的各层次诸位神灵仍是"中界"，即"地界"的居民。再者，这种分层次的分别观念人类思维较后期的形式，混沌为一体则是人类原始的思维方式，即天界无层次之说。这一点从满族萨满神歌中仍可得到证明，其原因是神歌中含有不同历史层次的文化内容，而且积淀丰厚。如普遍被各姓氏祭祀的"按巴瞒尼神"是"从高高的天上降临"；还有杨姓的"三大金佛神""大香火神"等是"由天而降"。④ 石姓的"按巴阿立瞒尼神""尼贞不库、巴那额贞瞒尼神"由"天降临"。各姓氏的鹰神、雕神、鹊神都是从天上降临，等等，诸如此类的神灵，都是天上无层次所居，因

---

① 《满族民间故事选》，上海文艺出版社1983年版。
② 《长白山征录》。
③ 宋和平：《满族萨满神歌译注》，社会科学文献出版社1993年版。
④ 宋和平、孟慧英：《满族萨满文本研究》，台湾：五南图书出版公司1997年版，第149—150、225页。

此，我们说原始的满族天穹观念是无层次可分。再者，石姓的"巴那额贞瞒尼"与《天宫大战》中的三女神中的"巴那姆赫赫"，虽名称有异，但是同一位神灵，都属天界，只是不处于同一历史时期。

"中界"也是地界，为人类、动植物、山河、森林和部分神灵等所居，还有各姓氏众多祖先神，如白山主、始祖母神佛多妈妈、英雄神和萨满神灵都居住于中界，或长白山各层山楼中。探其产生，在满族先人的原始观念中，创世神话《天宫大战》中所叙是"三神生物相约合力"，即共同创造宇宙万物。首先由阿布卡赫赫女神"最先造出来的全是女人"，后来又由地母女神用"一把肩胛骨和腋毛，还有姐妹的慈肉、烈肉搓成一个男人"。又从"熊身上借来"生殖器，安在男人身上，于是世上的男女人都有了。《天宫大战》中又叙述了因为所造男人与女人使用物质不同，各具不同的性格特点："女人心慈"，因为"男人是肩胛骨和腋毛合成"，所以"男人性烈、心慈，还比女人身强力壮"，同时"须发、髯毛比女人多"。这是满族原始观念中最早的人类。不知过了多少亿万年后，正像《天宫大战》中所叙："天荒日老，星云更世，不知又过了多少亿万年，北天冰海南流，洪涛冰山盖野。地上是水。天上也是水，大地上只有代敏大鹰和一个女人留世，生下了人类。这便是洪涛后的女萨满，成为人类始母神。"这里不仅记叙了代敏大鹰与女人繁衍了人类，还说明世上第一大萨满也是鹰的后代，因此众多神通广大萨满所领的神灵是鹰神，而神通广大的大萨满也是鹰所变幻。当然，满族原始观念中的人类来源，还有柳叶生人、柳枝变人等，此处不赘述了。

世上的高山等自然物与自然现象是如何产生的，是"阿布卡气生云雷，巴那姆肤生谷泉"。大地上的高山峻岭、森林树木等，除了前面所叙是天神切碎耶鲁里所变化之外，还有阿布卡赫赫女神的"头发变成了森林，汗水变成了溪河"。在满族的原始观念中，不仅仅是森林、河流是从天上掉下来的，有些动物也是耶鲁里与天神争夺宇宙"额贞达爷"时,从"天上挤下来的"。蛇是"从天上掉下来的,虫类也是从天上掉下来的"。因为它们是火和光的化身,所以"它们在有火和光的春夏才能出洞生活,无火无光的暗夜和严冬便入眠了"。这里清楚说明冬眠夏出的虫类特性,而且又道出虫类的渊源。还有一部分虫类是由两位女神在与耶鲁里战斗中,被它"碾成鱼粉",撒落在大地上,变成了千万个善鸣诵唱的虫类。地上的蚯蚓是由看护敖钦女神的门神——都卡女神所变化,因为失职无颜见太阳,所以它"常存于地下"。

海中动植物,在《天宫大战》中叙道:"阿布卡赫赫把太阳光和昆哲勒神派到水中,从此冰水才有了温暖,才生育出水虫、水草,重新有鱼虾、水蛇、水獭、水猩"等。其他动物,如大嘴巨鸭原是地母女神身边的使者,在与耶鲁里搏斗中也留在地上了。在满族的原始观念中,地上的"兽族百禽比人类来到世上早",所以獐鹿、狍獐、熊等早已生活在大地上了,等等,诸如此类的中界万物,都有其产生和发展的具体原因。归根结底,满族先人认为,世间万物都是阿布卡赫赫所变化、创造,或是裂生而成。

综上所述,满族萨满教的三界之说,其宇宙观念与汉族的原始思维有些相同之处,即混沌为一体并一分为三。这种混沌为三的说法,在满族的原始思维里即为阿布卡赫赫的裂生三女神之说。其裂生的原因,满族认为是争夺宇宙"额贞达爷"的权力而引起,但主要原因还是事物自身发展变化的结果。正如创世神话《天宫大战》中所叙:"清清上升,浊浊下降,光亮上升,雾气下降,上清下浊。"这是宇宙变化的永恒规律。这种善恶分离,"清清上升,浊浊下降"便是上、中、下三界形成的根本原因,即为"清光成天,浊雾成地"。"清清上升"为天者,即为上界或天界,是善者,是光明的代表,是天神和神通广大的神们所居。"浊浊下降"为地者,即为中界,是世间人和神们所居。这中界的人类和神们是升是降,由自己的所作所为而定。当然,关于天地、万物的形成,各民族都有自己的观念和思维方式。满族的创世神话《天宫大战》是有代表性的主要内容。下界为阴间，主要是由"耶鲁里"下沉在大地的地心中而形成，是我国北方民族恶势力、鬼魔的代表。总之，宇宙万物、人类的产生，满族先人认为是由古代最原始的水泡泡里产生的阿布卡赫赫裂生而来。

原载《黑龙江民族丛刊》2000年第4期

二十二

满族说部《东海窝集传》与萨满文化

这部由傅英仁老先生在 55 年前搜集并讲述的《东海窝集传》传说，由笔者与王松林先生整理，于 1999 年终于出版了。这是一部描写满族原始氏族的英雄故事，神话色彩浓厚，颇具史诗性的长篇说部。据傅英仁先生讲，这是一部东海窝集[①]，即历史上被称为"野人女真"中的"巴拉人"的作品。它主要流传于深山老林中的宁安满族聚集区，距今至少已经有几百年的历史了。它是研究人类文化史、民族史、民族关系史、宗教、民俗的难得的历史活化石。

一

《东海窝集传》[②] 又称为《东海传奇录》《东海窝集部》《东海窝集传奇》等。现今出版的版本，是综合了几个版本的精华而定，全书共分三十回，每回都有精练的内容，眉目明晰的题目。如第一回《长白二祖争上下东海双王联姻缘》，主要叙述满族的两位祖先神乌克伸玛法和佛多妈妈为男女统治天下之事争论起来，并"引出了东海窝集部男女争权的一场大战"。在这一回里，同时又讲述了东海窝集部女王的两个女儿和佛涅部女王的两个儿子先楚和丹楚联

---

① 窝集（weji）：满语，即"密密山林之处"。
② 傅英仁讲述，宋和平、王松林整理：《东海窝集传》，时代文艺出版社 1999 年版。

姻故事，使故事不仅表现了方方面面社会生活，而且使故事向纵深发展。再如第九回《强制活人去殉葬二阿哥死里逃生》，经过种种曲折，东海女王的两位女儿娶了佛涅部女王的两个儿子。说"娶了"，是因为在女人掌权的社会里都是男人嫁给女人，所以应为"娶"丈夫。《东海窝集传》中的女人掌权已到了社会变革的时候，也就是女人统治社会应让位于男人统治社会之时。代表男人势力的先楚和丹楚经过神人指点，学会了各种生产技术，向东海女王提出了发展生产，提高氏族成员生活的详细、具体的革新措施，但遭到当时各种保守势力的坚决反对，惨遭失败。同时，先楚和丹楚也与临近的穆伦部女王的四位格格①私订终身。这期间东海女王的两位格格，婚后生活不愉快。原就身体多病的她们，此时病故。由于先楚和丹楚的革新失败和不忠于东海女王女儿的缘故，决定用他们殉葬。传说详细而具体地叙述了殉葬的经过和具体做法，这自然与后代满族的殉葬方法有所不同。这一活人殉葬，实际上就是扼杀社会变革的重要力量。于是，穆伦部的四位格格想尽一切办法，准备搭救阿哥们出逃，实现自己变革社会的伟大理想。不料计划不周，只从坟墓救出了丹楚二阿哥，大哥先楚仍留在墓中。

再如第二十四回《大萨满跳神参战双双比武决雌雄》。二阿哥死里逃生后，在神人特别是其祖母——神通广大的老萨满万路妈妈的指点和帮助下，走万里路，访众英雄，最后寻找到孙滨之后，让孙真人做了军师。同时，招兵买马，苦练军队，积蓄力量，以兴兵攻打东海窝集部。被乌克伸玛法定为"莫北新王"的丹楚，在军师孙真人和其他部落王的拥护、帮助下，终于打得东海女王大败。但由于社会制度和不成文的法律观念的制约，只是军事上的胜利，还不能决定胜败，只有萨满比武才能算数。于是，东海窝集部女王说：咱们"凭真本事决定胜负"！于是向丹楚提出萨满比武之事。这一回同样详细、具体地叙述了双方萨满的精彩格斗。其结果，自

---

① 格格：满语，泛指"姐姐"或"女孩"。

然是"莫北新王"胜利了,这才算真正决定了东海女王的失败。传说故事的高潮,也就此结束。

《东海窝集传》所反映的内容,在民间文学中很少见到。它荒唐怪诞,甚至很难被现代人所理解,但它确是人类文化史中的珍贵资料。在此,笔者仅就《东海窝集传》中所反映萨满文化内容做一简单探讨。

二

萨满教是我国北方民族普遍信仰的原始宗教,满族萨满教更具典型意义。就"萨满"一词的语言来源而言,它源于满语,其原始含义为"知道"和"跳动",后引申为"先知先觉"和"激动不安、狂呼乱舞"。[1]

反映原始时代社会文化的萨满教,是以万物有灵为认识基础的,将大自然中的一切都视为神灵主宰,或者自身就是神灵。在萨满教中,最早受到崇拜和祭祀的应是自然神灵。如天神、地神、星神、河神、山神以及自然界中的动植物神。

原始人还认为自己与自然界中的万物,如某种树木或动物有着密切的血缘关系,崇拜并祭祀它们。我们称之为萨满文化中的图腾崇拜。

萨满教随人类的历史发展而变化,逐渐出现了灵魂观念,随之,萨满教中也出现了祖先崇拜。

萨满文化中的三大崇拜,即自然、图腾、祖先崇拜在满族萨满文化中不仅得到全面、充分的展现,而且还有自己的民族特色和具体内容。

自然崇拜的内容。在满族萨满文化中,凡是天上飞的、地上跑的、水中长的,甚至包括天空中的日月星辰,都是他们崇拜的对

---

[1] 宋和平译注:《满族萨满神歌译注》,社会科学文献出版社1993年版。

象。天神有"阿布卡恩都力",星神叫"乌西哈恩都力",还有动物神、树神等。这些神灵的祭祀及称谓等,在各姓氏的萨满神本中,都有详细记载。如吉林省杨姓记叙的星神竟达五十多位,石姓的动物神也达几十位等。

满族自然崇拜中的神灵,还有原来作为山神崇拜的长白山。它是满族的发祥地,是圣山,是生命山,又被称为"白山主"。有关它的神话传说不胜枚举。

自然崇拜中的植物的神灵,最具典型意义的是柳枝、柳树及柳叶等。满族称为"佛多妈妈",即"柳枝祖母",有关她的神话传说同样众多。

前面所叙天神、白山主、佛多妈妈三位神灵,是满族萨满文化的主神,已成为满族的民族神,并演化为祖先崇拜中的祖先神。尤其是"佛多妈妈",人们在满族图腾崇拜中常将她视为始祖母神。这几位神灵,在《东海窝集传》传说中都有表现,是传说的关键性神灵。

在满族萨满文化中,还有一类应属祖先崇拜的内容,满族称为"瞒尼神"。它是一类很有满族民族特色,数量众多,有各种神奇功能,武艺超群的英雄神。各种神本中,都有对他们的祭祀。如手执铜镜、镇魔驱邪的阿木巴瞒尼;手执钢叉、南征北战的巴图鲁瞒尼;还有满族第一个使用猪皮记事的文化神乌尖西瞒尼等几百位英雄神灵。但《东海窝集传》中,仅有一位瞒尼神,而且还是汉族人。

祖先神灵除了满族原始社会时,对于本部落有贡献的部落长和生产技术中有特殊技能的人,后被部落崇拜为祖先神,如"超哈章京",即"兵章京"外,还有各姓祖先等。满族还有一种成神渠道,这就是萨满神,各姓神本中也有大量记载,称为"萨满玛法""萨满妈妈"。如石姓有九位,杨姓有十几位等。这一类神是萨满去世后,其灵魂在深山和某处修炼成神的神灵,故称萨满神。在《东海窝集传》中,这类神不突出,表现最突出的是萨满本人的神通广大,如同《尼山萨满》传说中的尼山萨满一样的萨满神,他们是活在世上的萨满"神"。

《东海窝集传》中的萨满文化内容,几乎渗透在每个故事情节中,而且,几乎在每个人的身上都流露出萨满的功能和神通。所以,在《东海窝集传》中,作为满族原始思维方式的萨满文化得到了空前的展现。

笔者仅从萨满神灵和祭祀仪式两方面对传说中的萨满文化进行初步的探讨。

三

《东海窝集传》中所表现出的萨满神灵很多,主要有满族的民族神、萨满神、生产技术神、瞒尼神和其他神灵。

第一类民族神。有佛多妈妈、阿布卡恩都力和白山主等。

佛多妈妈:前文已叙,她原是自然崇拜的树神,即柳树,称为"佛多妈妈",汉译为"柳枝祖母"。在《东海窝集传》中,她是与满族另一位祖先神乌克伸玛法同时出现的。

传说所叙:"阿布卡恩都力造人时,只造出了两个人来,一个是男的叫'乌克伸玛法',一个是女的叫'佛多妈妈',两人被造好后,繁衍了一些后代。"两位神灵的神职是他们繁衍了满族。同时传说又叙"满族有些什么困难和遇到灾难的时候,都要求助他们"。两位神灵总是积极设法进行搭救。所以说这二位神又是满族的保护神。他们是《东海窝集传》中的关键性神灵,是满族萨满文化中的主神。

"乌克伸玛法"虽然在许多神话和传说中都有记叙,但主要流传在黑龙江流域和长白山的北边,他是满族萨满文化中的重要神灵。

"乌克伸"一词,傅英仁先生常说成"乌伸克"。笔者不知何意,与傅英仁先生讨论后,才认定为是"乌克伸"。事情真凑巧。

满族的满语故事人"朱本西",但在宁安地区却是"朱西本",与"乌克伸"相同,后两个音节被弄颠倒了。

如此看来,我们至少可以断定,宁安地区的满语与已经规范化了的满语是有区别的。如果认真在宁安地区调查满族语言,可能还会发现宁安地区满语音节颠倒的问题。不过,现在也不会影响我们正确理解与使用"乌克伸"一词。因为此神的神职与词义是相符合的。

"乌克伸"一词在《清文总汇》中被解释为"盔甲"之"甲",此处引申为"男性"。对于戎马倥偬的满族来说,以盔甲之"甲"表示男性是顺理成章的事。不仅如此,"乌克伸"一词还有更深刻的含义。有一则神话大意是说乌克伸玛法每年都手提石罐在每片柳叶上滴一滴水,这样就会长出满族子孙。佛多妈妈就会养育并照顾他们,[①] 这石罐实为男性生殖器。这些神话传说,都说明佛多妈妈与乌克伸玛法繁衍了满族,与《东海窝集传》中的内容相同。佛多妈妈的神灵性质,笔者在《满族萨满神歌译注》[②] 中已有详细论述。她从古代流传至今,神性基本未变,是满族的生育神和子孙的保护神。其神偶为"子孙口袋""柳枝""子孙绳"等。由此,我们认为"乌克伸玛法"不仅代表男性,而且还有生育职能,是满族男性生殖崇拜神。

在原始社会满族先人的观念里,人世间的一切事物、社会生活、政治变革等都是由上天或世间的神灵安排,人们只能照其意行事。传说《东海窝集传》充分表现了这一思想内容。传说里,人类古代社会的变革也是由天神和神们主宰。传说不仅表明"东海窝集部男女争权的一场大战",是因佛多妈妈和乌克伸玛法两位神灵争权斗争而起,同时传说又表明天上也是男性"天神"掌权。传说所叙:"乌克伸玛法瓮声瓮气地说:'我和阿布卡赫赫,为男女谁当家

[①] 宋和平译注:《满族萨满神歌译注》,社会科学文献出版社1993年版。
[②] 同上。

的事争论过。天上也是阿布卡恩都力当家了'。"这段记叙，不仅说明天上也是由原来的阿布卡赫赫即"天女神"当家变革为男性"天神"当家，同时也为人世间母系社会向父系社会过渡提供合法的依据。同时，也表明了阿布卡恩都力在主持天界事物的同时，也主宰着人间事务。

"阿布卡恩都力"，是满族萨满文化中的"祭天"仪式，也是祭"索莫杆"的内容。索莫杆也叫"神杆"，通过"神杆"的祭祀，可与高高在上的天神相联系，也是萨满与天神沟通的主要手段。

白山主神，原是自然崇拜中的长白山神，随满族历史的发展，后衍化为祖先神。其名称很多，因满族姓氏而异，如有的称"白山总兵""白山玛法"，还有的称为"超哈章京""超哈玛法""超和总兵"，即"兵章京""兵祖先"等，有的还将努尔哈赤附会为"超哈总兵"。

《东海窝集传》中，除了传说里的神灵在长白山上修行之外，只有一处出现了"白山主"神的名称。这就表明在父系制社会已经确立后，为消灭仍未归顺的部落，为巩固新政权，仍需力量帮助。同时以"莫北新王"为代表的新掌权人，还面临着许多新问题无法解决。在这紧急关头，老萨满和万路妈妈会同白山主神，又叫白山妈妈一同下山，来到"莫北新王"的营地，向他们献计。传说记叙："正在没招的时候，丹楚的姨母（即老萨满——笔者注）、万路妈妈、长白山主，就是白山妈妈都从山上下来了。"此处同"阿布卡恩都力"与"阿布卡赫赫"一样，同时、同情节中出现了两个不同时代的名称，反映了神界的权力更替，即在长白山上，原为白山妈妈，现为"白山主"神，即男性神掌权。这里不仅反映了神界的变化，而且说明满族先人在他们的原始观念中，"天、神、人"是合一的。

白山主神，是满族萨满祭祀的主神。其神像、神偶多样，最常见的是祭祀时悬挂在西墙上的，用布或纸绘画而成的神。满族称

"家神案子"画像中的白须老者，便是"白山主"神。

第二类萨满神。展现满族原始社会制度和生活性状等内容的《东海窝集传》传说，正是反映萨满教兴盛时期的文化，萨满与整个社会的人际关系相当密切。

此处所谓的萨满神，是前文所指活在世上的萨满神，是活生生的，为族人服务、排忧解难、救人治病的萨满。

为什么把活在世上的萨满也称为"神"呢？因为《东海窝集传》中的萨满都是无所不知、无事不行、先知先觉、乘云而来、踏雾而去、不食人间烟火、助人行善、飘忽不定的神灵。最突出的是万路妈妈、双石妈妈、呼尔海玛法、骨瘦如柴的老妈妈等。这些萨满有的云游四海，有的是母系氏族社会中的部落长，有的是在深山老林中修炼的老者。传说记述了她们在建立父系制社会的过程中所做出的贡献。

万路妈妈是积极推翻东海窝集母系制，实现父系制社会的代表人物。她是《东海窝集传》中主人公先楚和丹楚的祖母，也是传说中多次为先楚和丹楚二位阿哥指出实现男人掌权社会伟大目标的女性。传说中的万路妈妈，有时直接出场，有时指使别人间接出场，但不管在什么场合，身为女萨满的万路妈妈，是作为新政权、新社会、新思想的新兴势力的代表出现的。同时，她的每次出现，都是在她两个孙子最困难的时候。如：万路妈妈的第一次出现是在先楚和丹楚的病危中，第四回《万路妈妈救二祖兄弟大破万岁楼》哥儿俩昏昏沉沉地倒在树下，"觉得有人在揉他们的肚子，又感到有一股凉气涌向内腹"，不多会儿心里清醒了，被救活了，随后又将万路妈妈如何成为大萨满的经过叙述了一遍。

原来万路妈妈是他们氏族的大萨满，她为了抢救三个部落的瘟疫病人，几天几夜不睡觉，累得不省人事。家里人认为她已死去，就放在石棺中，抬入老林。其实万路妈妈并未死，她是在修炼内功。传说《东海窝集传》论述"修炼内功时，一切的行为都要停止，不能吃也不能喝，也叫过阴"，时间是七天七夜。当万路妈妈醒来后，便成了方圆百里、九村十八寨的"神人"。

　　传说中还有万路妈妈出现的专门章回故事，即第十一回《白雪滩头四人被困万路妈妈再指迷津》。传说记叙丹楚为兴大业，推翻东海女王的统治，积蓄力量，突然一阵神奇的大风把他与妻子等四人，刮到了寸草不生的白雪滩上，遇到了巴拉人①。他们四人在这里教巴拉人生产技术，使这里的生活得到了很大改善。他们也随之受到重视和尊敬，愉快地生活着。一天，坐船游玩迷了路，露宿野地森林中，"四人靠着大树似睡非睡的时候，觉得有人在捅他们"，一看才知道是万路妈妈。另一次出现是在"莫北新王"丧志，迷恋眼前的幸福生活，忘记推翻东海女王，建立男人掌权社会政权的任务之时。万路妈妈批评丹楚："我就担心你一享福把什么都忘了，……忘掉了招兵买马，访英雄，集俊杰。"于是，万路妈妈再次为丹楚等人指点迷津，鼓舞他们的斗志，并把他们送回自己部落。另一章回记述：当丹楚等人访英雄行走在夜间，走进荒芜人间的深山老林，又饥又渴，筋疲力尽之时，突然发现前面有灯光……一看是三间草屋。这又是万路妈妈在此等候他们，使他们转危为安，继续前进。

　　表现万路妈妈萨满神术高超和神通广大的惊险情节，莫过于第二十九回《举大军横扫宇内定乾坤四海归附》。在这一章回中，表现万路妈妈盖世，法术高深莫测，她为征服珲春部落长，归顺于"莫北新王"男人掌权的父系社会，毅然连饮珲春部落长为她准备的三碗烈性毒药，但大难不死，使得部落长不得不归顺于她。

　　传说万路妈妈还力劝孙滨后人孙真人出山，帮助"莫北新王"创立大业；又为其招兵买马，让养蛇、驯虎、驯野猪的英雄归服了丹楚；又使神人、仙人们处处为丹楚大开方便之门，共同为推翻母权制，建立父系制社会而战。所以说，《东海窝集传》是主要表现老萨满万路妈妈神通广大的传说，因此她也成为一方神土的萨满祖

------

① 巴拉人，满族的一个支脉。

先神。

双石妈妈，又叫"富录妈妈"，她是一位武功超群，手拿男子汉都拿不动的双石锤的女祖，也是能治病的双石寨部落长，同时还是当地著名的女萨满。她虽为女人之身，但走南闯北，见过世面。她说："我到过长城山海关一带，看到人家那里搞的是不错。"所以，丹楚等人的新思想能很快被她接受下来，同意推翻东海女王的统治，并把本部落的人马都归服于丹楚指挥。双石妈妈对丹楚等人的最大帮助，是在攻打东海老王的战斗中，破了自己设置的关口，使东海女王很快被擒。

传说中还有一位老萨满，这便是先楚和丹楚的姨母。她们同样具有萨满高超的神通和武功。这一内容集中表现在第二十九回《先楚三让亲生母护女权老母丧身》传说叙述其姨母是"一位骨瘦如柴的老太太，微风都能吹倒，可精神异常好，走路似燕飞"。她不仅跟几位老萨满在长白山下学习萨满神术，而且还周游关内外的名山大川，学习汉族文化。传说记述她的神术是：先楚的母亲向他姨母连砍三刀，"连个刀印都没有砍上"。又叙述离他们十几步远的一棵树，被他姨母"用手掌一伸一推，'咔嚓'一声，树倒了"，充分表现了先楚姨母高强的萨满神术。

《东海窝集传》所反映的是兴盛时期的萨满教，所以在传说的字里行间都流露出萨满文化的迷人风采。传说中的神人神事不胜枚举。如第三回《首次出征卧楞部万岁楼前险丧生》。莫北新王行走在深山老林中又迷路了，在万分着急之时，忽听用石爷砍树的声音传来："哥儿俩不用愁，我可指点你们破万岁楼。"于是出现了一位白须老者，送他们宝物，使他们破关取得了胜利。还有，万路妈妈指使即将病亡的呼尔海玛法，给莫北新王吃了神奇的十几个动物形态的饽饽，力量大增，成了力大无穷的大力士。

传说中这些出其不意、怪诞不经的神幻法术，都来源于萨满文化的观念。在《东海窝集传》中，这种萨满神术得到了充分展现。

第三类生产技术神。久已信仰萨满教的满族，在他们的原始观念中，人类社会的变革都操纵在神灵们的手中，都被神灵所主宰，同时人类生产技术的发展和创造，也都由神灵主宰。《东海窝集传》充分展示了这一内容。前面所叙的乌克伸玛法，传说不仅表现他是一位男性力量的新兴势力，而且还认为他是一位满族远古时代生殖崇拜神灵的代表。同时，传说又展现了他作为一位技术主宰神的一面，其管辖方式是通过师徒关系来实现的，这也是神道中最常用的方法。

乌克伸玛法有九位弟子，名单如下：

1. 开铺玛法（kaipi mafa），造船祖师，工匠神。
2. 色其布玛法（secibu mafa），（又叫沙鲁玛法，sail sefu），铁木工祖师，工匠神。
3. 佛勒玛法（foro mafa），（又叫委勒玛法，welenmafa），麻布祖师，纺织神。
4. 阿尔法玛法（arfa mafa），（又叫阿尔干玛法，argan mafa），农业神。
5. 色勒玛法（sele mafo），炼铁、制造铁工具的祖师，叫铁神爷。
6. 蒙文勒窝陈（menggun wecen），开矿祖师神。
7. 突尔浑瞒尼，孙真玛法，也叫孙真人，军师。
8. 先楚贝子，推翻东海窝集的母权制，建立父权制社会的依车王，即莫北新王。
9. 丹楚贝子，先楚的弟弟，即莫北新王。

这些技术神灵中的名称都未出现满语的"神灵"一词，即"恩都力"，但在传说中，他们却都是作为神灵被崇拜的。因为，在满族萨满文化中，"玛法""窝陈""瞒尼""贝子"都是作为神灵被崇拜的。"瞒尼"即是前文已提到的英雄神，他是汉族人，人称孙真人，满语也称"突尔常瞒尼"。对"窝陈"（wecen），《满文总汇》中解释为"祭祀之祭"，此处应解释为"祭祀之人"。自然也是神灵。"玛法"和"贝子"在满族各姓神本中都有充分表现，如石姓神本有"贝子随降",有"宴请诸色贝子"和"尼浑贝子"①等说法。"玛法"神也是如此。所以,乌克伸玛法的九大弟子都是一方神灵。

传说中这些技术神,向丹楚等人传授了各种技术。佛勒玛法传授如何纺织麻布,阿尔法玛法传授磨面,做饽饽、米酒等,色勒玛法传授制作刀和盔甲等。总之,丹楚从他们那里学会了许多技术和知识。

这几位技术神的排列是傅英仁先生所为。技术神在《东海窝集传》中系统地出现,其意义重大。第一,说明满族历史上存在的母系氏族社会后期生产技术落后,影响了社会的发展,所以代表男性势力、父权制社会的各种技术神才会出现。他的出现极大地促进了社会发展,提高了生产力。第二,在技术神中,有铁木工祖师、铁神爷和开矿祖师等。这说明此时的满族不仅有磨制石器,如石刀、石斧、石锤、石锅,还能炼铁,制造刀、盔甲等兵器,说明在父系制社会中,满族经历了金石并用的远古时代。第三,在技术神中出现唯一的瞒尼神,即突尔浑瞒尼,他是汉人。这说明满族在远古时期,就已经与汉族文化发生了往来,并共同开创了我国北方文化。

第四类瞒尼神,前文已叙。

第五类其他神灵。包括传说中的婚姻神和动物神等。

婚姻神是在传说中先楚、丹楚与东海女王女儿结婚时出现的,传说记叙:"老萨满把香坛摆好了……请的是哪路神呢?是专门解决婚姻大事的神,叫撒林色夫神。"

"撒林"一词是满语"撒林毕"(salimbi)的命令式。"撒林毕"在《清文总汇》中,与传说有关的解释是"独自担承,承受家产之承受",即"独自"和"承受"。其意思指男女婚后"独立承受着完成人类的繁衍,人类发展的大问题"。其命令式"撒林"的意思不变,仍是"承受着"男女结合、繁衍人类的任务。

---

① 宋和平、孟慧英:《满族萨满文本研究》,台湾:五南图书出版公司1997年版。

"撒林色夫神"在其他已问世的满族民间文学作品中，从未发现过。传说中婚姻神的出现十分珍贵，它使满族萨满文化内容又得到了进一步充实。

传说中的动物神有蛇神、虎神、鹰神等，但重点说明了虎神的来源。原来在推翻东海女王的战斗中，曾有二十只老虎死于战场。传说记叙，莫北新王执政以后，首先宣布："死去的那二十只虎，通知各姓氏作为虎神来祭祀它们。"所以，满族萨满教中，才有祭虎神之俗。

《东海窝集传》中所表现的神灵，在满族萨满教和各姓神本中，大都有祭祀和记录。它在研究满族神灵渊源、神灵功能等方面，具有重要的意义。

四

在《东海窝集传》中，对萨满教祭祀仪式和祭器的描述是很多的。《东海窝集传》中的萨满，不仅主持祭祀活动，还参政议事，指挥军事战斗。也就是社会的方方面面，都有萨满参加。下面，笔者仅就祭器、参政议事、萨满仪式、军事战斗和其他五个方面谈谈《东海窝集传》中的萨满文化问题。

第一，祭器。这里所说的"祭器"，是指萨满祭祀仪式中所使用的神器和祭器。它包括铜镜、腰铃、鼓等。传说中的鼓有两种，一种是萨满手中拿的鼓，是用兽皮制作而成的；另一种是几个人抬的大鼓，也叫"抬鼓"。这种抬鼓在远古时候是用很粗的树段挖空制造而成。铜镜和腰铃，传说中全是石制物。东海女王兴兵征服卧楞部的原因，就是因为卧楞部的女王盗走了东海部的镇邪之宝，即青石托力，也就是铜镜。祭品有鹿、猪、年祈香等。这些都是满族萨满教中的必用之物。

第二，参政议事，这一内容更为古老。近代萨满是人神之间的使者，为人类祈福、求太平，驱邪治病。在《东海窝集传》中，萨满有着同样的功能，但她们同时还要参加氏族的事务管理。如东海女王的身边竟有专门为她出谋献策的18位女萨满。正因为萨满的参政，莫北新王他们提出的兴农业，耕种五谷，种麻织布，开矿炼铁等十项革新措施，才会遭受到以萨满为代表的保守势力的强烈反抗。萨满们恶毒攻击丹楚等人说："两位阿哥是恶鬼……没安好心。"总之，东海女王凡事都与萨满商讨决策。萨满参政议事的内容，足以说明萨满在古代社会中的地位和作用。

第三，萨满仪式。萨满跳神仪式，在传说里随处可见，事事举行萨满跳神。但是，最多和最重要的是祭神树仪式。

祭神树仪式常与男女婚配联系在一起，也就是说结婚必在祭神树时举行。从传说中所反映的祭祀时间看，什么时候都可以，无定时，但每年的（农历）九月初九是必祭神的时间。传说中最隆重的祭神树仪式是东海女王娶先楚和丹楚二位阿哥的婚礼上："这一天，在东海窝集部的不远处，选择了一棵最大的神树，召集各部落举行祭神树招亲仪式。"祭神树的这一天，因为东海女王的女儿娶女婿，所以"东海女王拿出了最丰盛的招亲礼器，有天上飞的，地上走的，水里游的，样样俱全。几百个撮洛子"，[①]几千把火把，照得夜间如同白天一样。传说记述这次祭神树共用了八十一只活鹿，八十一盆年祈香香炉，二十七位女萨满跳神。传说详细记述了祭神树的盛况及萨满跳神的舞姿，说他们像蝴蝶似的翩翩起舞，有的是"跳宣舞"，有的是"跳皮子"。

祭神树是萨满文化的重要组成部分，传说中它与男女结婚仪式结合在一起，其意义除与人类的繁衍密切相关外，还有与宇宙的联系、萨满与天神的沟通等意义。

第四，军事战斗。这是《东海窝集传》中所独有的重要内容。如传说记述：东海女王出征作战时，带有"十八位萨满"随行，她们除了祈祷外，军营中一切事项都要听从她们的指挥和调动。传说

---

① 撮洛子：在野外临时搭起住人的帐篷。

再次强调,"那时作战双方都配有萨满……作为女王的萨满直接参加战斗",莫北新王的萨满则改变了萨满的职能,只是祈祷。这也说明萨满参加军事战斗仅限于母系氏族社会。尽管如此,代表男权势力的莫北新王,为了取得彻底胜利,让东海女王败得口服心服,也不得不服从当时的社会规定,以萨满比武决定战斗胜负,就是第二十四回的《萨满跳神参战双双比武决雌雄》。这一章回是传说的高潮,也是表现萨满神术最为全面、高超和精彩的一章。

比赛内容:第一是跑火池,第二是上刀山,第三是走木桩,第四是手指钻石板,传说详细、具体地叙述了比赛的全部过程。这几项比赛的绝大部分内容在满族近代萨满教中都残存,个别的还有保留,并活在民间,如石姓的跑火池,臧姓的上刀山等。

这第四项比赛的结果,是男性势力的代表莫北新王取得了胜利。萨满比武的胜利,代表着当时先进生产力的莫北新王社会变革的胜利。他的胜利又为发展生产,促进社会的进步提供了先决条件。

走木桩技术的持有者是丹楚的妻子,她是用轻功完成的。这说明在满族萨满教中,也有同赫哲族萨满教中的"阔里"功能相同的萨满神术,即利用飞行术帮助亲人战胜敌人。

其他:占卜就是萨满文化的重要内容,《东海窝集传》中记述,莫北新王在出征时,利用牛蹄子进行占卜,占卜完毕才肯出兵。还有各种军营中的所有事情,都要有萨满祈祷。总之,传说中的萨满文化内容有许多是新的内容新的观念,这是研究萨满文化变化的重要资料。

《东海窝集传》所反映的内容广泛而深远,是反映人类远古时代母系制向父系制过渡这一特定历史时期的重要作品,价值弥足珍贵,笔者这一尝试,也仅是抛砖引玉,希望能引起更多学者的关注,使《东海窝集传》发挥更大作用。

原载白庚胜、郎樱主编《萨满文化解读》,吉林人民出版社2003年版;
转载于《满—通古斯语言与文学宗教研究》,民族出版社2008年版

二十三

满族萨满神灵初探

萨满教广泛流传于古代与近代世界各民族中，尤其是在我国历史上的东北和西北地区各民族中更为盛行，满族就是其中之一。

萨满教产生于人类社会远古时代的野蛮时期，即母系氏族社会的早期。那时，不仅社会的生产力非常低下，人们过着采集、渔猎的洞穴生活，而且，那时的自然条件也非常恶劣，天灾人祸时常发生。如满族古代英雄史诗性的传说《东海窝集传》[1]中的萨满就是因为"抢救三个部落的瘟疫病人"，被累死了。同时，远古时期的野生动物也严重地威胁着人们的安全和生命。满族神话《他拉伊罕妈妈》[2]中，就有狼群伤人的情节，还有《鄂多哩玛法》[3]中所述的"一是熊群，二是猪群，三是狼群"等伤害人们的生命，威胁着人们的安全等内容。

自古以来，人们的求生欲和向往美好生活的愿望是永存的，人们对于外界和内在的种种威胁，自然会产生恐惧感和祈求感。而人们的生活和生命又依赖于自然环境，或是生活条件的寄托上。这种寄托、依赖又恐惧的心态，长期以来控制着远古人们的心理，使他

---

[1] 傅英仁讲述，宋和平、王松林整理：《东海窝集传》，时代文艺出版社1999年版。主要讲述了东海女真人在母系氏族向父系氏族变革中，男人通过英勇斗争，从妇女手中夺取政权，建立了男人掌权的父系制社会的传说。传说详细具体地反映了东海窝集部的社会生活、习俗、军政组织以及萨满文化等内容，是满族古代的英雄传奇说部。以下凡是提到《东海窝集传》都指此书，不再另行注释。

[2] 傅英仁搜集整理：《满族神话故事》，北方文艺出版社1985年版。

[3] 同上。

们总感到有一种力量或是什么神秘的灵物在制约着他们。这种力量或是神秘灵物，便使原始人幻生了超人、超自然、超越一切的神。这种幻化中的神，就是原始人们共同心力所形成的神灵观念。

神灵观念的产生，是原始人向人类社会，向自然界中的一切现象、力量以及人类自身发出的挑战性吼声。吕大吉先生说得好："原始人头脑中产生出某种灵魂观念和神灵观念，应该说是人类思想发展史上一次质的飞跃，那是划破原始时代黑暗世界的一道曙光。"① 吕大吉先生在谈到原始人的神灵观念产生后的伟大作用时，又说："孕育了人类关于人与超人，自然与超自然的思考，成了文明时代各种哲学思辨和科学探索的起点。"② 原始宗教中的神灵观念，的确是原始人对于人类文化史、思想史等学科的重大贡献，其中包括萨满教。

反映原始文化的萨满教，以万物有灵为思想基础，赋予人与自然、社会及一切行为现象都是神灵所主宰的观念。幻化创造出神灵世界，以萨满教的神灵观念来看，总括为自然崇拜、图腾崇拜、祖先崇拜的三大内容。本文仅从满族萨满教文化中和民间文学中所反映的内容，探讨三大崇拜神灵的渊源、发展演化的规律，揭示满族萨满神灵崇拜特征等。

一　自然崇拜

在原始人的繁荣、庞大的神灵世界里，首先得到幻化并崇拜的应是与他们生活直接发生密切关系的周围社会环境，也就是萨满教的自然崇拜。这一崇拜充分体现了满族的地域性、经济生活和生态环境。具体到满族的自然崇拜，除了表现白山黑水的特有地理环境外，还有历史上的狩猎生涯以及民族形成的内容，其中满族民族共

---

① 吕大吉、何耀华主编：《中国各民族原始宗教资料集成》，中国社会科学出版社1999年版。

② 同上。

同体之一的东海窝集女真人的萨满文化,更为突出和丰富一些。

满族的自然崇拜神灵众多,笔者按其神灵内容分为四类:(1)天体神;(2)宇宙变化神;(3)江河山林神;(4)动植物神。

(一) 天体神

这一类神灵,主要指天神、星辰等神灵的渊源及变化。在满族的长篇说部《天宫大战》[①]中,将天神的形成、神态、神性及历史变化表现得清清楚楚、明明白白。

该书记述:世上最先有的是什么呢?最古最古的时候是不分天不分地的水泡泡,水泡泡渐渐长,水泡泡渐渐多,水泡泡生出"阿布卡赫赫"。"阿布卡赫赫"(abka hehe)直译为汉语是"天女人"或是"天妇女",也可称为"天女神"。笔者征得富育光先生的同意,可以使用他所提供的"阿布卡赫赫"原为"朱赫他坦"一词。"朱赫"(juhe),汉语为"冰";"他坦"(tatan)汉语为"窝铺、下处"。那么"朱赫他坦"应为"冰窝铺",笔者认为"冰窝铺"更适合中国北方民族的冰天雪地的生活环境。用冰搭起来的透明、明亮的窝铺,从远处望去,也像"水泡泡"一样,所以,我们还是使用"水泡泡"一词为好。这"水泡泡"对我们的启示可谓重大:第一,它告诉我们,在满族原始先民的观念中,宇宙原为一个混沌未开的整体,即"水泡泡";第二,宇宙由许多"水泡泡"组成,它是物质的;第三,"水泡泡"变化而生长出阿布卡赫赫,即女天神,宇宙也开始了形成过程。

由水泡泡里生长出来的阿布卡赫赫,她像水泡泡"那么小,又像水泡泡那么多,那么大",大得"变成天穹"。此时的女天神仍被满族原始人视为浑然一体的、混沌未开的宇宙整体的全部,把阿布卡赫赫视为上古时代的唯一孕育着生命和力量的源泉,幻想着阿

[①] 富育光、王宏刚:《萨满教女神》,辽宁人民出版社1995年版。凡引用的《天宫大战》内容,皆出自本书,不另行注释。

布卡赫赫有一种超人、超自然的"裂生"方式，同时，又赋予阿布卡赫赫有万能神的能力，于是宇宙及万物都随之而产生和形成。

万能神阿布卡赫赫的上身"裂生"出卧勒多赫赫，即周行天地的光明神。因为光明神身背桦皮兜的布星口袋。在与恶神耶鲁里鏖战中，被耶鲁里抓住，"正巧是从东往西抛出"，布星女神卧勒多赫赫便从东往西追赶，得到了布星袋。这里不仅表现了卧勒多布满空中星辰，而且还是由东向西的星移路线形成的星神。

又由于阿布卡赫赫的"裂生"，她的下身又裂生出"巴那姆赫赫"。"巴那姆"的满文词汇应为"巴"（ba），汉译为"地方"或是土地之"土地"，"那"（na），汉译为"地"，"姆"应为"额莫"（eme），即"母亲"之意，仅使用"姆"来表示的音节，其中必有丢失音节，又因音变或是方言土语而造成。"巴那姆赫赫"直译为汉语应是"土地母亲女神"，也可称为"地母女神"。这样，在满族原始观念之中的宇宙三大女神，即阿布卡赫赫（天女神）、卧勒多赫赫（光明女神）和巴那姆赫赫（地母女神）就形成了。于是便产生了宇宙三界和人类与万物，三女神中起主导作用的还是阿布卡赫赫。她的神性和威力一直伴随着满族的原始文化的发展、变化而发展变化着，迄今仍未在满族人的观念中退出。

三女神的出现，使宇宙初步有了生命，有了活力和能量。但是宇宙中的土地仍未分开，仍是浑然为一体的，人类与万物未产生。满族的原始先人，是智慧和勇敢的，而阿布卡赫赫具有万能的神力，她"小小的像水珠，她长长的高过寰宇，她大得变成天穹。她身轻能飘浮空宇，她身重能入水里。无处不在，无处不有，无处不生"。一句话，在满族的原始观念中，阿布卡赫赫就是宇宙，宇宙就是阿布卡赫赫。正因为她是宇宙，又因为她在运动和变化中，所以《天宫大战》又记述："她能气生万物，光生万物，身生万物，空宇中万物愈多，便分出清浊，清清上升，浊浊下降，光亮上升，雾气下降，上清下浊。"这里的万物非具体实物，而是指空空的宇宙，实指是宇宙的变化万千的各种观象。"清清上升，浊浊下降"

其寓意可谓重大和深远，这里不仅全面反映满族先人的宇宙观、认识观，事物一分为二的原始朴素的哲学思想，同时它也附和着中华民族原始认识论的观念。这里的"清清上升，浊浊下降"，反映了满族的原始思维中，原为混沌未开的"水泡泡"整体概念，由于运动变化而引起区别观念的产生，有了"好与坏"，"善与恶"的区分。也正因为如此，在满族的原始思维中，又发生了新的变化，即由于分裂和裂生导致了新生事物的产生，这就是满族原始先人的"组合"观念的产生，宇宙万物与人类也便开始发生了。

阿布卡赫赫"气生云雷"，"眼睛变成了日、月，头发变成了森林，汗水变成了溪河……"宇宙中有了万物。

天女神，阿布卡赫赫的称谓在满族长篇说部，古代英雄传说《东海窝集传》中也出现了。这是满族民间文学中少见的。该书所述："我（指乌克伸玛法——笔者注）和阿布卡赫赫为男女谁当家的事争论过。"此处明确表现了阿布卡赫赫是当家做主、掌权治政的女神，反映的是母权制社会时代。

满族萨满教文化中，萨满神木里，目前只有一家神本提到阿布卡赫赫天女神，即吉林省关姓神本称"阿布卡格赫"。在该姓神本中的女神都称"格赫"，是"赫赫"满语变音，还是满语的方言？未考究。但有一点是明确的，在满语的历史发展中，"格赫"是满语历史发展变化的一种表现形式。

阿布卡赫赫不仅创造了天体中的善神、光明神，而且在满族原始人的观念中，最初不仅天地不分，而且，善恶不分，所以天女神从自己"身上揪块肉"，做了个敖钦女神，① 又赋予她光明和"自生自育"的能力，后来又使她成为有"一角九头八臂的两性"大神，变化为耶鲁里恶神。耶鲁里是由满语词汇"耶鲁毕"（irumbi）变化而来，其意为"下沉"，或是"下降"。由于耶鲁里的下降和

---

① 敖钦：为满语的"驮着"之意，天女神让敖钦女神驮着地母神并摇动她，不使地母神睡觉而创造人类。

她为争霸宇宙大权而引起的天宫大战，在其战斗的过程中，她又变化为满族一切恶魔、鬼怪、病灾和宇宙世间的一切丑事恶人的代表。宇宙世间的一切吉祥、美好的事情，都以阿布卡赫赫为代表，由她主宰。善恶由此而分明了。

满族的天女神不仅创造了天体神灵，而且她又是万物及人类的创始者。《天宫大战》所述她是"七彩神光"：她的气、光、身都能生万物。宇宙三女神最早造出的人，全是女人，于是她们用自己的"肩胛骨和腋毛"又造了男人，后来世上才有了男人。由此，我们说，天女神阿布卡赫赫是宇宙万物、人类以及天体神的创始者，是创世神、万能神。

原为水泡泡的阿布卡赫赫的"裂生法"产生天体神并形成了满族三界之说，即天界、地界、下界，以及她创始万物的神职功能，都给我们很大的启示：

第一，反映满族先人的朴素主义思想，宇宙是由物质水、光、气而组成。

第二，原为一体的水泡泡即阿布卡赫赫，由于"清清上升，浊浊下降"的运动及裂生形成了宇宙万物，这是中华民族的原始思维："一生二，二生三，三生万物"的认识论的表现。

同时，其中又包括了"天人合一"或是"天、地、人是统一整体"的认识论。其意义更深远。"天人合一"的具体内容，主要是人类如何适应变化万千的自然和宇宙的发展规律，才能生存得更好。

那么，阿布卡赫赫，天女神在父系制社会时代是如何表现的？形态及神歌如何呢？

天女神，由浑然一体的水泡泡随人类历史的发展而变化着，它经历了漫长而久远的历史变化。其间有一个中间环节，即从天女神到天神之间，是无形体的直观崇拜，即对自己周围生活环境、活动空间的崇拜，就是神歌中所称"高天""青天""重天""大天"

"九天"① 等。当人类进入文明社会，尤其是阶级社会时，天神形态，无论是萨满文化，还是民间文学中，都处于人格化的神灵了。如民间文学中的"天神创世"② 中，天神就照着自己的样子，造了一男一女两个人，这里的天神已是人格化了。

同书的"白云格格"中，他又是一个暴君式的形象，他使人类掉入暴雨、冰雹等灾难的深渊中，是天神的最小的女儿白云格格救了人类。在"仙泉水"故事中，天神是一位"白胡子老头"。在"天桥岭的传说"中，天神是一位"带有九个徒弟和随从们"，巡视人间，体察民情的开明君主等。总之，他在满族民间文学中，已经是被人格化的神。

神歌中有的称"阿布卡朱色"，即"天子"。有的神歌还称"阿布卡玛法"，即天老者。其地位越来越低，神职也越来越具体了，都是起保护作用。大多数的祭天神歌，都是称阿布卡恩都立，即天神，属家神祭祀中的立杆祭仪式。

天体神中还有星神，也是萨满教中重要内容，仅我们所出版问世的神本中，每个姓氏都有它的祭祀神歌和仪式。其中，星神最全面，值得称道的为原东海窝集女真人的杨姓（现为吉林省人）神本中的星祭内容，我们抄录如下：

  小萨满在七星下叩头祈祷，
  当万星出来，
  千星翻起，
  三星闪亮时，乞请众星神降临。
  乞请北辰星降临，乞请司中星降临，
  乞请房日兔星降临，（此处有缺页），
  乞请月勃星降临，乞请太白星降临，

---

① 参见宋和平《满族萨满神歌译注》，社会科学文献出版社1993年版。
② 《满族民间故事选》，上海文艺出版社1983年版。

乞请三尖星降临，乞请二十八宿星降临，
乞请角木蛟星降临，乞请亢金龙星降临，
乞请计都星降临，乞请司命星降临，
乞请土星降临，乞请司禄星降临，
乞请心月孤星降临。
乞请尾火虎星降临，乞请箕水豹星降临，
乞请斗木獬星降临，乞请牛金牛星降临。
乞请女土蝠星降临，乞请虚日鼠星降临，
乞请危月燕星降临，乞请室火猪星降临，
乞请壁水㺄鲤星降临，乞请奎水狼星降临，
乞请娄金狗星降临，乞请谓土雉星降临，
乞请昴日鸡星降临，乞请毕月鸟星降临，
乞请觜火猴星降临，乞请参水猿星降临，
乞请井木犴星降临，乞请鬼金羊星降临，
乞请柳土獐星降临，乞请星日马星降临，
乞请张月鹿星降临，乞请翼火蛇星降临，
乞请轸水蚓星降临，乞请代星降临，
乞请天豕星降临，乞请华盍星降临，
乞请勾陈星降临，乞请腾蛇星降临，
乞请人星降临，乞请牵牛星降临，
乞请织女星降临，乞请河鼓星降临，
乞请鱼星降临，乞请龟星降临，
乞请流星降临，乞请彗星降临，
乞请姑你拉库星降临，乞请胡拉拉库星降临，
宴请众星降临。
按照先后顺序逐一宴请了，
望众星神应合其时，
降临神坛纳享香火。

我们共录述了星祭神歌61句，其中具体星神名称有52位，可以说是众姓神本中，星神最多者，即地上有什么动植物和生命，天上星神中就有什么样星神。再者，笔者的翻译神本为复印件，有的就未复印上，所以，译文中有一句是"此处有缺页"。而且还是星神名称的内容，由此看来，星神还应该多一些，不过，这已是星祭神灵的佼佼者了。它表现了历史上生活于密密森林的满族先人，渴望光明的迫切心情，也是向密密森林中黑暗环境的挑战。

星神祭祀的内容还有北斗七星，也就是七星神，普遍流传于满族各姓祭祀中。

前面所叙天体神中的天神，它随满族历史、经济文化及思想意识的发展变化，已呈现出清晰的祭祀规律，大概可分为三个大时期：

1. 创世的万能神时期。其称谓是阿布卡赫赫和阿布卡恩都立，所处是满族的原始社会，多为东海窝集部，即野人女真人时期的崇拜内容。其中的"水泡泡"及天女神的裂生法，意义深刻。

2. 人格化的多层天的时期。其称谓较多，尤其神本中更多，有把天神人格化，称"天老者"；也有笼统概括地称"大天""高天""青天""重天"等。此时的满族社会是刚进入人类的文明社会，主要表现为空间环境的崇拜内容。其神歌已变化为保护神了。

3. 立杆祭天方式时期。这一时期满族已发展了农业经济，定居村落。后又有部分满族人统一中原，建立封建王朝时期。此时的形象，神职是各户庭院中的立杆祭祀，称索莫杆。此时有的神歌称"天汗"，其作用是祈祷吉祥、平安的保护神。当然立杆祭中，还有其他内容，如祭喜鹊等，但主要是祭天神。

总之，天体神中已呈现出明确的历史轨迹。最原始、最古老的为水泡泡时代的阿布卡赫赫，处于母系制社会时期；人类文明社会时代，从阿布卡恩都立，或是阿布卡的称谓，到近代的立杆祭。其神职由创世万能女神，到近代的保护神，表现了人类社会从古到今全过程的发展变化。

(二) 宇宙变化神

宇宙变化神主要是指风雪雨雾、冰霜雷电等天气变化和气象一类的神灵，这是原始人对自然力量的神化。

这一类神在《天宫大战》里有风神即西斯林女神，她是阿布卡赫赫的爱女，是卧勒多女神的两条腿所变。雷神由阿布卡赫赫的鼾声形成，白雾、白雪和冰都是耶鲁里恶神把"白海的冰搬来"和她自身的变化而来。《东海窝集部》中有神风救助主人公的情节，但内容不突出。

满族各姓的神歌中，很少有直接称呼自然界中的风神、雨神、雷神等祭祀活动，大都是在立杆祭天中包括了，因为满族的家神祭祀是"百神合祭"，祭天神已经包括天气变化神灵了。

但是，只有在两家关姓中，即罗关和乌苏里关有这类神灵。罗关萨满祭祀里有祭雪神仪式、称为尼玛吉妈妈（nimanggi mama）。值得提及的是在乌苏里江的关姓神歌中，这一类神较为丰富，而且都有生动的描述。

雪神：神歌中描述是像白雾一样飘飞使树枝长满了羽毛的尚坚尼玛吉，即是白雪。

雾神：空中飘浮着的白云，青云是尚坚玛法，译为"白色老者"，应为雾神。

霜神：她的名称满语为萨朱兰德德，"德德"（dede），[①] 直译为"雪糁子姨母"，应为霜神。

露水神：满语为"朱录硕保"，神歌中的描写是像雾一样地落在地上，应为露水神。如此等等都是作为萨满祭祀并被宴请之神灵。

(三) 江河山林神

这一类神灵，无论是在满族民间文学，还是在萨满教文化中，

---

① 德德（dede）为姨母，锡伯语中有此词汇。由中国第一历史档案馆关孝廉教授提供。

都有丰富的内容和表现。我们仅以长白山为代表的山神崇拜和以祭神树为代表的森林崇拜为主要内容，探讨其渊源、发展和衍化的规律，以观其满族原始文化的一端。

第一类是以长白山为主要内容的山神崇拜。

我国东北地区的长白山是满族先人长期以来生息繁衍之地。自古以来就被视为圣山、宝山、神山。满族先人认为，长白山不仅向他们提供生活必需品，如人参、貂皮和食物，而且又被他们视为祖先神，尤其是萨满神都在此山上修炼成神，并是保护满族吉祥、平安、健康的神圣之地，所以长白山神是被满族各个姓氏作为神山加以崇拜并祭祀的。它的名称也随人类历史的发展而变化着。所以它有白山主神和白山妈妈两种称谓，反映着不同的历史时代。母系制时代是"白山妈妈"，直译为"白山祖母"。这一内容反映在《东海窝集传》中。父系制以后都被称为"白山主"。近代的称谓就更多了，有白山总兵、白山玛法、超哈占爷（应为兵老爷）等。满族民间和民间文学都称其为"白山玛法"，即白山老者。

长白山神是满族萨满教文化中的主神，它的神偶、神像的表示形式很多，但主要有两种：一种是画像，如石姓、厉姓等；另一种是木制偶像，如石姓不仅保存着白山主画像，还有女性白山主神偶等。它是满族的家祭内容，多在西炕神歌中宴请此神，除石姓神歌中称之"红脸白山玛法总兵"之外，其他姓氏，如关姓、希林赵姓、郎姓、舒穆鲁氏等都称其为"超哈章京"，或是"超哈占爷"，都无形象了。所以录述石姓的白山主神歌内容如下：

  家萨满屈身在尘地，
  跪地叩头。
  乞请各位师傅，
  各位瞒尼、善佛等。
  石姓部落，
  原居白山，

> 红脸白山玛法总兵，
> 从高耸入云的白山而来。
> 统领征讨军务，
> 坐骑骏马出征，
> 四十名骑士护卫，
> 二十名强汉随行。①

石姓这一段神歌首先说明白山主，或是白山总兵和超哈章京是从原居高高的长白出降临神坛的。其次，白山总兵的职务是"统理征讨军务，坐骑骏马出征"，就是带兵打仗，征讨于战场的武将。最后，原为自然崇拜中的山神崇拜，今已随满族文化史的发展变化，衍化为祖先神灵，被人格化并神化了。它很威风，具有封建社会中帝王将相出门时前呼后拥的气势，所以神歌所叙"四十名骑士护卫，二十名强汉随行"的歌词，是白山总兵的神威。这也是满族历史上以戎马生涯著称的具体体现。

第二类是以祭祀神树为代表的森林崇拜。

森林崇拜是满族萨满教文化中的主要内容。《天宫大战》中论述道："地上的森林树海"，不少是从天上掉下来的，所以它们具有灵性。该书论述道："千年松，万年桦，开天时的古树是榆柳。"其中的柳树，从远古时代到近代，一直是萨满教文化的主祭内容，被称为"柳枝祖母"，由树木崇拜演化为祖先崇拜。后文再对之加以详细论述。

森林崇拜主要表现为神树祭祀活动。作为神树的树木，多为前文所述的柳、榆树。目前出版问世的神树神歌，只有希林赵姓有唯一一篇神歌内容，录述如下：

神树神词

---

① 宋和平译注：《满族萨满神歌译注》，社会科学文献出版社1993年版。

希林赵姓，
高祖祖先，
原居辉发之地，
后迁徙此处。
供献神树佛多霍。

这里选择的神树是"佛多霍"（fodoho），即"柳树"。该篇神歌中又述："乞望神树叶茂枝多，年年月月茂盛成长"；寓意子孙像神树一样繁荣、盛多，满族发展壮大。这里与他们当时的森林居住环境紧密结合为一体，统一起来了。祭祀神树内容更为丰富的要算是满族长篇说部，古代英雄传说《东海窝集传》中祭神树，其作用表现得更具体、详细。

第一，祭神树时商讨部落军政大事。传说论述："每年九月初九都要召集"各个部落长会议，在"祭神树大会上，一起商量部落军政大事"。这已经超出宗教信仰的范畴了，不仅仅反映了原始满族先人的原始观念，上层领域的文化现象，而且还反映了原始的祭神树活动中有军事和政治内容。此时，应为军事、政治与宗教混为一体的时期。

第二，祭神树时举行男女婚配和订婚仪式。传说记述了东海女王看上了另外女王的两个儿子，想为两个女儿招女婿。母系制时的婚姻是男人嫁给女人，叫娶夫。东海女王对另一女王说："判明年祭神树时，就正式娶你们。"于是第二年祭神树时，女王的两个女儿就娶了丈夫。同时在祭神树的森林中又进行夜间野合，青年男女订婚，此情节有多处。自然都有萨满跳神仪式了。

这一古代婚俗，在满族其他出版问世的民间文学作品中都未发现。这一野合的古代风俗，确有"天人合一"的内涵所在，意义重大。

第三，祭神树时，举行火神祭祀，从东海窝集部祭神树来看，在神坛的东西南三面①有篝火和人们手中的火把。神坛周围的篝火就是火神的代表，所以，古代祭神树中有祭火神的内容，因此，祭神树又称"神树火祭"。②

满族萨满教中祭火神的内容。神歌中有石姓的炮火池神、金花火神、金钱豹神、金炼火龙神、火炼金神等，还有杨姓的灶神等，都是耍火、跳火的神，是火神演化后种种跳神仪式的表演。

有的姓氏举行神树祭祀，同时进行星祭，"东海窝集的星祭"③中，就提到"神树与天通"的内容。所以我们说神树祭祀是满族先人综合性的祭祀，其中内容丰富。

（四）动植物神

这一类神灵太多了，无论是满族民间文学，还是萨满文化中都有丰富的内容。如民间文学的"抓罗妈妈""沙克沙恩都立""白鹿额娘""阿达格恩都立"（金钱豹神）等，萨满教文化中有虎神、狼神、熊神、豹神、蛇蟒神、鹰雕神等。已出版问世的神歌就有几十篇神歌记述动植物神灵，充分反映了历史上以狩猎为生、久居白山黑水的满族先人对于周围生态环境的熟悉和了解，与动物结下了深厚的不解之缘。

满族的植物祖先神，萨满神歌中突出的就是柳枝祖母，即佛多妈妈，是柳树崇拜。石姓的金花火神是花神，松树神（扎克他瞒尼），还有杨氏赵姓中有高丽夏布神和乌拉草神等，都是动植物崇拜。

笔者仅就鹰雕神和蛇蟒神在萨满文化中的意义及历史变化进行粗浅探讨。

在记述满族古代神们的英雄业绩的史诗性说部《天宫大战》中，鹰神也参与了战斗。"空际的大鹰星本是卧勒多赫赫（光明

---

① 2002 年笔者通过电话向傅英仁先生调查时，由傅老提供。
② 《中国各民族原始宗教资料集成·满族卷》，中国社会科学出版社 1999 年版。
③ 同上。

神——笔者注），用绳索系住了左脚，命她协助德登女神守护穹宇的。"后来天女神，阿布卡赫赫命令她"哺育了世上第一个通晓神界、兽界、灵界、魂界的智者——大萨满"。所以世间上萨满是由鹰神所哺育，萨满受鹰神的保护，或是由鹰神变化而来。在流传于东北、西北几个民族的《尼山萨满》中，大萨满就能变化成鹰神并受其保护。

鹰神不仅哺育了世上第一个萨满，而且也是人类的创始神。《天宫大战》中又论述了"上古洪水时期，是大鹰和一个女人"生下了人类，她又是洪水后的第一个萨满。所以，鹰神在满族的原始先民的观念意识中，她是人类和萨满的创始神。

在萨满文化中，鹰神不仅是最原始的创世神，而且又是造万物之神。富姓神谕所叙"乌云乌朱奥雅尊"[①] 便是九头飞鹰，民间称"九头神鹰"。她使"清浊分天"，使宇宙的天地形成，并使其充满了光明。同时九头飞鹰的"九块石头"变成了无数星星，"头发变成了彩虹，汗珠变成了雨水江汉，九个手变成了无数山岭，绵延无边"。看来，在上古时代，满族先人赋予鹰神具有万能神通，是创世大神，深受人们的崇拜。

她也像其他神灵一样，随着满族历史的发展，鹰神的神职也发生了很大变化。在我们已出版问世的神歌中，鹰神仅起到了保护人和救人的作用。

她的救人方式，一是通过萨满赴阴追魂，她使萨满灵魂变鹰或是保护萨满灵魂前往阴间，把亡人的灵魂寻找回来，使其复活。二是鹰神自己前往阴间寻魂救人。原东海窝集女真人的杨姓的神歌就是如此。神歌述道："乞请赴阴寻魂，回到阳间劈棺破腹的金色雕神。"[②] 还有未出版的关姓神歌中，"来往于阴阳两间，为无寿者抓

[①] "富姓神歌"，参见《富察哈喇史传异礼跳神录》，载富育光《萨满教与神话》，辽宁大学出版社1990年版。

[②] 宋和平、孟慧英：《满族萨满文本研究》，台湾：五南图书出版公司1997年版，中华发展基金管理委员会联合出版。

取灵魂,为无岁者寻找灵魂的金鼻子、银鼻子大鹅鸟神",还有"展翅能触天、翘尾遮挡星月,巡察并行走于阴阳两间的按木巴代敏恩都立"①等,都是救人复活的内容。古代满族的原始思维中鹰雕不分,是同一种鸟类。

其他姓氏神歌,对于鹰雕神都有所论述,如石姓:"居住在白山;天山山峰上的,金楼银阁中的雕神,盘旋于日月间。"歌颂鹰雕神灵飞翔的高度。石姓神歌又详细而具体地描写了鹰雕之神的坚强和勇猛精神。其论述道:"石头脑袋、金嘴、银鼻子,那铜脖子啊!仿佛铁车轮一般。"神歌又论述他的神威:"皂青花色羽毛,时而抖动。展翅遮天盖地,翘尾触动星星月亮。"还有"身长两条船",原始满族人很有智慧,想象丰富,把雕鹰之神描写得神乎其神,真实地反映了原始时代的思维方式和社会生活。

鹰雕神在满族的观念意识和社会生活中都占有重要地位。萨满的飞行术,就是鹰雕神功的具体体现,如《东海窝集传》中万路妈妈及众女萨满的"轻功",就是神鹰的神术。原始狩猎的满族先民,对于林中鸟类,树上鹊鸦都有崇拜之意,敬仰之心。神话中长白山天池中的三仙女中的一人,就是吃了喜鹊衔来的朱果而孕,生了满族先人。还有鹊鸦救助满族先人等故事,都说明满族对鸟类的崇拜,并含有图腾的因素。

这种对鸟类的崇拜行为,表现在生活和祭祀中,就是不准打杀鹊鸦,在祭天的索莫杆上用草把放上五谷杂粮饲鸟类等。满族还有很规范、很熟练的训练鹰的经验,真可谓人与动物在原始时代统一的真实反映。

总之,满族萨满教文化中,鹰雕神灵的历史轨迹也较为清楚,它由上古时代的创始宇宙万物及人类并表现为女性神的功能逐渐变化着。在人类社会进入文明社会时,鹰雕神表现了两种功能:一种是如关姓神歌中赴阴取魂使人复活的功能。另一种是如石姓神歌中

---

① 按木巴代敏恩都立:大雕神。

鹰雕神的保护和娱乐作用。尤其是她的娱乐作用更为突出，所以神歌对她的神威、外貌和动作都有具体描写，可见满族先人与鹰雕的关系十分密切。

在萨满教文化中，蛇蟒崇拜也占据着重要地位。这在满族民间文学中也多有表现。古代英雄神话《天宫大战》中记述："蛇就是光神化身，是从天上掉下来的。"古代满族蛇蟒不分。这里的蛇实为蟒，它给人类带来光明。《东海窝集传》中，有专章记述蛇的内容。书中记载："满族人对蛇和熊既尊重又讨厌。"当主人公来到盘蛇岭时，书中述道："满山遍野是蛇，大蛇小蛇一盘一盘的，树上、石头缝里，全都是蛇。"真是蛇山。该书又详细论述了满族先人对蛇的崇拜："看到蛇就急忙跪下磕头。"这说明满族古代是崇拜蛇的。

蛇蟒神是属满族野神祭祀，凡有此祭祀的，都有它的神歌。石姓的九尺蛇蟒神都住在长白山第九层山峰上，"腾云驾雾"地降临神坛。杨姓是九庹蟒神，萨满手执马叉"威风凛凛"地降临。关姓神歌中是在"山洞中盘卧的八庹蟒色夫"，称蟒神为师夫。

蛇蟒神不仅是满族的崇拜内容，而且有的姓氏将它视为生殖崇拜神。《萨满教与神话》[①]就有陶祖蛇。还有《满族雪祭》[②]中，就有向冰雕的男女生殖神（男子性器外绕长蛇）求子仪式。这充分说明蛇蟒神在满族萨满教文化中的重要地位。

综前所述，在满族原始先民的观念意识中，自然现象，如日月、自然力及自然中的一切变化和万物生灵都有神灵，形成了萨满教自然崇拜的神灵系统，表现了古代满族崇拜的内容和特征。

二　图腾崇拜

这一萨满教的内容直接联系着人类的生育崇拜，也就是

[①] 富育光：《萨满教与神话》，辽宁大学出版社1990年版，第75页。
[②] 王宏刚、金基浩：《满族民俗文化论》，吉林人民出版社1993年版，第231页总注释。

"人"是从何而来,正像茅盾先生所说:"原始人的思维虽然简单,却喜欢去攻击那些巨大问题,例如天地缘何而始,人类从何而来,天地之外有何物等等。"满族的原始先人,同样喜欢攻击那些巨大问题,即满族人从何而来。他们就想象和幻化出满族原始先民是由柳树或柳叶所生的神话,即与柳树或柳叶有着血缘关系,那就是满族的图腾,其中还包含着生殖崇拜,称为"佛多妈妈"。

那么,佛多妈妈在满族萨满文化发展中是如何变化的呢?

佛多妈妈,即柳枝祖母,不管是在萨满祭祀中还是在满族的生活、观念意识中都是一位举足轻重的神。她随着满族文化、历史、经济的发展而变化着,直至目前在满族老人的生活和观念意识中,仍有她的地位。她是从远古时代就被神化崇拜的满族始祖女神。她的神职是从古代的生育崇拜,并含有生殖崇拜的女神,发展为直至近代人类文明社会的生育神和婴儿保护神,她以各种神通和形式出现在满族生活和祭祀中。

柳枝祖母被满族先人用以解释满族从何而来,也就是解释人种的繁衍和发展问题。所以,她因地区姓氏和历史发展阶段的不同,出现了各种不同的生育满族先人形式:一是柳树生人;二是半人半柳的柳叶生人;三是人柳分开的柳叶生人三种形式。

柳树生人在满族民间文学和萨满神谕[①]中都有反映。神话《佛多妈妈与十八子》[②]中,佛多妈妈与石头乌克伸玛法生了满族先人,这里是柳树直接生育人类。

还有《天宫大战》中,当人类处于洪水中,无法生活下去时,天女神便"扔下了柳枝,拯救了生灵"。这里是柳枝救人,仍是表现满族先人与柳树的生死关系。

还有神谕中所述:当天女神阿布卡赫赫与恶神魔鬼耶鲁里鏖战

[①] 神谕:据富育光先生讲,凡是萨满所讲述和萨满神本中所记述的内容,如家族史、神话、迁徙经过等都是神谕。萨满谕示传达神们的意旨及行为的语言文字叫神谕。

[②] 宋和平译注:《满族萨满神歌译注》,社会科学文献出版社 1993 年版,第 16 页注释。

时，耶鲁里抓下了天女神身上的柳叶，"柳叶飘落人间"，[①] 世上才有了人类与万物。这里是柳叶变化为人类，含有生人的内容。

半人半柳的柳叶生人在神话《卧莫西妈妈与石罐》[②] 中得以充分表现，神话所述卧莫西妈妈与现代人长得不一样，"脑袋像柳叶，两头尖尖，中间宽，绿色的脸上，长着如同金鱼一样的眼睛"。这里虽然是被人格化了，但她仍未脱离柳树、柳叶特征。满族子孙就在这棵最大最大的柳树的"柳叶上生长"，"子孙们就吃卧莫西妈妈的奶水长大成人"，这是柳叶生人又育人的描写。

还有流传于我国东北地区多民族的《尼山萨满》中，也有佛多妈妈的形象："她长着长形脸，眼睛突出，大嘴，噘着下巴，牙齿血红。"该传说虽然在近代还在流传，并且还有人会讲述、收集到它的满文抄录本，但满族始祖女神，佛多妈妈仍未改变她柳叶的"长形脸"形象。她的神歌仍是主管生育，连尼山萨满都自称是从佛多妈妈叶子上发芽，从根上生长的子孙。在《尼山萨满》中，佛多妈妈还有其他神职功能，就是除是生育神之外，她还主管人世间的富贵与贫穷，为官与下贱，"一切善与恶"都由她来确定并赐予人们，所以她又是一位福神。

还有《东海窝集传》中的佛多妈妈，虽然被人格化了，但她仍未脱离柳叶的特征。据该书所述，她是"长脸绿眼的老太太"。是她与乌克伸玛法生育了满族先人，她仍是生育神。所以，应为半人半柳的生人方式。

在以上两类，即柳树和半人半柳的生人方式中，佛多妈妈并不是处于同一历史时代里，柳树和柳叶直接生育人，应是上古时代天地未开、人树浑然为一体的混沌年代。半人半柳的生人方式，虽被人格化，但都未脱离柳树形状，直至母系制社会后期的《尼山萨满》和《东海窝集传》传说中都含有柳叶特征。这时的佛多妈妈

[①] 富育光：《萨满教与神话》，辽宁大学出版社1996年版，第76页。
[②] 《卧莫西妈妈与石罐》，载宋和平《满族萨满神歌译注》，第16页注释，其名称为笔者重新拟制，社会科学文献出版社1993年版。

应处于人类社会的群居和母系制氏族社会后期的年代。它的神歌除了是人类重大问题，即人的繁衍问题，还起着管理、治理人类社会的作用，以及使人类生活美好的作用，如在《东海窝集传》中，她是代表妇女掌权的神灵。所以佛多妈妈的作用，已超出她原始的只是生育神的作用了。

人柳分开的柳叶生人是以柳枝和柳叶寓意子孙生育繁茂的方式，主要表现为萨满神本中的神歌内容。她是被全体满族共同祭祀的民族神，所以它的神歌内容各种各样，但都是满族的"换锁"仪式中的家神祭祀。

从神歌来看有两种形式：一是以祭神树为内容的祭"神树"，并祈求"族内太平和顺，家家安康发达"，以柳树的"叶茂枝多"，寓意子孙"发达"。这是前文已引用的神歌内容。二是许多姓有关换锁的神歌内容：如石姓神歌"如木之茂盛，如木之繁荣"。郎姓神歌"由根所生，由叶所长"。杨氏赵姓是"枝大、叶茂、孳生多"等，都用柳枝和柳叶的繁荣来寓意子孙的繁荣发达。

这种以实物柳枝、柳树寓意人类的生育和发展的行为，已发生于人类社会的文明时代，佛多妈妈的神职功能是在人们的祈祷中实现人类的繁荣，所以有一姓氏的神歌，"口袋装上了九个灵魂，八个灵魂"，希望人类发达，仍是起着生育神和保护神的作用。

其实在满族民间文学中，完全脱离柳叶特征的佛多妈妈，那是人类文明社会的产物。如神话中的"白鹿额娘"[①]"双石岭"[②]"朱拉贝子"[③]等都是慈眉善目的白发老太太。她的神职仍是赐送子孙于人间和做人类保护神。

满族换锁祭祀中的佛多妈妈的神偶和称谓。

她的神偶有三种形式：一种是以清朝宫廷中的绸帛上画有美丽妇人形象，挂于祭祀室内的西墙上。二是吉林省乌拉街庙宇中身披

[①] 傅英仁搜集整理：《满族神话故事》，北方文艺出版社1985年版。
[②] 同上。
[③] 同上。

口袋并装有无数个小孩的丽人像。三是满族祭祀中最主要、最普遍的形式，即子孙口袋，子孙绳和柳枝组合成复合神偶，而且是以实物为内容的崇拜。

柳枝放置也有两种形式：一是如石姓家族在房屋的东南角上插一柳枝；二是在祭祀时，选一大柳枝插在庭院的东南方向。萨满跳神时，即将子孙绳（绳上系有小弓箭和五彩布条等）从口袋中取出，一头系在挂着的口袋处，另一头系于柳枝上。这是祭祀佛多妈妈的全部形象图。

佛多妈妈的全称为"佛立佛多卧莫西妈妈"，[①]"佛多卧莫西妈妈"直译汉语为"众多子孙的柳枝祖母"，那么，"佛立"（furi）的含义是什么？它是"令进入"或是"令潜入"之意。她的汉语意应为"潜入（或进入）众子孙的柳枝祖母"，或是众子孙的柳枝祖母。子孙绳的满语为"西林扶他"，是"接连不断的绳子"，或是"连连续续的绳子"。其中的潜入或进入，实为起一种传导作用。就是通过萨满在柳枝前祭祀跳神，这柳枝、绳子、口袋都有了繁荣子孙的吉祥如意的神力，有求必应的神力，也就是通过柳枝、绳子进入子孙口袋中并储存起来。所以神歌中有"袋大子孙多"的寓意，有的神歌并希望"口袋装上九个灵魂，八个灵魂"，更直接说明了口袋的作用。因此，我们说满族萨满教的换锁仪式中的子孙口袋（有的称妈妈口袋）是妇女怀孕之象，柳枝（实为柳叶）是生殖崇拜，其"绳"起连接作用，但是子孙绳的寓意和作用意义深刻，因为绳子上所系之物甚多所致。

总之，佛多妈妈是满族含有生殖崇拜的生育神，是一位古老而又普遍被祭祀到近代的始祖母神，也是保护平安健康的，进入家神祭祀的民族神。佛多妈妈是天女神的弟子。

满族还有物件和石头图腾。东海窝集部，被野人女真人普遍祭祀的"乌克伸玛法"，为"兵甲老者"，就是以当兵之人所披"盔

[①] 此称谓在《重订满洲祭神祭天典礼》卷一和卷三中出现，同时神本中也有此称呼。

甲"之"甲"为崇拜，这是以兵甲物件的图腾。这一内容详细、具体出现在《东海窝集传》中，当然其他民间文学作品中也有。

《东海窝集传》中论述，天神造人时只造了两个人：一个是佛多妈妈；另一个是乌克伸玛法。他们作为夫妻生育了满族先人。这里明确指出他是一位男性生育神。该书还有他的形象描写，是"赤面白须老者"，已经人格化了，而且还有九大弟子，是一位神通广大的图腾祖先神。

有的满族姓氏，还有蛇、虎等动物，最为普遍的还是柳枝祖母的图腾，其祭祀仪式也最为完整，其意义深远。

三　祖先崇拜

（一）祖先崇拜的产生

满族萨满文化中的祖先崇拜，其内容丰富而庞大，尤其是民族、部落祖先神更是为数众多。这部分神灵的产生定会比自然崇拜和图腾崇拜晚一些，它与人类的灵魂观念的产生紧密相连。原始人类从梦中和幻觉中得到启示，他们认为：当人活着的时候，在人的肉体之内，或是肉体之外，还存在一种肉眼看不见，只能由人在特殊情况下感觉到它的存在的东西，人们称之为人的灵魂。当人死的时候，他的灵魂便离开他的肉体，到灵魂应该去的地方，满族原始先人称"死人之国"，即"阴间世界"。满语的灵魂一词是"法扬阿"。这一词汇的出处及满族的原始灵魂观念等内容，笔者在拙作《尼山萨满》研究中的《〈尼山萨满〉与满族灵魂观念》里，有详细、具体的论述，此处不再赘述。

在原始人的观念意识中，人不仅有灵魂，而且灵魂不死，还可以离开人体独立存在，其形状可大可小，但大不过自己的身体，小到一个香炉中可以装下，其形象如同自己的形貌一样。同时，人的灵魂一旦脱离肉体，人就死亡。脱离肉体以后的灵魂能量大小，每个人差异很大，大多数的灵魂都去了灵魂应该去的地方，一般是阴间。有少数生前为人们做过重大事业的人，如民族英雄和萨满等，他们的灵魂则却上了长白山，或是天界进行修炼。这部分人的灵魂修炼成神后，再回到民族、部落中有所显现，则被称为祖先神，如萨满神就是如此。有的则是族人认可即成为祖先神。总之，人类观念中灵魂的产生，直接影响着祖先神的出现。

（二）产生祖先神崇拜的途径

满族祖先神的产生方式有：一是由动植物崇拜衍化而形成的祖先神；二是由图腾崇拜的衍化而形成的祖先神；三是氏族、部落和民族发展形成中的祖先神。

1. 动植物演化而形成的祖先神，主要是以柳树为主的佛多妈妈女神，还有鹰雕动物神，只有家神祭祀的郎姓祖先神中有雕神。

除了前面所述的动植物原型直接被崇拜为祖先神之外，还有一类是非人非兽的祖先神。这主要是东海窝集部女真人的崇拜内容，表现在傅英仁先生出版的《满族神话故事》[①]中。全书共收集17篇神话，其中就有十几篇是半人半兽的祖先神。如长着翅膀的怪鸟多龙格格，人面豹子身的阿达格恩都立，全身长满鳞片、鸭子脚的突忽烈玛法等，这一类祖先神是动植物神衍化过程中的过渡神。他们充分说明满族原始时代与动植物的密切关系，并且体现了原始宗教崇拜内容。这部分内容有的被历史淘汰，有的进入满族家神祭祀，成为祖先神。它仍反映了满族人兽还未完全分开的原始时代。

2. 关于图腾崇拜衍化的祖先神，在图腾崇拜内容中已有论述，此处不再赘述。

3. 氏族、部落和民族发展中的祖先神灵很多，尤其是氏族部落神更多，有的是几十位，有的是上百位。

（三）祖先神分类

我们把满族萨满教中的神灵，按其神职功能和他们的影响面大

---

① 傅英仁搜集整理：《满族神话故事》，北方文艺出版社1985年版。

小进行分类：

  第一类为瞒尼神和技术文化神；

  第二类为民族神；

  第三类为萨满神；

  第四类为氏族部落神；

  第五类为婚姻神。

  清代满族萨满教仪式如图 1 所示：

图 1　清代满族萨满教仪式

  关于瞒尼神和技术文化神。因为瞒尼神中有许多是技术文化神，所以将二者归为一类。当然其他神中也有技术文化神。

瞒尼①为满语，意为"英雄"，是一类数量众多，满族萨满教中普遍被祭祀的英雄神灵。它们既是满族戎马生涯和尚武精神的真实写照，又是满族古代经济生活、社会习俗、宗教信仰、宇宙观念以及文化艺术等的真实反映，其价值十分珍贵。

满族的英雄神，即瞒尼神，具有两重性。它既在全体满族的萨满祭祀中存在，被作为普遍的一类神灵，称"瞒尼"，是一类民族神，又具备地域性的氏族部落性，这主要表现在瞒尼神的具体称谓和他的神职功能是随姓氏的不同而异上。当然瞒尼神的功能也有相同的，但满语名称很少有相同者。这也表现了满族萨满教神灵氏族性强的特点，其跳神仪式就相差更大了。

各姓瞒尼神的多寡不等，石姓神本中记述了35位瞒尼神，其中有13位还有专篇神歌颂扬其神威。同时据石姓萨满提供，他们有一百多位瞒尼神偶，如按巴瞒尼、巴图鲁瞒尼、多活络瞒尼、胡牙乞瞒尼、玛克鸡瞒尼、按巴阿立瞒尼、朱录瞒尼等。

杨姓神本中的瞒尼神有十几位，如不可他瞒也、何勒瞒也、乌尖西瞒也、那丹朱瞒也等。瞒也即瞒尼，有的还称"玛音"，也是"瞒尼神"。

关姓瞒尼神近二十位，如扎兰泰瞒尼、色勒泰瞒尼、乌兰泰瞒尼、扬苏拉瞒尼等。

技术文化神：有石姓的神箭手雅雅库瞒尼，制造铁工具的赊棱太瞒尼，开渠治水英雄额热鸡瞒尼。

杨姓有一位瞒尼神，也是萨满教中独一无二、很有民族特色的，即用猪皮第一个记录人类知识的乌尔尖瞒尼。

杨姓还有三位是不属于瞒尼神的技术文化神，即牧马的"木立木立干神"，用兵能干的古代兵营神"朱垒哭兰"和医治天花病的"说勒库妈妈"神。

关姓的技术文化神有几十位：开山石的色勒色夫，头饰神塔尔

---

① "瞒尼"，请参见宋和平《满族"瞒尼神"论析》，《北方民族》1990年第2期。

其妈妈，养蚕神色森朱格赫，创制皮衣神僧色勒赫色夫等。

瞒尼神都属满族的野神祭祀，但在家神祭祀中，则有技术文化神，如只有家神祭祀的杨氏赵姓的医眼病神"叶色恩都立"，牧马神"穆里穆哈"，强劲乌拉草神"嘎头卧云"，纺织神"穆舒利恩都立"，造锅神"乌真发穆臣"等。

技术文化神在《东海窝集传》中有更详细、具体的表现，而且他们都是野人女真的祖先神乌克伸玛法的弟子：（1）造船祖师开铺玛法；（2）木工祖师色其布色夫；（3）麻布祖师佛勒玛法；（4）农业神阿尔法玛法和阿尔干玛法；（5）铁神爷色勒玛法；（6）开矿祖师蒙文勒卧陈。除石姓不是野人女真之外，其中关、杨等都是东海窝集部的野人女真人的萨满祭祀内容。

总之，瞒尼神大都是英勇善战或是在某一生产领域有特殊创造发明的有功之人，他们被人祭祀为神灵。这表现了满族先人向自然索取、征服自然的伟大功绩。这一类神灵表明满族先人为人类文化做出了重大贡献。

关于民族神。此类神是被全体满族或是多数满族姓氏所崇拜并祭祀的祖先神，而且属于满族家祭神灵。此类祖先神的特点有二：一是有名称有形象，有具体神歌内容，也就是有神偶或画像，如白山主、超哈章京（有的也叫超哈占爷等）、佛多妈妈等；二是此类神中有部分是无具体神灵名称、泛指一切祖先神灵，如倭车库、瞒尼、贝子、色夫、玛法等。他们的神职和神偶、画像都是随具体的姓氏而定。

比较突出、明显的民族祖先神是超哈章京、白山主、佛多妈妈、倭车库，以及被大部分满族先人崇拜的，还有乌克伸、奥都妈妈、堂子泰立神、阿浑年其神等。

超哈章京中的超哈（cooha）兵，指带兵打仗的将军或是领袖，所以，有的满族民间传说是指努尔哈赤，又叫超哈总兵，还常常与长白山联系在一起。

白山主和佛多妈妈都是由自然崇拜中的山神和植物崇拜而衍

化、发展为满族祖先神的。这两位神灵在满族的萨满祭祀中占有重要地位，凡举行家祭必有此二位神灵。

白山主神在前文中已有详细叙述，此处亦不赘述。

佛多妈妈的形象和神歌功能在前面图腾崇拜中也已详细论述了，此处不再赘述。

倭车库神：我们在满族聚居区，向萨满，或是族长调查萨满文化时，问到"倭车库"是什么神时，他们说就是"西炕"，或是西墙。众所周知，我国东北地区的民族都是睡炕，有西、北、南炕，正房的西厢房是如此，而且满族的习惯是西炕为尊，因为在西炕上，有祖宗龛和子孙口袋等神位。祖宗龛是指祖宗板和祖宗匣，其数不等，有一个祖宗板和祖宗匣子，也有两个或三个不等。这祖宗龛就是"倭车库"祖先神。举行祭祀和逢年过节的时候，这里的祖宗龛，也就是倭车库前，必举行萨满跳神，并有许多戒律，如不许年轻妇女们在西炕前坐等。《重订满洲祭神祭天典礼》（卷一）中也着重叙述了此事："恭查满洲旧规，最重渥辙库（倭车库——笔者注）跳神祭祀之礼。大凡供神立神杆之家，如遇有从外面跑入驴骡马猪等样牲畜，及马鞭等物，所有穿孝、戴白毡帽……一概不准进神堂院门、神堂屋内，并不准哭泣，讲说不吉祥之语，亦不许打骂众人，其奉事诚敬，丝毫不敢少懈。……遇有吉凶之兆，总在渥辙库上磕头。虽度日清减，仍按时跳神。"这里充分说明民间与清室中，同样都重视倭车库的祭祀。其原因在《重订满洲祭神祭天典礼》中做了叙述："其所以实在源流，亦不能深知详细"，其实理由很充分，就是因为倭车库中祖宗匣里有祖先神像和祖先之物等；所以应受尊敬是理所当然之事了。因此，我们说，倭车库神是满族萨满文化中泛指的、总和的祖先神的代名词，也就是说倭车库，就是指西墙上的祖先神位。这与我国鄂温克族的玛鲁神有些相似。

东海窝集部的部落祖先神乌克伸玛法是《东海窝集传》中的主神，前文已述，此处不再赘述。

奥都妈妈是一位满族古代战争中的女英雄神。虽然在满族萨满文化中和民间文学中很少提到她，但在古代她却存在于许多姓氏中，如《中国各民族原始宗教资料集成》① 曾论述道："在西条炕上供有皮制的佛爷口袋，名叫妈妈口袋。口袋里装着一个木制的老头神偶像、二十七八个木制的老太太神偶像。"老头神偶是猎神，那二十七八个木制老太太神偶中，就"有保佑出征太平的奥杜妈妈"，其神职功能与我们所说的奥都妈妈相同，应是同一个神灵。宁安地区民间流传的敖东妈妈，② 是一位武将女神，与奥都妈妈也是同一位神。在众多的神本中，仅石姓神本中有奥都妈妈神歌，属家祭神灵。其神歌述道：

  乞请奥都妈妈降临，
  奥都妈妈，
  身居兵营，
  双骥胯下骑。
  日行千里，
  夜行八百，
  来去如飞，
  紧急而行。
  战骑英俊强壮，
  驰骋沃野，
  各处太平吉祥。

神歌中已明确指出奥都妈妈是位女战斗英雄。在民间，也就是石姓的东北墙上，有她的木制骑着双马的神偶，是女像。她的神职功能，在神歌中叙述的已很明确了，是"身居兵营……日行千里，

---

① 吕大吉、何耀华总主编：《中国各民族原始宗教资料集成·满族卷》，中国社会科学出版社1999年版，第491页。
② 傅英仁搜集整理：《满族神话故事》，北方文艺出版社1985年版，第128页。

夜行八百"的驰骋沃野的勇将。这是古代满族戎马生涯和尚武精神在妇女身上的具体体现，这些被歌颂并纪念的古代妇女豪杰是很有代表性和价值的祖先神。

阿浑年其神在神歌和清室祭祀中都出现了，但不知其何意。因而无法探讨其神歌和神像了。

关于萨满神。从远古时期就信仰萨满教的满族先人，他们的萨满神是很丰富和众多的，而且，这一类祭祀的都是氏族部落神。其神职范围都是为自己氏族、部落服务的。其形象变化之多，更是因姓氏而异。但是，这一类的萨满神只有大神，即野祭内容的神本中才有关于他们的记述：如石姓神本中是九位太爷神：头辈太爷大萨满属鼠，名号为崇吉德；二辈太爷大萨满属虎，名号为达卡布；三辈太爷、太太兵垦萨满属兔，名号为乌林巴；四辈太爷大萨满属马，名号为东海等，共九位。还有五位石姓萨满神有神歌记述其成神经过及神通等内容。

杨姓的萨满神，我们仅从神歌中来看，共有23位之多，而且各种技能的都有。如从速办宴祭的老师傅，80岁的家族唱诵神歌的师傅，属鼠的仁义的侧立师傅，属马的仁义的族长师傅，善吟的属鼠的师傅，属猴的靠得住的祖母和属兔的祖母神，等等，都是萨满神。

关姓神本中的萨满神不是很明显，但有三位肯定是萨满神：第一位是属马的大萨满；第二位是属狗的法拉阿；第三位是能在九座草囤间跳神的乌兰泰瞒尼神。看来，瞒尼神中也有萨满英雄。

凡是各姓氏的萨满神，在神歌中出现都有一共同性：首先，说明萨满神的属相和名称，也就是叫什么名字，有的也无名，但一定有属相。其次，将萨满神的神技功能表现出来。再次，有的把终年岁数表现出来，如80岁、90岁等。最后，如何表明是大萨满，还是助手呢？以满语为"扎哩"或是"侧立"表明，有的还表明是"家萨满"，满语叫"兵垦"或是"彪浑"等。如石姓的三辈太爷就是"兵垦"萨满。

总之，萨满神在满族萨满文化中，内容丰富，神话色彩浓厚。它们为我们探讨萨满文化的发展规律以及萨满的传承和职务等提供了宝贵资料。

还有一位萨满神是"万路妈妈"，她不仅多次出现在《东海窝集传》中，而且是该书中出谋献计并积极推翻东海女王的统治的主要神灵。她是代表先进生产力和社会势力的进步力量。

关于她的称谓，民间称"歪路妈妈"，傅英仁先生认为"歪路妈妈"就是"窝集妈妈"。"窝集"是"密密森林处"，应直译为"密密森林的祖母"。主管东海窝集，即野人女真人的一切事务和太平安康等。窝集妈妈是佛多妈妈的大弟子，她的神位在南炕的东南角上，她不愿意见人，是秘密神。傅英仁先生又说万路妈妈也叫"歪历妈妈"。

万路妈妈有的也称"万历妈妈"，[①] 传说是明朝皇宫中的一位娘娘，并有故事说明她的真实性。这是后人的附会，是巧合。那么"万历妈妈"（wali mama）的真实含义是什么？《清文总汇》卷十二中，解释万历妈妈为"用线拴一条补丁，挂在房门背后，凡生熟吃的物件，从外面拿进房来，必定与吊着的补丁看，才拿进"。把"生熟吃的物件"拿进房时，必让"吊着的补丁看"，其中的含义是对神灵的恭敬心，凡饮食都先让其"看"，实为敬献之意，并含有可食的意义。所以"万历妈妈"是位保护神。其神位是"房门背后"，这里含有秘密，不愿见人，无光亮。正与"窝集妈妈"的神性相同。所以，不管是万路妈妈，还是万历妈妈，她们都是"窝集妈妈"称谓的变化，其神灵却是同一位，都是在密密森林中，因树木的遮挡而不见阳光的黑暗之处（阴暗之处）的神灵，是古代满族先人生活于大森林中，或是山洞中的保护神，是野人女真的古老萨满祖先神。

---

① 彭勃：《满族》，民族出版社1985年版，第129页。

把万路妈妈作为萨满神，是因为《东海窝集传》明确指出她是方圆百里的"活神仙，是老大萨满"。再者，她的修炼方式也是典型的满族萨满神修炼方式。其过程常常是萨满死后，其灵魂上长白山，或是天界等，进行灵魂修炼，成神后借自己的尸体还魂复活，当然必须尸体完好。石姓的五辈太爷①就是如此。还有一种形式，就是其灵魂修炼成神后，常住长白山或是天界等，当萨满跳神或在其他形式中显现神灵，或是附体于萨满之身。这两种形式在满族萨满文化中出现得太多了。万路妈妈是前一种，她是为"抢救三个部落的瘟疫病人"而累死的。于是她的灵魂便上了长白山修炼，后又借尸复活，成了神通广大的萨满神。

所以，萨满神是以萨满的修炼而被崇拜和祭祀的保平安和繁荣的祖先神，大部分萨满神属野神，即大神祭祀，都有使用法器的舞蹈表演动作，这是研究萨满教发展和变化的重要资料（见图2）。

关于氏族、部落神。这一类是除瞒尼神、技术文化神、民族神和萨满神之外，为本氏族、部落的利益而英勇奋斗，后被本氏族和部落所敬仰，并崇拜祭祀为本氏族祖先神灵的，具有地域性的氏族特征。当然其他神灵，除民族神之外，都有氏族性特征这一类神灵数量众多，家神和野神中都有此类神。

在《满族神话故事》中，傅英仁先生将每位神的祭祀仪式以及属何姓氏祭祀，在故事后边的注释中都有说明，如他拉伊罕妈妈为郭姓供奉的断事神等。

萨满神本中的氏族神就更多了，如杨姓属狼的祖母神，山洞舅母神，古代先知神，古代兵营神等。石姓的瞒尼神中，许多都是氏族部落神，如朱录瞒尼、巴克他瞒尼、舒录瞒尼等。

关姓有乌兰泰玛法、色勒泰巴图鲁等一百多位氏族祖先神。

---

① 石姓五辈太爷：据石姓萨满石清民讲述，五辈太爷十几岁时死去，因天气严寒不能入土，棺材放于村口的树下，七天后棺材盖打开，有满文纸条，无尸体。三年后他回村当了小韩乡大萨满，神通广大，百病皆治。

图 2　清代满族萨满

这类神灵最具有地方和历史特色，对于研究满族的古代社会、经济生活提供了宝贵资料。

关于婚姻神，只在《东海窝集传》中出现过，神本中无表现。

婚姻神称"撒林色夫"（salin sefu），"撒林"有"承受、承担"之意，是指男女婚配后，承担和承受着人类繁衍和发展的重大问题，其意义深远。它既填补了满族萨满神灵的空白，又为我们研究满族原始神灵提供了新内容。

我们通过对满族萨满神灵的探讨及粗浅的剖析和考究，表现了萨满神灵的渊源关系和神职作用，充分说明满族萨满神灵不仅是以白山黑水为特征表现满族历史上的经济和精神生活，而且，他们的各种神灵关系已显示出明显的神系关系，即天神神系和人间神系系统。当然我们是指萨满教中的主神，即民族神和宇宙之神了。

天神神系是由上古时代的水泡泡、天地未开的阿布卡赫赫的"裂生"而形成宇宙善恶两种不同性质的神灵：一种是以天女神为首的善神们，即宇宙三女神，为阿布卡赫赫、卧勒多赫赫和巴那姆赫赫。她们是创始人类万物、宇宙的创世神，是人类宇宙间的保护神、万能神，她们都神通广大。另一种是以耶鲁里为首的邪恶鬼怪的恶神们。看来，在满族先人的原始观念中，最初是善恶不分、善恶同体的。只是由于事物的变化，水泡泡物质运动才形成了社会上的善恶、贫富、贵贱之别了；也正由于善恶之分，宇宙才分出了高低、层次之别，形成宇宙的三界多层之说。

天神神系中的关系是与人类社会一样，用最原始的血缘关系来维系。因为这些神灵都是由天女神"裂生"而产生。当然他们之间的关系也随着人类社会的发展而变化着，后来，不仅有血缘关系，而且还有师傅带徒弟的师徒关系。

与天女神有血缘关系的还有《天宫大战》中的风神西斯林神，她是天女神的爱女。雷神西思林是天女神的鼾声等。

人间神系，主要指满族民族神，有白山主、佛多妈妈、奥都妈妈、乌克伸玛。这四位神都是阿布卡赫赫，或是阿布卡恩都立的大弟子。以师徒关系相维系。这四位神，又都是以师父带弟子的方式，招收天下能人善士做弟子。

白山主神所收弟子甚多，超哈恩都立（cooha enduri，即兵神）是白山主的第九位弟子，[①]那么前面还有八位弟子。他拉伊罕妈妈[②]、多龙格格[③]等也是白山主的弟子。

佛多妈妈的弟子有万路妈妈。万路妈妈又收弟子，《东海窝集传》中就说她收了珲春女部落长为弟子等。

乌克伸玛法，在《东海窝集传》中有九大弟子，除前文已述的六位技术文化神外，还有《东海窝集传》中两位主人公和军师。

[①] 傅英仁搜集整理：《满族神话故事》，北方文艺出版社1985年版。
[②] 同上。
[③] 同上。

关于奥都妈妈，笔者未发现她的弟子。

以上四位神灵又都分别与满族各姓的氏族部落神、瞒尼以师徒关系相维系。在天神神系中，主要保持了血缘关系；在人间神系中，主要保持着师徒关系。两大神灵系统组成满族萨满神灵。

从地理位置来看，满族萨满神灵应为白山神系，以石姓萨满文化为主要内容；还有东海窝集部，即野人女真神系，以杨姓、关姓以及赵姓的萨满文化为主要内容。再加建州女真的萨满文化内容，就是满族较全面的神灵世界了。

以上见解，不成定论，恳请同行指正和批评。

原载《萨满信仰与民族文化》，中国社会科学出版社2009年版

二十四

满族萨满文化综述

一

萨满文化中的核心内容是祝词、祷词、神词等，满族民间称为神歌。

那么，什么是神歌呢？神歌是举行跳神仪式时，萨满和助手描述神灵特征、颂扬神灵神通广大以及表示祭祀者的虔诚态度和决心等为内容的歌词，因为是唱给神灵听的，所以叫神歌。它的产生是一个历史久远和复杂的问题，但有几点是可以肯定的：第一，神歌是在人类有了语言以后，并会用语言表达思想感情时产生的；第二，当宗教产生了并有了崇拜对象，即神灵观念产生后，亟须向神灵祈祷帮助时，才有可能产生神歌。

神歌的曲调很丰富，仅石姓神歌曲调而言，就有家神神调、瞒尼神调、蟒神调、野神调、排神调和祭天调。这些神歌曲调都高亢有力，富于音乐感。

满族的神歌内容，按祭祀仪式可分为家神神歌和大神神歌。

关于神歌的诵唱形式：第一种是萨满和助手各自独唱，如祭天、排神等，用于家神和大神祭祀中。第二种是萨满和助手互相问答形式，即助手问萨满（实际是神灵）是从什么山峰上、第几层、什么石砬子、几道山沟降临的，使用什么神器等，萨满必须一一回答。萨满也可以问助手（也叫侍候神的人）是什么屯、什么姓氏、为什么请神等，助手也必须一一回答。第三种是一人领唱，众人合唱。这种形式也是神灵附体后，萨满只是模拟或表演神灵的舞蹈动作，此时助手中有一人领唱，其内容是颂扬神灵（实为萨满）舞蹈动作的优美及神灵的神力无边等。如跳"按巴瞒尼神"：领唱人首先唱"zhe i hao hao（折依皓皓），按巴托立"（手执大铜镜）；众人合唱："折依皓皓。"此时围观者如果会唱也可以接唱。领唱人又唱："砖嘎拉得不勒库街。"（两手明晃晃）众助手还是接唱："折依皓皓。"如此这般诵唱着，萨满也舞蹈着。后两种诵唱形式仅用于大神祭祀中。

据老萨满石清山（已故）和老助手石清民（已故）反映，从前举行萨满跳神活动时，萨满与助手、老助手与助手之间都可以互相回答，一般是老萨满考问助手，回答问题时要求快而准确。如果回答不上来或回答不正确，那么就会被淘汰。所以，萨满跳神时诵唱神歌，实际上是一种赛歌会，又是考验助手能力大小的场合，也是助手提高技能的机会。

这种鼓铃齐鸣，载歌载舞，配以高昂诵唱，形成了气氛热烈、形式活泼、声势浩大的群众喜闻乐见的艺术表演。

神歌的诵唱主要由萨满和助手来完成，那么，萨满和助手如何承袭呢？

二

既然有大神神歌和家神神歌之分，那么萨满也必然会有大萨满和家萨满之分了，他们的承袭方式也有区别。大萨满是跳大神神灵舞蹈的，又叫野萨满；家萨满是跳家神的。他们的承袭方式既有联系又有区别。主要区别在于，大萨满是前一代早去世的老萨满的灵魂，经过修炼成神以后抓下一代萨满，常称为"神选"或"神抓"。被神抓的人常常表现为久病不愈，或精神异常。如杨姓大萨满杨世昌，十一岁时得病，三天三夜昏迷不醒，请萨满看了后，说是要出马，即当萨满。石姓两位大萨满也是如此，一位是石清山，十七八岁时，曾七天七夜不吃不喝，昏迷着，萨满看后说他要出马。另一个是石宗轩，就是1987年举行萨满跳神被录像的萨满，他很小的时候就迷糊，由此得以绰号叫"小迷糊"。他俩都许愿充当了萨满，精神恢复了，身体也健康了。此时还不是萨满，要经过学习"乌云"后，才能成为正式大萨满。

萨满的助手，满语为"侧立"，也叫侍候神的人，意思是当神灵附萨满之身后，需要有侍候和照顾萨满的人。助手主要是通过学习"乌云"而产生，参加学习"乌云"的助手，有的是族内选派的，有的也同大萨满一样，也是得病许愿后侍候神灵。如杨姓老助手杨玉昌，脖子上长了一个大包，许愿侍候神后，即恢复健康。

家萨满是如何产生的呢？是通过两种渠道，一种是助手演变而来，另一种是族内选出或是许愿当家萨满。什么样的助手可以演变为家萨满呢？根据我们所掌握的石姓助手的情况来看，可分为五种不同级别的助手，满族其他姓氏也大同小异。这五种不同等级的助手，是根据年龄和掌握萨满祭祀仪式技术熟练程度不同而定的，后一种条件起主导作用。

第一级助手：年龄最小，地位最低，叫"阿几各侧立"。"阿几各"（ajige）为满语，意为"小"；即"小助手"，年龄在十岁至十五岁，只做传递祭品等简单工作。

第二级叫"德博勒侧立"，年龄在二十岁左右。"德博勒"（deberen）是"崽子"，是不成熟的助手，做传递贡品等工作。

第三级是"阿西罕侧立"，年龄在二十五岁左右。"阿西罕"（asihan）是"青年"，即"青年助手"。

第四级叫"按木巴侧立"，也叫"按木巴色夫"。"按木巴"（amba）是"大"，"色夫"（sefu）是"师傅、老师"之意。译为汉语是"大助手"或"大师傅"，年龄在三十五岁左右。

第五级叫"萨克达色夫"。"萨克达"（sakda）是"老者、老"之意，就是"老师傅"，在四十岁以后。

从第三级助手开始，都可以从事主祭仪式，如震米、领牲、做供品等。也都有充当家萨满的资格,这其中起主要作用的还是看助手掌握祭祀技术熟练程度。

祭祀仪式中还有一种助手,叫"锅头",他没有成为家萨满的可能性。

后三级助手中,最有权威和地位的是"萨克达色夫",即"老师傅"。他不仅是祭祀活动中配合族长的组织者和领导者,而且有权力认定助手充当家萨满,当然,在一家族之内,能充当家萨满的助手有许多,只待族长和老师认定,并准其参与跳神活动,这样就成为家萨满了。老师傅是法定的理所当然的"兵垦萨满"或"彪棍萨满"。"兵垦"和"彪棍"都是满语 boo mukūn(家族)一词的音变,意为"家族萨满"。老师傅请神送神时,都是坐在神堂前诵唱神词,不跪着请送了。如石清民、石清泉、石文才、石殿发等。

"萨克达色夫"即老师傅权力的施展不仅限于祭祀活动中,就是平常日子里,他也参与族内事务性工作,这说明神权与族权有机地结合为一体,更说明萨满教在满族社会中的地位。同时,如果萨克达色夫有神通广大的能力,那么他去世后,同样像大萨满一样,被族内尊崇为祖先神,享有全族人的祭祀。我们译注的石姓神本中,就有一位属狗的"萨克达色夫",被列为第七辈太爷。说明家萨满的地位是随满族历史的发展而逐渐提高的。

助手的这五种不同关系,虽然在经济地位上没有很大差异,但它却反映了人类社会进入阶级社会后的等级观念,更反映了萨满教的历史演变,即原始古朴,内容较丰富的大神祭祀,随满族历史的发展而被淘汰,逐渐被以祭祀祖先神为主要内容的家神祭祀代替了。这一变化过程也是助手演变为家萨满的过程。

助手在祭祀仪式和跳神中的作用是:第一,大萨满跳神时,众助手击鼓助威,并诵唱神歌。第二,配合大萨满跳神,如石姓的朱录瞒尼神,就是萨满与助手互相配合的舞蹈动作。第三,侍候大萨满,帮助他系腰铃,戴神帽,传递萨满神器等。第四,准备祭品和所用之物,如杀猪,做供糕等。

在一个姓氏之内,助手与大萨满的人数是不相同的,助手可以有十几个或二十几个,但大萨满在同一地区一个姓氏之内一般是一个。石姓同时有两个大萨满,就是因为该姓分居两地,而且比较遥远。黑龙江省富裕县三家子屯的何姓和孟姓虽同居一屯,但在"文革"前各有自己的大萨满,而且每姓只是一人。同省黑河地区五家子屯的何姓、臧姓、关姓也是如此。

萨满的职能,也是专家学者们常常提到的人神之间的中介,人的使者,神的代表,还有跳神占吉凶、除邪治病等总体职能。具体到满族的萨满,除上述职能全部具备外,家萨满和大萨满各司其职。家萨满是跳家神,大萨满是跳大神。这里主要阐述的是大萨满的跳神舞蹈,有三种形式,即模拟式、表演式和混合式。世界其他各民族的萨满跳神舞蹈,大致也是如此。

模拟式:就是模拟狼嗥虎吼、鹰雕飞翔、蛇爬行、兽跳跃等动物的动作,如杨、石、关三姓的萨满模拟鹰飞翔,杨姓还要模拟猎人给鹰喂食物,石姓模拟母虎抓虎仔,蟒神在地上蠕动,野猪在墙上蹭痒痒等。

表演式:就是萨满通过各种舞蹈,表现英雄神灵的英雄行为和个别动植物神灵的技巧。这种舞蹈形式的神灵很多,满族有富姓的"跳坑",何姓的"破头先锋""不库瞒尼",石姓的"巴克他瞒尼""朱录瞒尼""扎克他瞒尼""赊热鸡七瞒尼""胡牙乞瞒尼""舒录瞒尼""赊棱太瞒尼"和"查憨不库瞒尼"等,但闻名方圆百里的还是"跑火池"和"钻冰眼"。

混合式:原始古朴的萨满教,迄今还残留于人类文明社会的个别民族和地区,它的表演形式已发生了很大变化,我们所划分的模拟式和表演式舞蹈,也是互相渗透、互相混合的,就是说模拟式中有表演,表演式中有模拟,如模拟神灵:鹰神的飞翔,蛇神的爬行,母虎神的慈爱等,都含有表演的成分;再如表演神灵:水鸟神的飞撒石子,金钱豹神的爬行,金花火神的夹香火等,又包含着模拟的因素。所以,我们所指模拟与表演,也仅是神灵主要表现的舞蹈形式而已。混合式也是如此。如达斡尔族的"走铡刀""结红带",锡伯族的"上刀梯",满族石姓的"跑法丹",黑河地区孟姓的"上刀山",满族和达斡尔族的"穿红鞋"等。

前面我们已经提到萨满和助手都是经过学习"乌云",才能成为正式的萨满和助手,而不是父子相传。那么"乌云"的含义以及它的学习仪式又是什么呢?"乌云"是满语,为数字"九"。我国古代常用"九"表示多、大、极的意思,因为"九"是个位数中最大的数字。故医书《素问》中说:"天地之至数,始于一,终于九焉。"所以,满族先人认为,充当新萨满和助手的人,如果学习九天时间,就是很长了,故定九天为一期,即一个"乌云"。在这九天里,也就是在一个"乌云"里,由一位有经验的老萨满做指导,学习诵唱满文神歌、击鼓、走步法和舞蹈动作等。如果新萨满和助手们在一个乌云中学会了上述一切,也就是新萨满学会了跳神,并能进入昏迷状态,即神灵附体,助手们学会了侍候神灵等技术和祭祀仪式,就举行烧香跳神。将要成为萨满的人,要在老萨满的指导下,实地跳神,请神灵降临,表演各种舞蹈。准备成为助手的人,也要学习着侍候神灵(萨满),制作各种供品等。经过跳神考验后,被全氏族成员,尤其是"穆昆达"(即族长)和老萨满所承认,便正式成为萨满了,以后可以独立完成跳神活动,助手也可成为正式助手。新萨满和助手,如果在一个"乌云"中还没有学会诵唱、击鼓、舞蹈一系列跳神活动,那么就要继续学习第二个"乌云",甚至第三个、第四个"乌云",直至学会为止。如果有的人实在学不会,考核不合格,即被淘汰。

"乌云"是满族萨满教中专门培养萨满和助手的特殊方式。在学习"乌云"期间,老萨满除了传授跳神中的事项外,还要讲述本家族的族史,如原籍、如何迁徙以及英雄业绩等,这是传授民族文化知识。因为举行萨满祭祀活动,与一年四季的经济生活密切相关,所以老萨满又借此机会传授生产知识。在私塾兴盛的年代里,"乌云"不仅是传授神学的课堂,更是劳动群众学习文化,掌握知识的学校。从前，学习满语除了私塾外，在民间学习"乌云"也是很重要的机会。

前面我们已经叙述了萨满的职能，其中有一条是大萨满的昏迷术，就是神灵附体，这也是许多神歌中都提到的内容。

萨满的昏迷术是一个专家学者们感兴趣的问题。这个问题的探讨，不仅要把古今中外的萨满昏迷现象的大量资料，很好地归纳研究，而且还必须结合现代科学技术，利用人体科学研究的成果，才能有较正确的答案。笔者对此问题，想谈几点看法。

什么是昏迷？昏迷就是神灵附萨满之身后，使萨满精神恍惚，失去自我，此时一切言行都代表神灵了。萨满进入昏迷状态以后，可以做出各种超常的事情来。如石姓有一大萨满十九岁时，曾在冰天雪地里的松花江上连钻九个冰眼。还有黑河地区五家子屯的何姓兄弟都是萨满，其兄为大萨满，曾在日本占领东北时，猜对了日本人事先藏好的七样东西等。这些奇人怪事都是在萨满进入昏迷状态时进行的。关于萨满的神奇妙术，在满族民间传说甚为丰富，如举世闻名的《尼山萨满》和傅英仁先生讲述的《七大萨满的故事》中，都有许多记载。

这种昏迷现象为何能产生奇异的功能呢？这是一个复杂的问题，但有一点是可以肯定的，那就是有气功和特异功能的作用。当然气功与特异功能也是相辅相成、不可分割的。

气功存在于宗教中的实例不少。世界著名的佛教中就有许多气功大师，其师祖释迦牟尼就是一例，再如观世音菩萨、普贤菩萨、弥勒佛，还有众多的喇嘛、和尚、尼姑等。中国的道教更是以气功起家，如太上老君、王母娘娘、何仙姑、吕洞宾和某某真人、道长等，都是有名的大气功师，并有种种的神奇传说。所以，萨满教中的昏迷术含有气功因素，是不足为奇的。据有关资料记载，气功种类繁多，有三百余种，但不外乎两大类：一类是自然功，另一类是修练功。人生活在地球上，都吃五谷杂粮，呼吸大自然的气体，但每个人所产生的功能却不一样。尤其是古代在人烟稀少的深山老林，不用特意去寻找安静场所，处处是静静的天地。从简单的哲学观点出发，静到极点便是动。在静静的环境中，有个别人会得到气功的动态，如幻视幻觉、胡言乱语等。这便是自然气功的产生。古代常有人在深山老林中"打坐"修炼，这种因静坐修炼而得来的功是修炼功。佛教和中国道教的气功师具有这种功。民间的萨满教中多为自然功。如石姓的五辈太爷，据说十几岁时失踪了，原来是上了长白山，在那高高而寂静的白山上，吃野果和雪水，与豺狼虎豹生活在一起，共有三年多。回到本屯后当了大萨满，神通广大，百病皆治，武艺高强，方圆百里都传说着他的事迹。笔者采访时，曾见到九十三岁的郎贵儒老人（1991年去世），他年轻时见过石姓五辈太爷，说他长得很矮小，干瘦干瘦的，在长白山生活的三年中，"喝风咽沫"，这就是一种气功态，即自然气功。

从气功的性质来看，有硬气功和软功。萨满教中也有硬功和软功，前者如"跑火池""钻冰眼""上刀山""跳坑"等；后者就是萨满的各种舞蹈表演。

总之，萨满的昏迷术中含有气功因素是比较可信的。

关于萨满一词的来源及含义，同样是专家学者们感兴趣的问题。其来源不外乎有两种意见：一种意见认为它由梵语中的"沙门"和波斯语中的"歇敏"二语讹传而来；另一种意见认为它来源于"通古斯语"或是"满—通古斯语"。前一种意见根据不足，后一种意见有一定的道理，但不确切。关于"萨满"一词的含义，也有两种意见：一种意见认为"萨满"是指"激动、不安和疯狂的人"，另一种意见认为"萨满"是指"知道""通晓"和"无所不知的人"。这两种意见都有一定的道理，但前者只凭直观，后者意思不够全面。

那么，"萨满"一词的确切含义究竟是什么呢？"萨满"（saman）这个词包含着三个满语动词的词根，即 sambi 中的 sa，samašambi 和 samdambi 中的 sama 和 sam。sambi 在《清文总汇》卷五中解释为"知晓"，由于满族民间口语化造成的混乱，sambi 的词根也可以是 sam；又由于满语语音和谐律的作用，sam 便逐渐演变成 saman（萨满）了。所以，我们说"萨满"一词应含有"知晓"的意思。

samašambi 和 samdambi 在《清文总汇》卷五中，分别解释为"巫人跳神"和"巫人戴神帽、束腰铃、扭腰摇摆、打神鼓走着跳神"；在民间神本中分别解释为"跳神占吉凶"和"跳神"。这两种解释虽然在跳神内容和方式上有所不同，但它们都是"跳神"，即"跳动"。上述两词的词根分别为 sama 和 sam，由于与 sambi 的同样原因，即变为 saman 了。因此，"萨满"还应含有跳动之意，而且萨满一词最早应是"萨穆"。事实证明，在有关记载萨满教历史的文献上，曾出现过多种语言相近而写法不同的现象，将"萨满"（saman）写成"萨莫""叉玛""撒卯""撒牟"等，其原因就是由于"萨满"一词与上面提到的三个动词词根在使用中语尾音节的变化所造成的。

总之，"萨满"一词来源于使用满语的民族，其他民族都是由此借用的。《萨满教今昔》中明确指出"突厥人和蒙古人不懂得'萨满'一词"。确切地说，"萨满"一词来源于满—通古斯语族，满语支。

关于"萨满"一词的含义，也应包括两层意思，其一是"知道、知晓、无所不知"，由这层意思引申为萨满是通晓人间、神间的一切事物，即人神之间的中介人。其二是它含有"跳动"的意思，萨满为表现动物的勇猛和祖先之英勇而狂呼乱舞，如此这般从历史上延续下来，萨满也变成了"激动不安和乱舞"之人了。

综上所述，神歌的诵唱是由萨满和助手完成的，他们诵唱神歌是在跳神仪式中进行。那么满族的跳神仪式如何呢？

三

综观近十年来在满族民间所收集到的萨满文化资料中所含的跳

神仪式，共有三种类型：第一种是大神跳神仪式；第二种是家神跳神仪式；第三种是只叩头，烧香，不跳神，不诵唱神歌的哑巴头祭祀仪式。

在第三种类型中，萨满教祭祀的内容几乎没有了，严格来说已不属于萨满教的祭祀范畴了。但是笔者在调查中发现，满族仍将它作为萨满教来看待，也可以算作是满族萨满教的余波，但这种祭祀活动已与汉族的祭祀祖先神灵没有什么两样了。

以上三种跳神仪式，实为两种，即大神和家神跳神，也叫大神和家神祭祀。二者之间有什么不同呢？第一，神灵崇拜的对象和数量不同。大神祭祀中所崇拜的对象，包括人自身在内以及以外的所有物体和现象等，如天上飞的、地上爬的、江河山川等动植物神和自然界以及满族历史上民族形成过程中起过重要作用的英雄人物，即瞒尼神，都作为神灵崇拜。也就是以万物有灵为思想基础，形成了庞大的萨满教神灵世界；家神祭祀仅仅是以祖先崇拜为主要对象，即使原为动植物神灵，在家神祭祀中也是作为祖先崇拜的内容了，如佛多妈妈等。第二，萨满跳神形式的不同。大神祭祀仪式中的大萨满要表演各种舞蹈动作，即前面叙述的三种形态；家神祭祀中的家萨满仅仅是按照一定的步法，手执抓鼓，击鼓而跳。第三，萨满在跳神过程中的精神状态截然不同。大神祭祀中的大萨满要进入昏迷状态，也就是神灵附体；家神祭祀中的家萨满精神状态始终是清醒的，也就是神灵不附体。这三条也是大萨满与家萨满的不同之处。

满族的萨满跳神，民间称为"烧香"。从烧香的目的和内容来看，共有四种：第一种是烧官香（全氏族、部落之意），就是前面已经提到的为让新萨满和助手有实地参加跳神的机会，学习"乌云"结束以后，必须举行烧官香，考核和锻炼新萨满和助手，合格者即被族长、老师傅以及全族人员所承认，成为正式萨满和助手。第二种是烧太平香，即在秋收以后，为庆祝五谷丰收，感谢神灵的保佑而烧的香。第三种是还愿香，这是因有病、盖房、搬迁等许愿而烧的香。第四种是年节香，是逢年过节时烧的香。这四种香，从其目的来看，实为两种，一种是还愿香，另一种是为求太平、保平安健康而烧的太平香。除年节香以外，其他烧香时间多在一年之内秋收以后举行，人们不仅借烧香之机，庆祝一年来的丰收，而且还借此机会娱乐一番，解除一年的辛劳之苦。

在四种烧香中，烧官香和太平香都能进行大神和家神跳神仪式，但还愿香和年节香只能举行家神跳神活动。同时，在举行烧官香和太平香时，还可以进行还愿仪式。

世界各民族的萨满教，萨满在举行烧香仪式或跳神时，都需要一定的法器，满族称为"神器"，由于满族历史上尚武的缘故，民间有的人称为"武器"。为了与战场上的武器相区别，我们使用"神器"一词。

满族萨满教文化中的神器很多，凡是萨满祭祀中使用的所有器具、服装等都是神器，概括起来，大致有三类：第一类是萨满的装饰神器，如头饰、神帽、腰铃、神衣、神裙等，总之是萨满自身的装饰物。第二类是萨满手持神器，如神鼓、鼓槌、神镜、神刀、神铃、扎板、激达、三股马叉等，石姓还有花棍、铁鞭、铁锤、七节鞭、腰刀等，总之是萨满跳神时手中所持的器具。第三类是场地神器，如彩旗、神偶、神像、神箱、香炉以及祭祀时一切所用牺牲和非牺牲的供品等，总之是萨满跳神时场地上的装饰物和供品等器具。

第一类，萨满装饰神器中的神帽，满语为"扬色"。神帽上的装饰物，满族最常见的是鸟和铜镜，还有四至五尺长的彩带。石姓神帽上最多是三只鸟，杨姓神本中记载是九只鸟，黑龙江省宁安县有的姓氏神帽上曾出现过十三只鸟。满族传说《尼山萨满》中的女菩萨是戴饰有九只鸟的神帽，赴阴间寻魂的。神帽上鸟的数目的多寡是萨满神力大小的标志，也是萨满社会地位高低的象征，更是萨满借助神帽上鸟的翔力而施展自己法力的神器。

腰铃：满语为"西沙"现今所搜集到的腰铃实物都是铁制的，

其数目随姓氏而异，有的十来个，有的二十几个，重量一般为四十斤左右。据满族故事家傅英仁先生所讲述的父系制社会早期的传说《东海窝集部》中记载，腰铃是用青石制成，其重量可想而知了，围此腰铃者一定是大力士。据说，在原始时代，腰铃还有用兽骨制成的。

满族的神裙是用彩色布缝制而成，上衣仅是白布衫，鞋、裤都是平时穿的式样，但必须是新的。

上面这类神器，当萨满穿上时，高高的跃跃欲飞的神鸟，随着萨满跳动而摇摆着；神帽前沿上的彩线，使萨满的眼睛看上去似睁非睁；神裙和神帽上的飘带随风起舞；腰间神铃哐哐作响。这一切顿时使萨满披上了神秘的色彩，具有人力不能挡的神力了。

第二类，萨满手持神器很多，我们仅阐述神鼓和神镜。神鼓，满族有两种，满语为"依木亲"和"同垦"，即"抓鼓"和"抬鼓"，都是圆形，同用兽皮制作。其不同点主要是尺寸大小和制作上的区别。抓鼓一般为四十厘米左右，是单面有皮，所以又叫"单面鼓"，即"单鼓"。抬鼓一般为八十厘米左右，是两面用皮制作的。从整体上看去，抓鼓比抬鼓小而且单薄，抬鼓则显得厚实。

由于把柄位置不同，抓鼓又分为两种，一种是鼓的旁边有把柄，叫"太平鼓"，多为清代汉军八旗萨满跳神时使用。另一种是鼓的中央有把柄，既叫"抓鼓"，也叫"太平鼓"，多为满族萨满跳神时使用。但是，旁边有把柄的太平鼓，不能称为"抓鼓"。

在神鼓中，具有超自然和社会的神秘力量和色彩的，就是满族民间所使用的"抓鼓"。它不仅在制作上有严格规定，而且各民族对于它的起源和作用，更是赋予美妙动听的神话和传说，并将它与宇宙万物相联系。满族《手鼓的传说》[①]将神鼓解释为是由一个梨变来的。在《松花江下游的赫哲族》一书中，记述"于卡吉尔人

[①]《满族民间故事选》，上海文艺出版社1983年版。

以为神鼓是一个湖"①。雅库特人和蒙古人都认为神鼓是"萨满的马,他能骑之升天堂,亦能入地狱"②。《尼山萨满》中的女主人公坐在神鼓上"飞起来③"越过了午门,进入了皇宫。在阴间时,她又"站立在坐鼓上"④过河。石姓神本中也记述了一位萨满坐鼓过河的故事。有的民族还把萨满的生命与神鼓联系起来。在《萨满教今昔》中,记述了古代突厥语民族中,因为"规定数量的鼓他都使用完了"萨满就死了的故事。总之,萨满神鼓不仅有不寻常的来历,而且其作用也是万能的,既能为萨满所需要时而变作坐骑、飞鸟、渡船等,同时也是萨满生命的保护神。

神镜,满语叫"托立"。当今所搜集到的神镜都是铜制的,所以又叫"铜镜"。满族神镜的作用是:第一,它是萨满神帽山的装饰物,其数量随姓氏而异。第二,是萨满跳神时的手执神器,是他的护身器。第三,信仰萨满教的满族,认为神镜有驱邪除恶的作用,所以,从前满族家门口挂有铜镜,青年男女结婚时,迎接新娘的喜车上和新娘腰间都挂有铜镜,以避邪和保佑平安。

关于石姓萨满手执神器的渊源和作用,请参看拙文《由萨满神器看满族原始经济生活》⑤。

第三类,萨满跳神时的场地神器就更多了,而且随民族不同而异。满族大致有以下几种:第一种是作为神灵崇拜的,有神偶、神像、祖宗匣子、神箱、子孙口袋、索莫杆等;第二种是牺牲和不牺牲的供品;第三种是燃烧的供香;第四种是场地所需的彩旗、桌椅等。

第一种是作为神灵崇拜的。神偶:是信仰萨满教的民族普遍存

---

① 凌纯声:《松花江下游的赫哲族》,上海文艺出版社影印本1990年版。
② 同上。
③ 金启琮:《满族的历史与生活》,黑龙江人民出版社1981年版。
④ 参见宋和平《尼山萨满研究》中的附录,海参崴本《尼山萨满》译文,社会科学文献出版社1998年版。
⑤ 宋和平:《由萨满神器看满族原始经济生活》,《黑龙江民族业刊》,黑龙江省民族研究所1991年版。

在的文化现象，其种类繁多，所用原料也是多种多样，满族有木制、皮制、石制、布帛制、金属制、骨制、草制等。满族的瞒尼神多数为木刻而成，数量有几百种。石姓老萨满石清民说，他们有一百多位，有两个身体连在一起的，还有瘸腿的，石姓至今还保存着白山主、奥都妈妈、巴那额贞、子孙口袋等神偶。其他姓氏如宁安赵姓和瑷珲吴姓的索利条，黑河地区姚姓的索利条和黄布块，还有瑷珲孟姓的狗鱼等神偶，都保存有实物。多数神偶都在"文革"中作为四旧被扫除了。

我们只对白山主、子孙口袋和索莫杆进行探讨。

石姓白山主即长白山，其神偶约高14厘米、宽10厘米，木雕而成，为尖顶形。满族的传统观念认为女神偶为尖顶形，男神偶为平顶形。据此白山主神偶应为女性。可是，在满族的神话传说中都说它是身怀绝技的白须老者，在许多姓氏的家神案上，也画有白须老者，称为"白山主"画像。石姓的家神案子，就是画了一位头戴顶戴花翎，身着黄袍马褂，骑着白马的清代官员，该姓氏解释为"白山主"，也叫"白山总兵"或"超哈占爷"，又是老憨王，原为女性的长白山主，随着满族历史的发展和男性社会地位的提高以及逐渐成为历史的主宰，尤其是登上了政治舞台，掌握了政权后，满族信仰中的神灵也必然会随之改变性别和地位。于是白山主自然成为男性了，在融合满族历史上的尚武精神和戎马生涯后，白山主又演变为"白山总兵"和"超哈占爷"；最后由于努尔哈赤以武功统一了满族各部落，民间祭祀活动又将白山主与老憨王——努尔哈赤联系起来。白山主神的地位不断提高，成为满族的民族神，进入家神祭祀的主要神位，演变为祖先神，这是满族社会发展的必然结果。

子孙口袋神偶是一尺左右长的黄布口袋，也叫"妈妈口袋"。这种黄布口袋，目前在石姓的家乡小韩乡个别家庭还保存着。口袋中所装之物是几丈长的用蓝、白、黑三色（有的姓氏还有红色）线组成的子孙绳，又叫"长命绳"。绳上系有小弓箭和红、蓝布条，有的姓氏是系嘎啦哈每年本家若生男孩，就在子孙绳上系小弓箭；若生女孩，就系红、蓝布条。这样年复一年地积累起来，子孙绳上的弓箭等物就会越来越多，口袋一年比一年增大，象征着本家族子孙兴旺。这一黄布口袋总是挂在满族西屋西墙上祖宗龛的北侧。

与子孙口袋关系密切的另一神偶，就是柳枝。石姓逢年过节时，从山林中选一茂盛清洁柳枝，上系七至九条白纸条，挂在过厅东屋的东南角上。举行跳神仪式时，将子孙口袋中的子孙绳取出，一头系在祖宗龛北侧的原神位上，另一头就系在房屋内东南角的柳枝上。此时，还需要有较粗大的像小柳树一样的柳枝，栽插于庭院的东侧。有的姓氏，在举行跳神仪式时，将子孙绳的一头系在庭院中的柳枝上，房内东南角则无柳枝。这房内和庭院中的柳枝叫"佛多妈妈"。"佛多"（fodo）是满语，意思为"求福跳神竖立的柳枝"，"妈妈"（mama）是满族的祖母和对老年妇女的尊称，直译为"柳枝祖母"。这种将柳枝用子孙绳与子孙口袋连接起来的跳神活动，叫"换锁仪式"，亦称"柳枝祭"。其具体做法是在子孙绳上，重新系上红绿布条或丝线，经过跳神仪式后，满族认为这些布条与丝线就有了神力，可以保佑子孙们平安健康，便将布条或丝线戴在子孙们的脖子或手腕上。这就是石姓神歌中"戴锁保平安"之意。

这"换锁"祭是满族历史上萨满教文化中普遍举行的仪式，佛多妈妈是满族源远流长的始祖母女神。早在人类洪水时期，就有《佛多妈妈与十八子》[①] 的神话。神话告诉了我们，满族认为其先人与柳树有着血缘关系。

佛多妈妈和奥莫西妈妈实为同一神灵，是不同历史时期的不同称呼，其神职功能是相同的，都是满族萨满教中的婴儿保护神。从

---

① 参见宋和平《满族萨满神歌译注》中"前言"，中国社会科学出版社1993年版。

她的又一则神话①中说明奥莫西妈妈是满族最早祖先。

关于佛多妈妈的神话还有柳叶生人，柳枝变美女与人结合生育了满族②等，都是由柳树或柳枝直接生育成人。因此，我们说柳树或柳枝，就是满族的图腾。

随着满族历史的发展，社会文明程度的提高，尤其是大清王朝的建立，佛多妈妈生育满族的神话也开始演变了，增添了文明社会的色彩和各种宗教因素，如道教的老道娘娘，佛教的菩萨形象，都集佛多妈妈于一身。在《尼山萨满》的传说中，佛多妈妈的形象是端坐在云雾缭绕的宫殿中的白发苍苍的老太太。在《朱拉贝子》③中，佛多妈妈是一个骑着驯鹿的"白发老妈妈"。据说，从前吉林乌拉街有一娘娘庙，庙中供奉的就是子孙娘娘。她是一个穿着道衣，挽着高发结的美丽的女菩萨，身前身后都有大口袋，里面装着无数个小孩，无子嗣者在此像前烧香叩头，然后从口袋中取走一小孩④。这与汉族手捧婴儿的送子娘娘还不完全相同，但它保持了满族的民族特色，除了高发结外，就是身上的大口袋，与子孙口袋是相通的，所以它是满族奥莫西妈妈演化后的形象。

以上这些神话传说，虽然只在满族个别地区和姓氏中流传，但也揭示了佛多妈妈随满族历史的发展而变化的基本线索，即反映满族远古时代，母系氏族社会的早期，佛多妈妈已流传于世了。当进入人类文明社会，在清朝统治全国时期，佛多妈妈的发展变化可分为两种渠道：一种是保留了原始古朴的内容，即满族民间各姓氏的柳枝祭；另一种是寺庙化，即菩萨形象和民间的子孙娘娘，但它的神职功能未变，仍起生育和保护婴儿的作用。总之，佛多妈妈应是满族原始时代的图腾树，后演化为祖先崇拜，已属家神祭祀的范畴了。

---

① 参见宋和平《满族萨满神歌译注》中"前言"，中国社会科学出版社1993年版。
② 刘小萌、定宜庄：《萨满教与东北民族》，吉林教育出版社1990年版。
③ 傅英仁搜集整理：《满族神话》，北方文艺出版社1985年版。
④ 1984年，吉林省吉林市乌拉街韩屯关世英讲述。

索莫杆："索莫"（somo）为满语，在《清文总汇》中解释为"满洲家还愿立的杆子"。实际作用不仅是还愿用，而且更重要的是祭天用，所以又叫"祭天杆"，即"神杆"。有些书中写作"索伦"或"索罗"，都是不正确的。

神杆是从山林中，选一干净笔直、一丈左右长的树木，立于影壁墙后，下放三块石头。关于这三块石头也有种种传说，如有的说是努尔哈赤安营扎寨时支锅的三块石头。这木杆经过祭祀以后，有的姓氏将其送至河中或干净的山林中；有的则仍立于庭院中，待来年祭祀时更换新木杆，再将旧木杆扔在干净之处。

祭祀神杆在满族民间称为"杆子祭""祭杆子""念杆子"等，其目的是祭乌鸦和天神。之所以祭乌鸦，是因为乌鸦曾救过满族的祖先，为报恩而祭祀。关于这方面的传说和故事，在民间和史料中多有记载，如《努尔哈赤的传说》[①]《乌鸦和窝楞》[②]以及《满洲实录》等。

天神的祭祀渊源久远。从许多有关天神的神话传说以及神本中反映的内容来看，天神的历史发展大概有以下几种形态：

第一，无形的直观崇拜，只表现在神歌中，如石姓、杨姓和永吉县赵姓的祭天神歌中都用"登阿布卡"（den abka）和"阿巴阿布卡"（amba abka），即"高天"和"大天"。石姓祭天神歌中还有"景齐阿布卡"（jingci abka），即"重天"；"牛捏阿布卡"（niowanggiyan abka）即"青天"和"吴云阿布卡"（uyun abka）即"九层天"。同时，在这些满语神歌旁边分别注有汉意，为"清天高大""重天之际""祝祷天神"和"九层之天"。从这些神歌中对天神的称呼来看，此时祭祀天神是对他们居住的周围环境、浩浩苍天的直观崇拜，反映了人类思维还处于童年时代的朦胧状态，所以天神也无具体形体。

[①] 《满族民间故事选》，上海文艺出版社1983年版。
[②] 育光搜集整理：《七彩神火》，吉林人民出版社1984年版。

第二，人格化的至高无上的天神形态，此种形态已有性别之分，其功能也表现很突出，即天神创造了万物及人类，如《天神创世》①《天宫大战》② 以及富察氏家祭神谕③等。此时的满语名称为"阿布卡赫赫"（abka hehe）和"阿布卡恩都立"（abka enduri），即"天女"和"天神"。这正反映了人类社会所经历的"知其母不知其父"的母系氏族和男子一统天下的父系氏族社会时期。

第三，天神随人类社会的发展而变化，其功能逐渐与人类社会密切相关，形象也更加具体、更加人格化了。这第三种形态是封建社会的"天汗"，满语为"阿布卡汗"，这是石姓"祭天"神歌中的用语，已与封建社会的皇帝齐名了。

第四，这一时期天神的地位，在人类社会中更具体化，满语名称是"阿布卡朱色"（abka juse），即"天子"。这是黑龙江省宁安县关姓和吉林乌拉街满族镇关姓"祭天"神歌中出现的用语。"天子"正是中国封建社会中皇帝自称是"替天行道"的"天子"常用语。在石姓"祭天"神歌中还用了"阿布卡玛法"，即"天老者"，其地位与人类生活更密切了。

从以上天神在满族萨满教历史上表现的四种形态来看，其发展变化的基本线索是清楚的，即从无形体的对空崇拜，发展为至高无上的天神创世，又到"天汗"和"天子"，或是"天老者"。这正反映了人类在宇宙万物面前认识不断深化，力量逐渐强大，地位逐渐提高的历史变化，与天神不断密切的关系。

天神名称在石姓神歌中出现多次，有"九层天""天汗"和"天老者"，这几个名称不在同一历史层次中，而且历史相隔久远。那么同一篇神歌中，能反映这么久远的历史内容吗？回答是肯定的。因为萨满文化本来就是从人类远古时期流传至人类文明社会，在其神歌中定会沉积着多种历史层次的文化内容。石姓"祭天"神

---

① 《满族民间故事选》，上海文艺出版社1983年版。
② 富育光、孟慧英：《满族萨满教研究》，北京大学出版社1991年版。
③ 刘小萌、定宜庄：《萨满教与东北民族》，吉林教育出版社1990年版。

歌中出现对"天神"不同历史层次的不同称呼，是不足为奇的。

满族除了以上记述的作为神灵内容的神偶、子孙口袋等以外，还有一种是画在纸上或布帛上的画像神（如石姓的白山主神像），即神像，满族对此有独特的称呼，叫"神案子"，就是画有神像的画轴，如同藏族佛教文化的"唐卡"。

满族有两种神案子。即家神案子和大神案子。

家神案子：从前满族每个姓氏都有家神案子，经过"文革"时期扫除"四旧"后，余者已寥寥无几了。目前只有石姓，牡丹江厉姓，黑河地区五家子屯何姓、于姓，瑷珲地区孟姓，辽宁岫岩县吴姓等，保存或记忆着家神案子。这些姓氏的神案子数目及画像上的神灵数目，随姓氏而异，多数为一张，上画有一老者或两三位不等，老者有的骑在马上，有的站立马上，称为老憨王，即努尔哈赤。只有于姓是六张，其内容为：一张是两匹马，一张是一只鹿，其他都是老者画像。孟姓是一披着蓑衣的老者，端坐画中；吴姓是画一狍子；等等。这些家神案子，不管是什么画像，都是作为祖先崇拜而祭祀，都反映了满族历史上各姓氏的具体生活环境和经济生活内容。

大神案子，也就是野神祭祀的内容。画面上内容丰富，一般都是用白布作画。目前，在满族民间已搜集不到实物了。据几位老萨满回忆说，黑龙江省瑷珲地区五家子屯何姓，富裕县三家子屯富姓，孟姓，吉林省石姓、杨姓，以前都有大神案子。如孟姓[①]大神案子是画在一块五六尺长的白布上，上下按类画像。第一类是太太、娘娘、萨满爷爷像，在它们周围还画有松树，树上盘绕着蛇和蟒。第二类是武神，都骑马挎枪。第三类是"色勒芒额"（即铁英雄）和巴图鲁神（即勇敢之神）。杨姓大萨满杨世昌回忆说，该姓的大神案子画有九个萨满和九座神楼，前五位老萨满都坐在动物身上。在神像的周围，最上边为老白山（即长白山——笔者注），两

[①] 孟姓大萨满孟照祥，已于20世纪70年代去世，其子孟宪孝讲述。

边有日月、树、鸟，下边便是动物，如飞虎、豹等。

石姓根据石清民、石清泉、石文才等老萨满和助手的回忆，复制了一份大神案子，画在六至七尺长的白布上，经过画家几次修改，石姓家族认为与原大神案子相同了，才算定论。画像上最高的是"白山主"神楼，其后是长白山神树与神鸟，下边五座神楼，第一辈至第五辈太爷端坐于楼中。石姓共有九位萨满神灵，从第六位至第九位仅在神案上有名而无神楼。神楼周围的景物有树、云、鸟、兽等，据说动物都是第五辈太爷从长白山上带下来的。有些景物还有神话传说，如神案下边有一人白布裹身，手持铁棒站在一冰窟窿旁边，这是他们的第九辈太爷，属龙的石殿峰连钻九个冰眼的画像，时间是1910年前后，当时为十九岁。神案旁边还有一棺材，下面燃烧着熊熊烈火，这是石姓头辈太爷的棺材，经过火炼金身之后，上长白山修炼的画像，有一篇神歌正是歌颂其英雄行为的，石姓的"跑火池"正是头辈太爷所表演的舞蹈技巧。所以，我们说石姓的大神案子是用图画来表现萨满文化的特殊方式，其他姓氏的神案也具有同样的作用。

家神案子和大神案子有什么区别呢？首先是画像上的神灵不同。家神案子画有家神神灵，大神案子画有大神神灵。其次是大神案子的画像中含有丰富的神话传说等内容，家神只有祖先神，其内容和形式都比较简单。不管是家神案子还是大神案子，都是满族萨满教中很有特色的文化现象。

以上记述的神偶、神像"即神案子"、子孙口袋、索莫杆等，都是满族萨满教神灵崇拜的内容。

第二种是牺牲和非牺牲的供品。牺牲品：作为萨满教的供品很多，凡是人类能食用的飞禽走兽等都能作为牺牲供品。原始人的思维方式与现代人不同，在远古时代，原始人常用崇拜物祭神，"关于这点，英国人类学家费雷泽在其名著《金枝》中，曾列举了大量的实例，如美国加利福尼亚州某一信仰大雕的印第安人部落，在每年举行祭奠时，总要杀死一大雕作为祭品；又如古埃及人奉羊为神兽，但在一年一度的阿蒙节上都要杀一只公羊祭神；还有非洲一些部落杀死神蛇，新墨西哥印第安人杀死神龟的风俗等等①"。众所周知，满族历史上有崇狗敬狗的习俗，这一点不论在满族民间还是在文献中，都有充分反映。直至新中国成立前，黑龙江省宁安地区还有祭祀狗神的活动，叫"阴浑贝子"②；黑河地区的钱姓也祭祀狗。这是因为满族历史上狩猎生活中狗能帮助狩猎，形成了与狗的密切关系所致。在满族传说《尼山萨满》中就用狗敬神，这虽然是到目前为止发现的唯一例证，但它与世界其他各民族杀崇拜物祭祀有同等的意义，所以满族历史上用狗敬神是存在的，但以猪敬神还是主要的，现在我们搜集到的满族萨满牺牲供品，是以猪为主，其次有鸡、鸭、鱼、鹿、牛、羊。一姓氏的牺牲供品多寡以及用什么祭祀，从前常常是该姓氏的富裕程度和强弱的标志。在黑河地区，我们常听老人说："有钱用牛，钱少用羊或猪。"该地区五家子屯臧姓，用九猪一牛祭祀，以示家族的富有和强盛，这恐怕是满族用牺牲供品最多的一姓，也正是因为如此，臧姓早在新中国成立前就不举行祭祀活动了。用鹿作牺牲是满族神树的祭祀供品，具体到石姓所用牺牲是猪和鸭子。

关于这些牺牲供品的宰杀和食用，在满族萨满教文化发展中，都形成了固定而规范的仪式。如从前宰杀羊必须在野地里，有的要求在柳树林中，而且不能用铁刀，而要用一削尖了的木棍，在羊的肚子上扎一窟窿，将手伸进去攥住羊心，挤出血液，使羊死亡；同时，将羊血涂抹在柳树枝上或涂在挂在柳枝上的很粗糙的白纸上，以示祭祀神灵。食用牛时，必须在一天之内吃完，余者扔掉。关于猪的宰杀，规矩更多，这也是石姓神歌中常常出现的内容。

第一是猪的选择，原先要求必须是家养神猪，就是将小猪买进家来，必须是纯黑毛的，在猪耳朵上做一记号，成为神猪。这一神

---

① 刘小萌、定宜庄：《萨满教与东北民族》，吉林教育出版社1990年版。
② 1984年黑龙江省宁安地区满族故事家傅英仁讲述。

猪要特殊喂养，待膘肥肉厚时才能宰杀。如果没有家养神猪，也可以购买他人的猪，但必须符合条件，其重量至少要在二百斤左右。

第二是宰杀之前对神猪的处理。一是捆绑神猪很讲究。满族的重要习俗之一，就是以西为大，所以满族的西炕上不准坐人。但此时，老助手必须坐在西炕沿上，用手搓麻绳，将神猪的嘴、蹄捆绑起来，头朝南、面向东地放在外屋地上。二是踩猪，就是萨满举行跳神仪式时，神灵附体后，萨满手执神鼓在猪身上跳神，踩来踩去，同时诵唱神歌，其目的是让神猪情愿献身于神灵。石姓踩猪是请瞒尼神。三是领牲，就是向猪耳朵里灌水或酒。在《重订满洲祭神祭天典礼》卷一中曾记述："太古无酒，用水行礼"，即"用净水灌猪耳，故名曰元酒"，并在神前也供净水。这里充分表现了满族萨满教中原始古朴的内容。后来，萨满教虽然随着满族经济文化的发展，也用酒行此礼节，但在满族民间神猪的领牲，还是保持用净水灌于猪耳内的传统习俗，石姓神猪的领牲就是如此。当水灌入猪耳内后，要观察猪的耳朵动不动。如果猪耳朵马上抖动，则是好兆头，意味着神灵已经接受这一神猪了。此时，全族人员，甚至过往行人都向东家打千，行满族礼，以示祝贺。如果猪耳朵不动，就继续灌水，直至抖动为止。如果还不动，就要更换神猪了。信仰萨满教的满族认为，向神灵献牲是一件非常神圣的事情，神猪不仅需自己圈养，而且还必须健康，灵敏度很强。踩猪和领牲就能起到这种检验作用。最后是杀猪，必须左手行刀。

第三是将神猪做成供品。神猪被宰杀以后，将全身各部分如头部、前身、背部、腿部等处的肉，各取少许，连同猪尿泡和五谷杂粮，一起放入草把中，绑在神杆顶上，意为全猪献于神灵。清宫中是用锡斗，以祭祀天神和乌鸦。之后，便是将宰杀的神猪摆腱，即将猪毛除掉后，按节行刀，把猪分成八块、九块或十三块，放入锅中，煮至七八成熟以后，再按活猪趴卧的样子摆起来，其内脏全部放入猪腔中，这个过程叫"摆腱"。这样再供于神堂前，意思是整猪献于神灵。石姓的摆腱是将猪分解为：猪头、后背、两个肋骨和四个猪蹄，共八块，"摆腱"献牲于神灵。还有另一种方法，即"燎猪毛"，就是将猪杀死后，整猪架在火上烧，把毛都烧掉，然后供献于神灵。黑龙江省的宁安、瑷珲，吉林的乌拉街等地，都是用"燎猪毛"献牲。古时候，是将野猪捆绑好后，供献于神坛前。

不论是"燎毛猪"，还是"摆腱猪"，其满语名称为"阿木孙"（amsun），即"祭祀肉"。这种祭祀肉敬神以后，再做成食的肉，全族人员、过往行人乃至乞丐，都可以来吃，吃完为止。

非牺牲供品，主要是米糕和小米饭。必须用特意挑选并精心保存的谷子去糠后的小米，这也是很神圣的事情，所以，满族许多姓氏都有"淘米"神歌。淘米时，必须用刚从井里取来的水，将米淘干净，盛在专用的器皿中，放在西炕前晾干。准备做供糕的米，蒸熟后还要"震米"，就是把蒸熟的米放在石板上，由两位老助手按照一定的做法，用木榔头捣碎，然后再做成供糕，其形状如牛舌，所以又叫"牛舌饽饽"。这样即可供献于神灵了。

上述供品是满族萨满教文化中的重要内容。因为萨满教具有氏族性特征，所以其供品的具体制作也有些不同，如供糕有各种形状：圆形、长形、菱形等。有的还有水果。

第三种是燃烧的供香。凡举行宗教活动，都需要焚香敬神，在中国普遍流行的是一炷一炷的汉香。满族萨满教祭祀除了使用这种香外，更主要的是粉末香，民间称为鞑子香。根据石姓神歌中所出现的有关供香的不同名称，可以将汉香归纳为三种，粉末香四种。

汉香：一是"尼堪先"，即"汉香"；二是"依兰先"，即三根汉香同时插入香炉中；三是"巴克山先"，即成把的汉香插入香炉中，又叫"把子香"，常是"七星斗"中使用。把子香中一把的数量，至少二十多根，有的上百根，这需要看举行祭祀仪式的人家准备汉香的多寡而定。

粉末香：这种香所使用的香炉与汉香不同，不是圆形而是长形。此香在神歌中的名称：一是"朱录先"，即在香炉中垒出两行香堆，一头点着后向另一头燃烧；二是"安春拉先"，即"安春香"；三是"阿眼先"，即"阿眼香"；四是"年旗香"，也可写作"年祈香"，是年年祈祷所使用之香。这四种粉末香的使用方法都是垒出两行或三行香堆。粉末香的制作原料是生长在长白山上的荆棘，在阴历七月十五日以前采来，将其叶晒干研碎后即可作供香使用，其味香浓，据说有杀菌作用。

第四种是场地所需的彩旗、桌椅等。在举行跳神的庭院周围，要插有若干红、绿彩旗。供神桌有两种：一种是高桌，满族也叫"地桌"，是放在庭院中神杆前的供桌；另一种是放在炕上的饭桌，又叫"炕桌"，是在西炕、北炕、南炕上作供桌使用。

以上所有的神器，平常不举行跳神活动时，放在什么地方，如何保存呢？神偶、神像（神案子）等，都是放在特制的匣子里，叫祖宗匣子。这祖宗匣子放在满族西墙上祖宗龛上，逢年过节时还挂上挂千。古时候满族崇白，所以是白挂千；后受汉族影响，有的全用红色，有的周围是红色，中间用白色。子孙绳放在子孙口袋中。所以满族以西为大，其原因就是如此。西炕上不准坐人，但姑奶奶可以坐。其他神器如腰铃、神帽、神裙、抓鼓等，都用较大的神箱盛装起来，放在固定地方。

萨满跳神仪式中还有一个重要内容就是神坛。满族有哪些神坛呢？主要有西炕、南炕、北炕、奥都妈妈等室内神坛，还有神杆、佛多妈妈、七星斗、祭星等室外神坛。跳神路线家神和大神不同。跳家神时，萨满立于神坛前，如西炕神坛，手执抓鼓，击鼓而跳，有时走棱子形，有时转圈旋"迷勒"，同时口中诵唱西炕神歌，其基本跳神活动是在西炕前的原地跳动，不出室内。如果是家神中的室外祭祀，如祭星、祭天、神树等，也都是在各自的神坛前进行。大神的跳神活动场地则是室内外都有，即完成了庭院中的跳神后，还要到室内进行。如跳按巴瞒尼神，首先在室内和七星斗前请按巴瞒尼神降临，待此神附体后，即在庭院中表演它的跳神舞蹈，然后便跳动着向室内走去，至西炕神坛前继续表演此神的舞蹈动作。之后，再从室内回到七星斗前，助手诵唱着送神歌词送走按巴瞒尼神。这是此神请送过程的路线，其他大神跳神路线都是如此，只是每位大神神灵的具体舞蹈动作不同罢了。

总之，本节所阐述的满族萨满跳神仪式，虽然依据目前所得萨满资料归纳了三种类型，但具体到各姓氏，祭祀情况就不同了，有的姓氏家神、大神都有，如杨、石等姓；有的只有家神，没有大神，如吉林乌拉街关姓、赵姓等。宁安地区的满族各姓氏，大部分也都是家神祭祀。有的姓氏又只有大神祭祀，如黑河地区五家子屯的臧、何；富裕县三家子屯的富、孟等姓。各姓氏在神灵崇拜和跳神仪式方面都有差异，我们前面叙述的只是一般情况。

萨满跳神仪式诵唱的神歌，是通过什么方式保存下来，流传至今的呢？

四

满族萨满神歌的保存与流传，从我们目前所搜集到的萨满文化资料来看，主要是通过"神本"。神本的满语是"恩都利毕特赫"或"特勒毕特赫"，即"神书"或"上边的书"，满族民间称为"神本子"。这是民间用来记述萨满神歌、神灵、祭祀仪式，乃至本氏族、部落的神话传说，以手抄本流传的书。

在满文神本出现之前，满族萨满神歌是口耳相传。当满文出现后，满族有文化的人，又懂得萨满祭祀，善唱萨满神歌，精通萨满神术，有祭祀经验的老萨满或老助手，将神歌用满文记录下来，成为萨满神本子。

十几年来，中国的满学工作者，在满族聚居区搜集到四十多册满文神本。这些神本是什么时候用满文记录下来的呢？也就是说满文神本产生于什么年代？满族原无文字。清代《满洲实录》中记载："满洲未有文字，文移往来必须习蒙古书，译蒙古语通之。"这段记载告诉我们，满族最初是用蒙古语。当努尔哈赤认识到没有本民族的文字，行文通信很不方便，对发展本民族文化和建基立业等都不利时，便于明万历二十七年，即公元1599年，名额尔德尼等"将蒙古字编成国语颁行，创造满洲文字"。所以，满族是自太祖努尔哈赤始，才有了自己的文字——满文。所以，满族的萨满神本只能在努尔哈赤时期，即公元1599年以后，才有可能用满文记录下来。但是，额尔德尼等所创制的满文，在历史上称为老满文。由于老满文弊病很多，在使用中很不方便，仅推行了三十多年，就跟不上满族飞速发展的政治、经济、文化形势的需要了。于是，在天聪六年，即1632年，皇太极命达海对老满文进行了改进。自皇太极六年起，即1632年以后的满文，历史上称为新满文。所以，在满文的发展史上有新老满文之分。那么，满族的萨满神本是用哪种满文记录的呢？这需要分析神本中的满文词汇才能得知。

新老满文的主要区别是看有无圈点。因为老满文无圈点，致使浊清音节难辨，"故塔、达，特、德，扎、哲，雅、叶等雷同不分，皆为一体"。《满文老档》中写道："档（指满文老档——笔者注）内之字，不仅无圈点，复有假借者，若不融会上下文字之意义，诚属不易辨识。"这就是老满文的弊病。后来，达海遵旨将老满文"酌加圈点，以分析之，则意义明晓"，纠正了老满文的弊病，使之臻于完善，历史上称为"有圈点满文"或"新满文"。故我们以新满文读音为准。再者，我们从民间所搜集到的萨满神本中所使用之文字，有两种情况：一种是用满文记录的手抄本，另一种是用汉字转写的满文手抄本，而且居多数，仅个别神本保留着满文，如吉林省乌拉街关姓等。这样我们在探讨神本使用什么满文时，情况就复杂多了，会出现许多问题：

第一，由于假借音节，造成汉字转写的满文神本注音不准，如满语"a"音节，神本中注为"阿、额、赫、哈"等；再加"ya"，神本中注为"牙、夜、页"等。而且同一姓氏的神本，如石姓神本中同一音节注音也不相同，更有甚者同篇神歌中注同一词汇也相差甚远，如石姓同一篇神歌中数字"四"分别注为"墩音"和"堆七"，白色之"白"注为"山眼"和"刷眼"等，总之是各行其是。

第二，汉字转写的满文神本中，丢掉满文音节的现象较多。如"大"的正确汉字注音是"阿木巴"，但许多姓氏的神本中都注为"阿巴"或"阿"等。"天"的正确注音是"阿布卡"，但神本中常注为"阿卡"或"阿布"等。

第三，汉字转写的满文神本中，注音错误较多，如"萨满"一词是很容易转写的，但在石姓神本中却注为"沙茂"，有的还注为"沙玛""萨玛"等。东西之"东"是"得勒鸡"，有的则注为"秃勒鸡"等。这是由于读音的错误造成转写的错误，也可能是满语地方方言所致。

以上所讲的种种复杂情况，给我们分析神本中所使用的满文时带来一定困难，但仔细研究，还是有规律可循的。

第一，神本中的"博、包、布"不分。如"把"和"家"的满文正确注音应为"博"和"包"，但神本中将两词合为一词，都注音为"博"。"清洁"一词应注为"包尔国"，神本中却注为"博勒浑"，郎姓是"博尔滚"，杨姓是"博拉浑"，等等。"供献"一词应注为"多包比"，但神本中都注为"多布比"，赵姓、郎姓和杨姓都是"多不比"。总之，凡应是"包"的音节，都注为"博"或"布""不"等。

第二，"色、赊、沙"不分。如"老师"一词应注为"色夫"，但在石姓、杨姓、郎姓神本中，分别注为"赊夫""舍夫""涉夫"和"沙夫"。"岁"应为"色"，但石姓、杨姓神本中都注为"舍""沙"等。总之，凡是应为"色"的音节，神本中都注为"沙""舍""赊"等。

第三，"阿、敖"不分。"祭肉"应为"阿木孙"，但神本中都注为"敖木"或"奥木"。

第四，"特、德、登、腾"不分。"神坛"一词应注为"朱克特"，但杨姓注为"朱克登"，石姓注为"朱克腾"，有的还注为

"朱克德""朱克滩"等。就是说应为"特"的音节,都用"登""腾"等音代替了。

第五,"嘎、哈、赫、克"不分。"拿去"一词应注为"嘎纳赫",而石、杨两姓都注为"哈纳哈"。"光亮"应注为"额尔得赫",但神本中都注为"额尔德克"。这就是说应为"嘎""赫"音的,都用"哈"和"克"代替了。

以上情况说明神本中用汉字转写满语的混乱,其原因是神本中的浊清音节不分,如同"塔、达"等音节部分一样,也就是因为老满文无圈点,音节雷同部分所致。所以,我们说神本所用满语中有个别老满文音节。

但是,从神本中所使用的满文多数词汇来看,还是规范的新满文,如"阿"音节,虽然在"祭肉"中将"阿"注为"敖",但是大量神歌中满文注音都为"阿",如"阿玛西"("往后"之意)、"阿库"("没有"之意)、"阿木巴"("大"之意),等等。再如"爱新"(金)、"蒙古"(银)、"阿几各"(小)、"沙克达"(老)、"古出"(朋友)、"嘎拉"(手),等等,都是注音很准确的满语词汇。

从以上情况可以看出:满族萨满神本中的满语词汇是以新满文为基础,其中含有老满文的个别音节。所以神本产生的年代,应是新满文在推行之中,老满文尚未完全退出历史舞台之际,即在皇太极时代,公元1632年前后,15世纪中期。

神歌用满文记录下来后,因为萨满教是神圣而严肃的,而且萨满神本历来都是萨满和助手保存,所以它具有较强的稳定性,故神歌中的满文也很少有变化,致使新老满文混用。

前面我们分析的神本,都是汉字转写的满文。那么,这批神本是什么时候用汉字转写的呢?

首先,满族萨满神歌的诵唱必须用满语,清代称为"国语"。原先,满族都说满语,同时,识满文字的人也很多。不识满文字者,不能充当萨满和祭祀人员。所以阅读神本,用满语诵唱神歌是容易的事情，正如《重订满洲祭神祭天典礼》（卷一）中所述："昔日司祝之人（指萨满——笔者注），国语娴熟，遇有喜庆之事，均能应时编纂祷祝。"这说明满语曾被全民族所掌握，是满文兴盛时期。后来，尤其是当清政府统一全国以后，一方面它将满八旗派往全国各地驻守，另一方面又将汉八旗派往东北各地，这样使满汉民族混居，给满汉文化交流提供了方便条件，从清宫到广大满族都渐渐地接受了汉族文化，学习了汉字，致使满文逐渐被遗忘，更无人学习了。清代咸丰年间，满文已开始走向衰落；慈禧太后执政期间，从清宫到满族民间，说满语的人渐少，尤其是识满文字的人已寥寥无几。此时，如果再用满文阅读神本来诵唱神歌，就非常困难了。正如《重订满洲祭神祭天典礼》中所述："厥后司祝之清语，不及前人。"吉林省舒兰县郎姓神本"前言"中也记述："满文不兴，满语尚存。"杨氏赵神本"志"也说："其族不殆，其文乃废。"这一切都说明满文被遗忘，满族人识汉字已是大势所趋，识满文字诵唱神歌的条件已不复存在。

其次，萨满教是满族的原始信仰，它伴随着满族及其先人几经兴衰，被满族视为"根基"，他们不可能轻易地遗忘和丢失这"根基"文化。吉林省舒兰县郎姓神本"前言"中又记述："吾族原为女真旧部，崇信萨满教"，后来虽改为满洲，但"信教未改"。这说明了萨满教祭祀活动在满族心目中的重要地位。要想使这"根基"文化永远流传下去，用神歌的语言来说，就是万代流传，那么，就必须采取另外的方式，即将满文神本用汉字转写的办法解决这一问题，使"满洲旧俗不致湮没，而永远举行矣"。也正如老萨满石清民、石清泉所说："怕后人把祖宗的'根基'忘掉。"因此，便兴起了满族各姓氏用汉字转写满文神本的做法。

满文神歌用汉字转写的时间，不算很久远。根据我们对满族萨满文化的调查，一般都反映是某人的爷爷转写，就石姓来说，据老萨满石清民、石清泉反映，他们的注音时间大概是民国二十六年（1937），康德（即溥仪在东北建立伪政权）年间，由本姓家族的另一聚居区——东阿屯的石延三,将满文神本用汉字转写了。这就是说是在21世纪30年代前后,郎姓的家神本"前言"指出:将满文用汉字转写的时间是"中华民国现已有十七年"(1928),将"满语祝文照原录成汉文满语"。杨氏赵在家神本"志"中也说,于"民国丙寅正月(民国十五年,公元1926年2—3月间)择吉修谱"并用"汉字结成满语"。这两段记录都清楚地告诉我们,将满文神歌用汉字转写的时间是21世纪30年代前后,满族其他各姓氏也都是如此。

总之,不管是满文神本,还是用汉字转写的满文神本,都具有重要意义。它不仅是满族由口碑文学走向书面文学的开始,而且使萨满教在祭祀仪式、神灵崇拜及宗教习俗等方面,走上了规范化,与民间口头文学相比较,其变异性相对小多了,这样就使萨满文化中原始古朴的内容保存较多,成为研究人类文化的活化石。再者,满族的萨满神本,虽不能与佛教的《佛经》、伊斯兰教的《古兰经》及基督教的《圣经》等宗教经典名著相比,但它却是原始文化和萨满文化中重要的古文化文献,是中国传统文化中的灿烂花束。

五

综观世界各地区各民族,自远古时代人类有了思维活动以后,就知道拜天、拜地、拜宇宙、拜山河树木、动植物等,乞求平安生活,乞求人类的繁荣发展,这就是人类的原始宗教。它是伴随着人类社会发展而产生的精神生活。它产生于人类社会的母系制时期,甚至是群居时代,直至人类的文明社会和近现代社会中,还有它的遗迹,在某些地区和民族中,还起着社会作用,起着发展生产,繁荣社会文化的作用。这就是广泛流传于世界的萨满文化。

"萨满"一词,在不同民族、国家、地区有着不同称谓,就中国而言,南方称为巫文化,北方民族有的称"伯"(bǎi)、"巴克西"等。只有满族称"萨满",而且,只在满语词汇中找到它的出处。萨满一词是满语的三个动词的词根,含有"知道、跳神、占卜"之意。因此,我们认为"萨满"一词应是来源于满—通古斯语族,满语支。

萨满文化,由于它伴随着整个人类社会生活而存在,在有创始人,有成文的教规仪式和入教手续等,人为宗教和本土宗教产生之前,这种信仰自然、人类祖先为主体的萨满教(广义萨满),是原始人类社会的主要精神支柱。所以,它涵盖的内容极其丰富,多彩多意。它与社会科学中的考古研究,虽不能并驾齐驱,但对人类远古社会的考察和探讨,起着重要的不可忽视的作用,如萨满神话传说《乌布西奔妈妈研究》[①]中的"乌布西奔妈妈",《满族萨满神话》[②]、《东海窝集传》[③]等,都蕴含着人类远古时代丰富的文化内容。

几十年以来,笔者除做满族萨满文化的田间作业外,更多时间用于解读研究萨满文本,发表了二十多篇论文,集中出版了研究满族萨满文化的专著《满族萨满文本研究》[④]和《满族萨满神歌译注》[⑤]。两本专著中,共涉及二十几个姓氏,其中有吉林省九台县的杨世昌家族的杨姓文本和同一地区的石姓文本,他们都有野祭和家祭,内容全面。还有接受清代萨满祭祀规范化影响,只有家祭的有吉林省永吉县乌拉街,韩屯乡的关柏榕关姓;有希林赵姓,杨氏赵姓,郎姓,舒穆鲁氏和黑龙江省富裕县关姓;以及宁安关姓,包括野祭共九个姓氏,还有与杨世昌家族有着密切家族关系的乌苏关,为待出版之本。乌苏关家族姓氏的文本内容,有野祭和家祭,是用满文记述的,内容丰富。

[①] 郭淑云:《乌布西奔妈妈研究》,中国社会科学出版社2013年版。
[②] 傅英仁讲述,张爱云整理:《满族萨满神话》,黑龙江人民出版社2005年版。
[③] 傅英仁讲述,宋和平、王松林整理:《东海窝集传》,时代文艺出版社1998年版。
[④] 宋和平、孟慧英:《满族萨满文本研究》,台湾:五南图书出版公司、中华发展基金管理委员会1997年联合出版。
[⑤] 宋和平译注:《满族萨满神歌译注》,社会科学文献出版社1993年版。

再者，在《满族萨满文本研究》中，还有十二家为萨满文本的口碑。所以笔者所调查研究的萨满文化内容，有二十几家。对于满族萨满文化有所了解。当然，于浩如烟海的东北大地传承文化，真是九牛一毛，对于据传说满族民间仍保留着六十至七十本的萨满文本来说，更是不值得一提。

满族的萨满文化，应全方位进行研究，这是中国学者们的任务和责任。但是，它的野祭，也称大神祭祀，更应引起学者们的重视。因为，其不仅内容丰富，而且还原始古朴。前文已述，已经出版和准备出版（吉林省乌苏关）的共十大姓氏。家神和野祭祀的神歌篇数共有 398 篇。十大姓氏神灵共 450 多位。其中家神数量很少，每姓氏一般是十几位，十大姓氏有近一百位家神，其余 350 多位是野神，即大神神灵。

十个姓氏的文本中，主要有八大姓氏，有：石姓、杨姓、乌苏关姓、关姓（吉林省乌拉街关柏榕）、希林赵姓、杨氏赵姓、郎姓、舒穆鲁姓。更有价值、值得研究的有：石姓、杨姓、关姓（乌苏关，待版），三家是野祭、家祭全部保留。其他有关姓（关柏榕家族之关）、希林赵姓、郎姓、杨氏赵姓、舒穆鲁姓五家，共八大姓。这些姓氏都已出版[①]，只有乌苏关姓准备出版。

从这八大姓氏文本所表现形式结构来看，主要内容有：什么原因请神，为谁家之事请神，常常是求太平、子孙满堂、五谷丰登等。再就是说明神灵住处，从什么河流、什么山沟，或是田野等降临路线。还有神灵形象，神力，神灵动作，手执什么法器以及有神灵故事的描写及叙述。还有祭祀主家，有的姓氏称东家，如石姓，也就是具体举行祭祀活动，负责具体操办的主家。满语为"我贞"。当然，满族的萨满祭祀是全氏族性的活动，人力、物力都是如此。祭祀时，不仅表明全氏族如何渴望，乞求举行祭祀，而且如何准备

---

① 宋和平译注：《满族萨满神歌译注》（社会科学文献出版社 1993 年版）中的石姓，再加上宋和平、孟慧英《满族萨满文本研究》（五南图书出版公司、中华发展基金管理委员会联合出版，1997 年）中的杨、关等六家和待版的乌苏关，共为 8 姓。

供品，如供肉、供糕、香火，以及制作过程，都要向祖先们、神灵们一一汇报。最后是送神灵归山，回到各自神灵住处。再最后仍是人们求太平，清查祭祀场地。当然还有许多其他活动，如治病，戴平安锁，吃肉饭、打糕等。

从文本中所涉及的神灵，首先是家神，一般是十来位。最多的是准备出版的宋屯乌苏关的家神有19位，希林赵姓是23位，最少的是郎姓为8位。

八大姓氏中，家神所祭祀的神灵主要是祖先神。满族是以西为大，在西墙上，满族常称为西炕，设一祖先龛，上放装有祖宗画像的祖宗匣，有一个，也有两个或三个，这是随姓氏而异。这西炕上的祖宗匣和祖宗龛，总称为倭车库神（weceku），在《清文总汇》卷十二册上解释为"神主，家内祭祀之神"。可见这一神灵是满族定居后，所祭祀家内之神，被满族普遍祭祀。

第二位是佛多妈妈，这是一位值得学者们重视之神。因为有关她的神话故事繁多，而且她所表示的内涵更为丰富。她是一位从满族远古时代就产生，伴随着满族社会发展而存在的神灵，迄今在满族意识中仍起着护佑满族的作用。第三位是天神，这也是满族普遍信仰、祭祀之神。他的表现形式及满族先民们意识中的形象，随历史发展而变化着，其形态各异。第四位是白山总兵，他的称谓随姓氏不同而变化。如石姓称"山眼玛法"或是"辍和占爷"。杨姓称"朱垒哭兰"，译为"古代兵营总兵"。有的还称"超哈章京"等。第五位是萨满神、财神、堂子神、星神和香火神等。

家神祭祀，虽然是以祖先神，主要是部落氏族、萨满神为主，但是，有不少满族姓氏仍保留了动植物神，工匠技术神等，如：只有家神祭祀的关姓、郎姓、希林赵姓、杨氏赵姓和舒穆鲁姓五姓中，都有"鹰、雕神"，希林赵姓和杨氏赵姓还有"牧马神""天眼神"，尤其是杨氏赵姓家神是23位，其中除以上所列出神灵，他们都有以外，还有"水狗大母熊神""棕色猴神""乌拉草神""灶神""亲戚神""吉祥、柔和之气神"等。

大神文本中所涉及的神灵，大部分都有神歌篇，专门诵唱所表现的神灵，或是在文本中有明确称谓的野神：石姓有62位，杨姓有94位，宋屯乌苏关有163位。有野祭祭祀的三大姓氏：石、杨、关，野神共319位。笔者以神歌为主要内容，满语称谓所含之意，萨满文化中的田间作业以及民间艺人所提供等多方资料，确定一位神职功能及称谓。因此，可以说满族的这三大姓氏的野祭神灵所表现的内容，对人类的语言学、审美学、自然社会哲学、文学艺术、医学等都有明确、深刻的表现，这是满族先人们留给后人，留给社会珍贵的精神财富，是难以见到的中华民族的瑰宝。

仅这八大姓氏的神灵，就是一个值得研究的大课题。

三大姓氏的野祭神灵，即319位神灵，所表现的内涵，也是各有千秋。虽然称谓、表现形式不同，但同一神的神职却是相同的。

从满族萨满文化中的神灵及仪式所表现中，体现了萨满文化的地域性、民族性和时代的变异性。野祭姓氏中的三大姓氏，即石、杨、关。杨姓和宋屯乌苏关姓，其祖先，也就是氏族族源，原是东海窝集部，女真人后期迁移到吉林省。他们的神灵及仪规都表现了中国森林文化和冰天雪地的特点。吉林省石姓的氏族族源，早期是黑龙江以北，后迁徙到吉林省，他们属海西女真人。满族先人组成三大部分，除了建州女真人外，东海女真人和海西女真人的萨满文化，都已表现得比较清楚了。

三大姓氏野祭神灵中，宋屯乌苏关内容最为丰富，女神为最多者，有33位。就在该姓十九位家神祭祀中，就有"女儿神"和"神妈妈"，两位女神。野祭中有：管家媳妇神、八十岁祖母神、护苗女神、护火女神、挑剔姨娘神、管花女神、头饰女神、帐篷女神和降服八个太阳的英雄和姨娘神等。尤其是最后一位：降服太阳的姨娘神。她的神歌如下：

很古的时候，有九个太阳在天上齐跑，后来有人使八个太阳隐藏起来，是因为把它的嘴，用长长的花手帕遮挡起来了。用花绸手帕把脸遮挡起来的，她是德尔苏兰德德和色尔泰巴图鲁。

从神歌中看出，女神在降服多余的太阳时，也做出了贡献。该姓第二类是动物神33位：金地虎神、金鼻鸟神、银鼻鸟神、杜鹃鸟神、大雕神、鹰神、六十位狼神、八只豺神、八庹蟒神、九庹蛇神、闪光飞虎神等。满族先民们为了形容动物跑得快，常用"飞"字，闪光飞虎神，就是如此。

该姓第三类是瞒尼神，也就是英雄神。这类英雄神，在满族萨满文化中，被普遍祭祀。不仅仅是有野神祭祀的姓氏，就是家神祭祀中，有的也有此神，如关柏榕家族的"芒阿舍色恩杜立"（英雄萨满神）和舒穆鲁氏中的"瞒尼师夫"（英雄萨满神）。这一类神灵充分表现了满族历史上尚武精神。

乌苏关姓的瞒尼神有26位，其中仅包括男性英雄和女英雄神。如：月亮英雄神、色勒泰巴图鲁、乌兰泰巴图鲁、朱兰瞒尼、芒都拉瞒尼等，其中"色兰泰巴图鲁"是同女英雄德尔苏兰姨娘降服八个太阳的英雄。

该姓第四类是萨满祖先神，共16位。这一类神灵同样是满族姓氏共同祭祀的萨满文化内容，属祖先神崇拜。原始时代的萨满与部落氏族长是不分家的，一人兼之。所以，萨满又是部落氏族长，如"僧舍色夫"，他的神歌为：

祭祀色尔其图玛法和他所领的是从黑龙江降临的九族妈妈僧舍师傅。

神歌中的九族是九个氏族，僧舍是萨满，又是九个氏族的氏族长。还有：乌兰泰玛法依恩都立、胡穆鲁玛法、色垒色夫、朱录产尼等，都是如此。

该姓第五类是部落祖先神，共25位。如：翁古玛法萨（众曾祖先神）、阿木巴倭车库恩都立（大祖先神）、扎兰泰（远古祖先神）、阿布卡阿古赍（天老者）等。

该姓第六类是自然界的天气变化的神灵，称气象神，共8位。这一类神在该姓氏中是很突出、很有特色的神灵，其他姓氏中很少见到。如：尚坚玛法（云神）、尚坚依他曼（雾神）、尚坚尼玛齐（雪神）、巴纳额真（土地神）、富尔尖阿里依巴干（晚霞神）、朱录硕包（露水神）等。不妨用神歌描述一下他们的形象，认识一下乌苏关野神文本的价值，如下：

首先，漂浮着青云的空中，居住着尚坚玛法。再就是，空中还漂浮着尚坚他曼。还有，空中飘行的，它使树枝长满了羽毛，它跳着、狂吼着，如同关姓家族内的万马奔腾，它是暴跳的尚坚尼玛齐。

该姓第七类是技术文化神，共 15 位。如：依勒图依巴干（净坛神）、乌钦纳阿哥（驯养神）、法盖勒巴图鲁（创始洞穴英雄神）、霍龙古恩都立（护茅草房的威武神）、道方子恩都立（造刀技术祖先神）、道山（爬刀山神）等。

以上七类是大概分类。此姓氏文本中的女神，主要是出现了"德德"（姨娘）和"格赫"（姐姐，或是指女人），这是其他满族姓氏未曾发现的。还有"巴尔柱"（鬼怪）和"依巴干"（狂妄、妖怪）。这两类神灵的出现，都说明该姓氏祭祀内容的古朴、原始。最早可追溯到人类社会的母系社会的早期。同时，"鬼怪"可以作为神灵而崇拜，充分说明原始人类是将不利因素转化为护持人们的有利因素。在原始人看来，世界、宇宙间本无神与怪之分。不管是从哪方面说起，原始人类的思想都是积极向善、向上的。

还有，该姓氏神灵崇拜中，火神的崇拜得到了充分的展现，这是与他们祖先生活于密密窝集中有直接关系。有阿立（火源神）、托瓦衣玛法（工匠火神）、阿布卡衣阿立（通天神）和托瓦衣阿立（火种神）。这四位火神都是通过神歌和称谓中的满语含义，而知道他们的神职的。如通天神和火种神的神歌如下：

使人们得到消息能富裕起来的人，是第一代师傅，朱录库尔尖和朱录产尼，是莫库勒·克库勒达拉哈代敏，帮助带来了消息。达拉哈代敏（首雕神——笔者注）取来了消息的，是在阿布卡衣阿立、托瓦衣阿立的帮助下取来的。

这是一段非常美妙的神话故事。首先，此处的"消息"是指"火的消息"。人们希望过上美好、富裕生活，就乞求神通广大的萨满朱录库尔尖和朱录产尼。二位萨满使人们懂得使用火了。这种"火"［满语为"托瓦"（tuwa）］是如何来的呢？是由达拉哈代敏（dalaha daimin），它是一位首雕神，飞往天宫，向天宫中保护火种，或是天宫中的火神阿布卡衣阿立和托瓦衣阿立要来了"火种"，交给前面第一代的两位萨满，人们才使用上了"火"。

　　该姓祭祀月亮神，也是有野神祭祀姓氏中很少见到的。

　　总之，宋屯乌苏关姓是满族萨满文化中又一内容丰富，多姿多彩的珍贵传承文化资料。

　　有野神祭祀的杨姓文本，也是满族萨满文化灿烂辉煌的一片天地。

　　杨姓家族的族源，也是东海窝集部成员，所以此姓氏表现火神、星神和森林神较为突出。笔者在《满族萨满文本研究》的"文本神祇考"中，解读了57位神和52位星神。所以该姓氏共109位。这些神灵从功能来看，在神歌中都有突出和清楚的记述。首先是52位星神，它是满族萨满文化中的佼佼者，可以说人世间有什么动物、事件等，在星神中都有它对应的星辰。如：北辰星、司中星、房日兔星、太白星、司命星、心月狐星、尾火虎星、牛金牛星等。从笔者所复印的文本来看，清楚表明星神篇中有缺页。如果没有缺页，星神的称谓，可能会更多。

　　其次，该姓氏有几位神灵很突出。第一位，是该姓氏中的"押亲哭论娘摄克土根"，它的汉意为"洞穴舅母神"，从已出版的文本中看，这是一位母系制社会时，妇女掌权，起着组织和领导作用，才会被全体氏族人员所祭祀的舅母女姓神灵，是目前我们从萨满文本中寻找到的唯一一位舅母神。

　　第二位是乌尖西瞒也，译为"猪英雄"，据中国满学专家，满族文化的传承人富育光先生讲：这位英雄是第一个用猪皮记录了人类所积累的劳动知识，是一位有文化知识的英雄。

第三位是杀克窝出库：这是一位森林神。正是杨姓原始居住密密窝集的真实写照。

第四位是爱心呆民，为金雕神：该姓氏的雕神有前往阴间抓魂，使人复活的神通。

总之，该姓氏诸多的神灵，都有着不同的千奇百怪的神话故事。

以上两姓的野神祭祀的文本，宋屯乌苏关是满文，杨姓是汉字转写满文，与石姓相同。

石姓的萨满祭祀，与杨姓、乌苏关姓相比之下较为规范化，每位神灵都有固定的祭祀仪式，突出了神灵形象和个性。石姓先人们虽然从黑龙江以北迁徙到吉林省境内，但已是久居。以长白山为中心，形成了长白山祭祀的神坛场。他们的祖先神，或是动物神灵等，都居住于石姓先人想象中的长白山山上的各层神楼中。神灵们的降临路线、江河、山沟等，都是从长白山降临下来，如沿着白山山河，或是沿松花江而降临。其中最有代表性的山神祭祀，莫过于长白山上的白山神主，满语称"山眼玛法超和占爷"（šanyan mafa cooha janye），直译为"白山祖先兵老爷"，石姓常称为"白山主"或"白山总兵"。其他姓氏都有"兵管"神的祭祀，但是没有"白山"二字，如：有野神祭祀的杨姓，称谓为"朱垒哭兰"（julen kuwaran），译为"古代兵营神"。只有家神祭祀的关姓称"摄哈占爷恩都立"、希林赵姓称"摄哈占爷"、郎姓称"摄哈占矣"、杨氏赵姓称"超花占爷"、舒穆鲁姓称"超哈章京"，都是"兵营总兵"的称谓。总之，满族许多姓氏中都有"兵营"神灵的祭祀，但非指白山主神。所以，从萨满文本来看，"白山总兵"是石姓目前家族独家所有的祭祀神灵，也可称之为吉林省"白山文化"的、有特色的文化区。

"长白山总兵"在石姓文本中，神灵形象和神职，都有清楚的描述。他是"原居白山，红脸白山玛法总兵，从高耸入云的白山顶而来"。他的神职是"统理征讨军务，坐骑骏马出征"。他的威武雄壮的形象也很突出：是"四十名骑士护卫，二十名强汉随行"。后两句的威武形象，有的姓氏也出现了，形容"兵营总兵"的雄壮。

石姓除了家祭中的武神是"白山总兵"，还有一位是女神，称谓为"奥都妈妈"，这位女神在石姓的祭祀中很受重视，在现在石姓聚居的九台县小韩乡和东阿屯的居民中，几乎是家家都设有她的神龛。而她的神歌记述的形象为："奥都妈妈，身居兵营，双骥胯下起。日行千里，夜行八百，来去如飞，紧急而行。战骑英俊强壮，驰骋沃野。"是一位古代女英雄。

石姓的野神祭祀中，主要是萨满神和瞒尼神，当然还有动物神了。

石姓的萨满神自古以来，就是称雄于方圆百里。石姓文本中仅有七位萨满神，但目前已被列入九位了。其中称雄于世的、最有名望的，就算是头辈太爷萨满神了，属野神祭祀。

头辈太爷如何成神，如何神通广大以及如何抓了第二辈太爷等，有一篇很长的神歌进行叙述，此处不赘述。

石姓还有一位萨满神是石殿峰。冰天雪地的中国东北大地，常常是冰冻三尺呀！这种与冰雪寒天的战斗精神也融入了满族萨满文化中。其中称雄于东北百里的，就是石姓萨满石殿峰。曾在1910年时，他在松花江上连钻九个冰眼。在石姓大神案上，有白布裹身，手持铁棒站在一冰窟窿旁边的，就是此人，他已是石姓第九辈太爷神了。

石姓野神祭祀中还有一类是瞒尼神。这类神，在石姓文本也很突出。文本中有称谓的是35位。据石姓老萨满说，有一百多位。在"文革"期间，装了两三麻袋，都扔到松花江里了。只有"尼贞布库"和"巴那额贞"，又跑回到萨满家中了，这是一则神话。从此，可以看出"尼贞布库"和"巴那额贞"对于石姓来说是如何的重要。还有一说法，老萨满们常常提供：石姓祭祀的，有称谓的神灵，都是神头。意思说，在这些"神头"之下，他们还引领着或是接受一些神灵。这样看来，这 35 位瞒尼神后边，不知有多少瞒尼神。所以有上百位的瞒尼神是可信的了。

瞒尼神分文、武两类，武神多于文神。这也符合满族历史上的尚武精神和骑马射箭的习俗。

武神有"在日、月间盘旋施的……手执两个大托立"的按巴瞒尼；有"手执一杆钢叉……带兵千万，八位英雄领队，八队行进出征"的巴图鲁瞒尼；还有"箭射不进去，刀破不入"的梯梯库瞒尼和梯拉库瞒尼；有"无处不到"的按巴阿立瞒尼；单腿蹦跳的多岔洛瞒尼，性情暴躁的胡阁瞒尼等。

文神有"大度量"的巴克他瞒尼，管理"刑罚"的沙克他瞒尼，"如铁刚强、坚硬"的赊棱泰瞒尼，"欢乐愉快"的赊博贞瞒尼，"治河开渠"的额热鸡瞒尼，飞快传递"驿站"消息的丝拉各七瞒尼和"祭坛掌案"的朱克腾瞒尼神等。

石姓动物神，文本中描写神灵的神功和形象，同样生动、栩栩如生。如"全身火红色，深红的双唇，雪白的肚腹"的金舌鸟神和银舌鸟神；"经过了千年、万年苦苦修炼……全身毛茸茸，青嘴尖尖，脚腿肥大"的黑熊神；"爬上了参天大树，在树枝上飞快攀登着"的飞虎神；还有"扭动着身子"，带着小虎仔，"慈祥地走来"的母卧虎神；还有"盘旋日、月间……石头脑袋、金嘴、银鼻子、那铜脖"的大雕神等。

石姓家神祭祀中的神灵，同样是灿烂辉煌，绚丽多彩。不仅如此，石姓的以及祖先神为主要内容的家萨满祭祀活动，更重要的是目前还活动在他们的姓氏中，不仅有继承人，而且还起到和谐社会、家庭和全族的人际关系，起到弘扬和传承文化的重要作用，起到了爱国、爱家，发展各种生产，娱乐人们，发展民间艺术的作用。所以被定为非物质文化遗产。

总之，从已出版的八大姓氏的文本中的神灵（除宋屯乌苏关是待版），所有称谓的 450 多位神灵，已形成了一个庞大的、色彩斑斓的百神殿堂了。当然，其中有些神灵有所重复，但各姓的神灵，不管是形象，神职及来源都有所不同，都突现了氏族性，地域性和时代性的变异性。

　　一个民族要立于世界民族之林，不仅需要有发达的经济为基础，而且还要有其深厚，根基强大的和历史悠久的传承文化资源。常言道："知道过去，才知道现在；知道现在，才知道如何发展未来。"

原载《满族石姓萨满文本译注与满语复原》中的
"出版说明"和"前言"（待版）